Martin Dreyer

JESUS-FREAK

Leben zwischen Kiez,
Koks und Kirche

PATTLOCH VERLAG

VOLXBIBEL-VERLAG

Bildnachweis

S. 1 Markus Gott; S. 2 Archiv Martin Dreyer; S. 3 Archiv Martin Dreyer; S. 4 Sven Räcker; S. 5 Sven Räcker; S. 6 Timm Ziegenthaler; S. 7 Timm Ziegenthaler; S. 8-9 Archiv Martin Dreyer; S. 10 Sven Räcker; S. 11 o. Sven Räcker, u. Archiv Martin Dreyer; S. 12 Archiv Martin Dreyer; S. 13 Archiv Martin Dreyer; S. 14 Timm Ziegenthaler; S. 15 Michael Englert; S. 16 Timm Ziegenthaler

Besuchen Sie uns im Internet:
www.pattloch.de
www.volxbibel-verlag.de

© 2012 Pattloch Verlag GmbH & Co. KG, München
Alle Rechte vorbehalten. Das Werk darf – auch teilweise – nur mit Genehmigung des Verlags wiedergegeben werden.
Umschlaggestaltung: ZERO Werbeagentur, München
Satz: Adobe InDesign im Verlag
Druck und Bindung: CPI – Clausen & Bosse, Leck
Printed in Germany
ISBN 978-3-629-02306-3 (Pattloch Verlag)
ISBN 978-3-940041-11-1 (Volxbibel-Verlag)

5 4 3 2 1

Dieses Buch ist entstanden aus Tagebuchnotizen, Erzählungen von Freunden und Bekannten und Verwandten sowie eigenen Erinnerungen. Beim Schreiben war mir immer klar, dass ich mein Leben nur aus meiner eigenen Perspektive erzählen kann. Ich bin mir auch der Tatsache bewusst, dass jeder Mensch Dinge anders wahrnimmt und anders einschätzt. Wenn dieses Buch eine Bilanz ist, so ist es meine eigene Bilanz; sie dient nicht dem Ziel, das Verhalten anderer Menschen, die meinen Lebensweg gekreuzt haben, zu beurteilen oder gar zu kritisieren. Ich habe deshalb die Namen einiger Personen, die in diesem Buch vorkommen, verändert, ebenso einige zeitliche Abläufe und Orte.

Für Zoé Marie

INHALT

INTRO	11
1 ÜBERGANG	19
Haus Elim in Wilster	19
»Das wird nie wieder gut«	22
Besuch in Wilster	23
Ein Brief gegen meinen Willen	25
Der Lebenslauf	28
2 ABWEGE	32
Frühe Erfahrungen	32
Aufklärung durch Pornos	34
Probleme im Gymnasium	35
Die Punks in Poppenbüttel	37
Mein Freund Jan	39
Erster Kontakt mit Drogen	42
Spielsucht	44
Dealer Martin	45
Fuck the system und ein erstes Gotteserlebnis	47
Psychogene Pilze	49
3 WEGE ZU GOTT	52
Eine Schiffsreise mit Folgen	52
Hasch im Kleiderschrank	58
Gottesdienst in der St.-Petri-Kirche	61
Die Dreyers werden fromm	64
4 DIE GROSSE WENDE	67
Mandy	67
Ein Horrortrip und neue Hoffnung	69
Ein seltsamer Gottesdienst	71
Es hat gefunkt	74

5 NEUANFANG 80
Schluss mit Zigaretten und Drogen 80
Reifeprüfung 91

6 RÜCKSCHLÄGE 95
Auf der Suche nach Zielen 95
Umkehr 102
Neue Aufgaben 103

7 STRASSENMISSION 106
Praktikum am Steiger 14 106
Von Amsterdam nach Bilbao 113
Meine erste Predigt 115
Hochzeit 118
Auf den Straßen von St. Pauli 120
Zurück nach Amsterdam 123
Einsatz in Sibirien 128
Ein Buch und eine Vision 130

8 JESUS FREAKS 132
Eine neue Kirche 132
Die ersten »Jesusabhängabende« 136
Breit im Heiligen Geist 146
Taufe in der Alster 148

9 NEUE WEGE 156
Suchtberatung 156
Radio Freaks at the Cross und
  die Striptease-Predigt 157
Futter für die Medien 160
Wer war bei den *Jesus Freaks*? 166
Der Kreis der »letzten Ärsche« 168
Freikirchlicher Pastor 169
Esther 170
Ordination 175

Das *Gnlpswxybd* 176
Die *Jesus Freaks* werden eigenständig 184
Schrill und laut 187
Brot verteilen an Obdachlose 192
Selbst obdachlos 193
Christ des Jahres 197

**10 BURN-OUT, ECSTASY UND
DAS FREAKSTOCK** 198
Schattenseiten 198
Ein Rave in New York 200
Ein Rückzug, der kein Rückzug war 207
Das erste Freakstock 210
Rückenwind und Gegenwind 212

11 ZURÜCK ZUR ERSTEN LIEBE 220
»Ich zieh aus!« 220
Freakstock 1997 222
Einsamkeit 227

12 AUF UND AB 230
Jasmin 230
Kokain 237
»Wat is?« 240
Auflösungserscheinungen 243

13 TODESKREISLAUF 245
Selbsttäuschung 245
Mehr, mehr, mehr 248
Die Überdosis 250

14 RAUS AUS DER WÜSTE 253
Stationäre Therapie 253
Wieder zu Hause 254
Palette 1 255

Ein Engel mailt 256
Uni in Köln 263
Die JUZI 264
Rahel forever 265
Therapie, Psychopharmaka, Therapie 268
Ein Wort von Gott 270
Aussöhnung mit den *Jesus Freaks* 276
Mit Gott durch die Wüste 278
Die Volxbibel 279

15 WEICHENSTELLUNGEN 292
Wo ein Wille ist … 292
Heute und morgen 294

SCHLUSS 297

DANKE 301

INTRO

August 1999, am frühen Abend. Über Hamburg liegt eine dunkle Regenwolke, es ist mal wieder einer dieser nasskalten Nachmittage, die gefühlsmäßig eher in den Winter als in den Spätsommer passen. Es braucht eine ganze Weile, bis ich realisiere, wo ich mich gerade befinde: in einem großen Zimmer, umgeben von kahlen, weißen Wänden. Überall riecht es nach Desinfektionsmittel. Neben mir stehen aufgereiht zwölf weitere Betten, auf denen einige junge Männer sitzen und sich unterhalten. Da sehe ich, dass meine Füße mit dickem Verbandsmaterial eingewickelt sind. Ich richte mich auf und will von meinem Bett aufstehen, aber sobald ich meine Füße auf den Boden setze, spüre ich in meinen Fersen einen stechenden Schmerz. An den Nachttisch angelehnt stehen Krücken, die vermutlich für mich gedacht sind.
Erst jetzt bemerke ich auch meine kleine Schwester Franziska. Sie sitzt mit leicht geröteten Augen am Fußende des Bettes und schaut mich traurig an.
»Franzi! Wo bin ich? Warum bin ich hier? Was ist passiert?«, frage ich sie leicht verstört.
»Mensch, Martin, das hab ich dir jetzt schon hundertmal erzählt«, antwortet Franziska. »Du bist in der Drogenentzugsstation im Krankenhaus Salzhausen! Wie oft soll ich das denn noch sagen?« Sie wirkt wütend und gleichzeitig auch unheimlich stark.
»Aber ich kann mich an nichts erinnern! Mein Kopf ist so leer.«
In meinem Gedächtnis befindet sich tatsächlich ein großes schwarzes Loch. Auch wenn ich krampfhaft versuche, meine Gedanken zu sortieren, alle Erinnerungen der letzten 24 Stunden scheinen von diesem schwarzen Loch unwiederbringlich aufgesogen worden zu sein. Es ist deut-

lich, dass es mir absolut schlechtgeht und dass irgendetwas Schlimmes passiert sein musste. Was war nur mit mir geschehen? Wie war ich überhaupt in dieses Krankenhaus gekommen? Warum hatte ich diese großen Verbände an den Füßen? Und weshalb konnte ich mich an nichts mehr erinnern?

Franziska nahm ein Blatt Papier, organisierte sich einen Kugelschreiber und fing an zu schreiben. Es dauerte eine Zeit, bis sie auf dem weißen Papier die Geschichte meiner letzten Stunden notiert hatte. Als sie fertig war, schob sie den Zettel zu mir rüber und sagte: »Martin, hör zu! Immer wenn du wieder vergessen hast, warum du hier bist, kannst du dir diesen Brief durchlesen. Dann weißt du auch, was für eine Scheiße du gebaut hast, und vergisst es nicht gleich wieder!«

Ich nahm das Papier in die Hand, setzte mich im Bett auf und las die Geschichte immer wieder:

> »Am Freitag, dem 27. 8., hast du noch die ganze Nacht in der Bar gearbeitet. Dann bist du mit Thomas auf St. Pauli gewesen. Letzter Kontakt: Samstagmorgen. Danach keine Ahnung, wo du warst. Alle haben versucht, dich anzurufen, Samstag und Sonntag, aber ohne Erfolg. Auch ans Handy bist du nicht gegangen.
>
> Drei Tage später, am Montagmorgen, hast du siebzehnmal hintereinander bei Thomas angerufen. Du wusstest nicht mehr, was du die letzten Tage gemacht hast, und hast immer wieder gefragt, welcher Tag heute ist.
>
> Montagnacht um halb drei hast du auch mehrfach Mami und Papi angerufen und immer wieder gefragt, welcher Tag heute ist, und gesagt, du wärst so durcheinander. Dienstagmorgen hast du ganz oft bei deiner Arbeitsstelle angerufen und gesagt, du könntest

nicht arbeiten, weil du krank bist. Dabei hattest du doch Urlaub! Dann sind zwei deiner Kollegen am Dienstagabend gekommen und haben dich in der Wohnung angetroffen (ziemlich versifft). Die haben dich in die Klinik nach Salzhausen in die Drogenentzugsstation gefahren. Um dich zu schocken (wenn du das noch mal machst, rede ich nicht mehr mit dir ☹): Du hattest im Wohnzimmer auf den Fußboden geschissen! Eine volle Unterhose lag unter anderen Sachen im Wäschekorb. Benutzte Spritze, Feuerzeug, Gürtel und Löffel lagen auf dem Teppich!!! Du hast Koks und Heroin reingeknallt! TU DAS NIE WIEDER! Deine Neugier und der Reiz bei Drogen werden dich noch dein <u>Leben</u> kosten! Vermutlich bist du nach dem Junken bewusstlos geworden und hast wer weiß wie lange auf dem Fußboden gelegen. Deshalb hattest du Blasen an den Fersen. Deine Schwester F. ist um 19 Uhr gekommen und hat hier im Krankenhaus geschlafen. Du warst ganz müde und hast dich an nichts erinnern können, was passiert ist.«

Nun wusste ich Bescheid. Dieser Bericht kam mir aber so unwirklich vor. Fast so, als würde es in dieser Geschichte um jemand anderen gehen, aber nicht um mich. Und doch musste es so passiert sein, es handelte sich tatsächlich um mich, um mein Leben. Ich war ganz unten gelandet, tiefer ging es nicht mehr, Drogenentzugsstation im Krankenhaus, mit Überdosis und Hirnschaden. Jetzt war ich also offiziell ein Junkie und musste die Konsequenzen meines Handelns tragen.

In den nächsten Tagen bekam ich viel Besuch, mehr als die anderen Patienten. Meistens setzten wir uns in den abgezäunten Garten, der neben der Entzugsstation im Innenbereich der Klinik extra für die Junkies angelegt worden war. Es gab dort eine vielleicht achthundert Quadratmeter große Grünfläche, mit mehreren lieblos bepflanzten Beeten und asphaltierten Wegen. In jeder Ecke standen ein paar Bänke mit Holztischen. Mich besuchten neben der Familie vor allem *Jesus Freaks* aus ganz Deutschland. Wir setzten uns für gewöhnlich in den Garten an einen der Tische, rauchten eine Zigarette und unterhielten uns. Alle waren völlig geschockt und traurig, mich in diesem Zustand anzutreffen. Von den Krücken und den weißen Verbänden an meinen Füßen mal ganz abgesehen, sah ich eigentlich ganz normal aus. Ich trug schulterlange dunkelblonde Haare, die ich für gewöhnlich mit einem Haargummi zu einem Zopf zusammenband. Weil ich regelmäßig Sport machte und ein Solarium besuchte, hatte ich einen einigermaßen knackigen Oberkörper und erschien äußerlich kerngesund und fit. Aber innerlich war ich ein Wrack, und das schon lange vor dieser Katastrophe.

Auf meine Besucher machte ich wahrscheinlich einen recht verwirrten Eindruck. Obwohl ich die Leute teilweise schon jahrelang kannte, fragte ich sie ständig nach ihrem Namen, wollte wissen, welcher Tag heute sei und warum sie hierhergekommen seien. Viele machten sich große Sorgen, sie glaubten, ich sei für immer »ballaballa« und würde nie wieder normal werden. Einmal fing mitten im Gespräch meine Besucherin laut an zu weinen und verließ fluchtartig das Gelände. Sie konnte es nicht ertragen, mich in diesem Zustand zu erleben.

Die *Jesus Freaks* hatte ich 1991 in meinem Wohnzimmer gegründet und lange Zeit als Erster Vorsitzender und Pastor geleitet. In den folgenden Jahren war aus der ersten Gruppe in Hamburg eine sogar von Soziologen ernst genommene, europaweite Jugendbewegung entstanden, mit über hundert Ablegern in Deutschland, Österreich, Holland, Polen und der Schweiz. Mitte der Neunzigerjahre gab es eine Zeit, in der die Medien bundesweit über die *Jesus Freaks* schrieben. Von der *taz* über die *Süddeutsche*,

die *Welt*, das *Abendblatt* bis hin zu *Bravo* und *Bravo Girl* berichteten alle von dieser verrückten jungen Christentruppe. Es folgten mehrere TV- und Radioberichte auf allen Kanälen. Und es erschien sogar ein Independent-Kinofilm von Henry Peschel mit dem Titel *Breit im Heiligen Geist,* der nur von unserer Arbeit handelte. Wir *Jesus Freaks* traten dabei auch immer mit der Ansage auf, Leuten mit Drogenproblemen zu helfen. Viele Menschen wurden auch tatsächlich durch unsere Bewegung von der Straße geholt. Es gab auch Geschichten von Junkies, die durch die *Jesus Freaks* drogenfrei geworden sind. Und nun war ausgerechnet der Gründer mit einer Überdosis Heroin im Krankenhaus gelandet? Was war da los? Wie konnte das passieren?
Mein Gehirn war vergleichbar mit einer gecrashten Festplatte, auf der alle Daten gelöscht worden sind. Ich konnte mich weder an diese letzte Chaosnacht noch an die vielen Telefonate, die Fahrt zum Krankenhaus oder sonst irgendetwas erinnern. Sogar Telefonnummern, Kontonummern, die PINs von Handy und EC-Karte waren aus meinem Speicher gelöscht. Das Aussehen meiner Wohnung hatte ich genauso vergessen, und ich wusste gar nicht mehr, dass ich überhaupt ein Auto besaß. In diesem Zustand war ich absolut hilflos und dauerhaft auf Betreuung angewiesen.
Nachdem ich eine Woche auf der Drogenentzugsstation verbracht hatte, stellte sich die Frage, wie es weitergehen sollte. Die Ärzte hatten bei Einlieferung Rückstände von Heroin und Kokain in meinem Blut festgestellt, »in hohen Mengen«, wie der Laborbericht attestierte. Es wurde aber auch recht schnell deutlich, dass ich nicht körperlich abhängig war, weil sich keinerlei Entzugserscheinungen einstellten. Ich hatte ja auch nur unregelmäßig harte Drogen konsumiert, vielleicht alle paar Monate oder im Höchstfall alle vierzehn Tage, und immer nur am Wochenende. Auf der anderen Seite konnte man mich in der Verfassung kei-

nesfalls wieder nach Hause entlassen. Die Ärzte stellten zahlreiche Untersuchungen mit mir an, um herauszufinden, woher meine offensichtliche Gehirnschädigung herrühren könnte. Ich musste mehrfach in eine lange Röhre steigen, wo eine Computertomographie von meinem Kopf gemacht wurde. Dann ließ man auch noch mein Gehirn röntgen und befestigte viele kleine Saugnäpfe an meinem Schädel, um damit die Gehirnströme zu messen. Schließlich kamen meine Eltern ins Krankenhaus, um mit dem Oberarzt die Laborberichte und das weitere Vorgehen zu besprechen. Nachdem sie in dem Büro Platz genommen hatten, schenkte der Oberarzt den beiden reinen Wein ein. Seine Diagnose war niederschmetternd: »Ihr Sohn hat sich in der Nacht vom 27. auf den 28. August eine Überdosis Heroin und Kokain gespritzt«, sagte er. »Beide Stoffe wurden in großen Mengen in seinem Blut festgestellt. Unsere Untersuchungen lassen vermuten, dass er circa zwei Minuten lang nicht geatmet hat. Es ist wahrscheinlich, dass ihr Sohn, bedingt durch die Drogen, einen kurzweiligen Atemstillstand hatte. Eine weitere Möglichkeit ist, dass durch eine ungünstige Körperlage der Blutfluss zum Gehirn abgeklemmt worden war. Wenn die Bewusstlosigkeit durch das Heroin künstlich hervorgerufen wird, dreht sich der Körper im Schlaf nicht, wie das normalerweise der Fall ist. Einige Adern könnten dann abgeklemmt worden sein, so dass das Blut nicht mehr frei zum Gehirn und auch in die Beine fließen konnte. Dies würde auch die zwei großen Blasen an seinen Füssen erklären. Wir haben dunkle Stellen auf dem CTG-Bild in seinem Gehirn gefunden. Es ist ein Wunder, dass Ihr Sohn überhaupt noch lebt. Wir halten es für unwahrscheinlich, dass sich sein Erinnerungsvermögen wieder vollständig erholen wird. Unser Rat ist, Ihren Sohn erst einmal in eine Drogeneinrichtung einweisen zu lassen. Bitte sprechen Sie auch schon mal mit dem Rententräger wegen einer Berufs-

unfähigkeit. So wie es aussieht, wird Ihr Sohn ein lebenslanger Pflegefall.«
Meine Eltern waren natürlich schockiert, als sie das hörten. Ihr Sohn ein lebenslanger Pflegefall? Es sah tatsächlich so aus, als sei mein Gehirn dauerhaft geschädigt. Ich konnte mir nichts merken und stellte immer wieder dieselben Fragen. Auch wenn ich mir wirklich Mühe gab, die Informationen wollten einfach nicht in meinem Hirn bleiben, und dieser Zustand besserte sich auch nicht. Außerdem verlief ich mich oft im Krankenhaus, weil auch mein Orientierungssinn nicht mehr richtig funktionierte. Rechts und links konnte ich nicht mehr unterscheiden. Ständig bog ich, wenn ich von der Toilette zurückkam, in den falschen Flur ab und landete in einem völlig anderen Krankenhaustrakt. Diese Orientierungslosigkeit machte mir richtig zu schaffen, fast mehr als die Gedächtnisprobleme. Die Schwestern hatten alle Hände voll mit mir zu tun. Oft musste man mich vom anderen Ende des Gebäudes abholen, weil ich mich mal wieder verlaufen hatte. Selbst in dem kleinen Garten im Innenbereich fand ich mich nicht zurecht. Um auf der sicheren Seite zu bleiben, steckte ich mir ein überschaubares Gebiet von zweihundert Quadratmetern ab, in dem ich mich sicher bewegen konnte. Alles musste ich mir aufschreiben und den Zettel immer in der Hosentasche tragen, sonst wäre ich aufgeschmissen gewesen.
Franziska brachte mir dann bei einem weiteren Besuch ein kleines schwarzes Notizbuch mit, das wir scherzhaft meine »Gehirnauslagerungsdatei« tauften. Es war in DIN-A6-Größe gehalten, so dass ich es bequem in der Hosentasche mit mir rumtragen konnte. Hier schrieb ich die wichtigsten Dinge auf, damit ich sie mir immer wieder durchlesen konnte, um sie nicht zu vergessen.

1 ÜBERGANG

Haus Elim in Wilster

Im Krankenhaus gab es eine Sozialberatung, die für die Vermittlung von Therapiestellen für die Drogenabhängigen zuständig war. Die Beraterin hielt mich für einen komplett hoffnungslosen Fall. Wir saßen mehrfach in ihrem Krankenhausbüro, in dem sie drei Tage die Woche Dienst schob. Sie hatte die tolle Idee, mich in eine Einrichtung für »betreutes Wohnen« zu stecken, obwohl mir dort vermutlich nicht wirklich geholfen worden wäre. Unter betreutem Wohnen versteht man eine Art Therapie-WG, in der mehrere Junkies gemeinsam leben. Es gibt bestimmte Regeln, die eingehalten werden müssen, und eine Beteiligung an den täglichen Gruppensitzungen ist Pflicht. Dazu bekommen alle Patienten Aufgaben im Haushalt zugeteilt. Jedem wird ein Betreuer und eine Gruppe zugeteilt. Soweit ich mich kannte, wäre ich in so einer Einrichtung eher tiefer in die Szene reingezogen worden, als dass man mir aus meinen Problemen herausgeholfen hätte. Bis zu dem Zeitpunkt hatte ich ja überhaupt keinen Kontakt zur Drogenszene in Hamburg gehabt. In den meisten Fällen hatte ich harte Drogen allein konsumiert, selten mal mit einem Freund.
Die Dame von der Sozialberatung telefonierte in Hamburg herum und schrieb zahlreiche Anträge. Wir hatten bereits alle Formulare fertig, und ich stand kurz davor, in eine Einrichtung nach Hamburg-Horn überwiesen zu werden. Da ich zu der Zeit selbst viele Jahre in einer Dro-

genhilfeeinrichtung gearbeitet hatte, wäre die Wahrscheinlichkeit recht groß gewesen, dort einen ehemaligen Patienten von mir zu treffen. Für mich war das eine Horrorvorstellung. Zu diesem Zeitpunkt war ich aber innerlich so schwach, dass ich fast alles mit mir hätte machen lassen, darum gab es von meiner Seite keinerlei Gegenwehr. Sie hätte mich auch nach Sibirien schicken können, ich wäre ohne Proteste gefolgt. Als aber meine Eltern davon Wind bekamen, unternahmen sie alles, damit ich nicht dorthin musste. Im Gespräch mit einer Frau aus ihrer evangelischen Gemeinde kamen die beiden auf eine bessere Idee. Es gab etwa fünfzig Kilometer vor Hamburg eine christliche Übergangseinrichtung für alkohol- und drogensüchtige Jugendliche, das *Haus Elim*. Diese Einrichtung lag sehr idyllisch mitten im Stadtkern der Kleinstadt Wilster. Die Bemühungen meiner Eltern hatten Erfolg. Nach drei Wochen holte mich eine Freundin im Krankenhaus ab und brachte mich mit ihrem Auto dorthin.

Wilster ist eine Kleinstadt in Schleswig-Holstein mit rund fünftausend Einwohnern. Das *Haus Elim* besteht eigentlich nicht aus einem, sondern aus mehreren Häusern. Auf einem großen Gelände, das mit einer Mauer umzäunt ist, stehen verschiedene kleine und große Gebäude. Jedes der Gebäude hat zwei Stockwerke mit jeweils Sechser-, Vierer- und Doppelzimmern, in denen die Patienten während ihres Aufenthaltes wohnen. Zum Glück legte man mich auf ein Zweibettzimmer, das ich mir mit einem kleinen, glattrasierten Skinhead teilen musste.

Da zu erwarten war, dass ich mich in den langen Fluren im *Haus Elim* ständig verlaufen würde, bekam ich einen Lageplan, auf dem alle Räumlichkeiten genau eingezeichnet waren. Im Haupthaus befand sich ein großer Aufenthaltsraum, in dem die Klienten tagsüber abhängen, reden und rauchen konnten. Der Raum war mit mehreren alten Sofas und Sesseln ausgestattet, jeweils mit einem kleinen Tisch davor. Es gab auch einen Fernseher und eine kleine Anlage, die man aber nur nutzen konnte, wenn die Betreuer ihr Okay gaben. Im selben Gebäudekomplex befand sich der große Essenssaal. Um halb acht gab es Frühstück, um halb eins Mittagessen, um zwei Kaffee und um sechs Abendessen. Die Essenszeiten gehörten definitiv zu den Highlights des sonst eher öden Tagesablaufs. Im Grunde lebten viele der Patienten nur von Essenszeit zu Essenszeit, die Stunden dazwischen wurden, so gut es ging, überbrückt. Während der Woche fanden zu fest angesetzten Zeiten unterschiedliche Gruppen- und Einzeltherapiestunden statt. Die Gruppensitzungen wurden in den dafür vorgesehenen Gruppenräumen angesetzt, die Einzeltherapiestunden immer in den Zimmern der jeweiligen Therapeuten. Jedem Bewohner wurde ein bestimmter Bereich zugeteilt, den er putzen und sauber halten musste. Ich hasse putzen und habe diese Arbeit damals als Demütigung empfunden. Aber es war Pflicht und Teil der Hausordnung, also musste ich jetzt da durch. Mehrmals die Woche hatte ich, mit Besen, Kehrschaufel, Schrubber, Eimer und Feudel bewaffnet, einige Flure zu fegen und zu wischen. Alle vierzehn Tage gab es im *Haus Elim* etwas Abwechslung, denn wir wurden zum Küchendienst eingeteilt. Es gibt allerdings eine Sache, die ich noch mehr hasse als putzen, und das ist das Putzen einer Küche. Zum Glück konnte man hier aber auch noch etwas anderes tun, zum Beispiel dem Koch beim Schneiden des Gemüses helfen oder die Tische decken und abräumen. Abends und morgens mussten wir im Küchendienst Marmeladen, Wurst- und Käseteller herrichten und garnieren. Meine ganz spezielle Herausforderung bestand darin, mir zu merken, in welchem Schrank die jeweiligen Lebensmittel gelagert wurden. Aber auch in welchem Behälter welche Wurstsorte lag, wie viele Portionen ich auf die Teller verteilen sollte, in welche Schüsseln die Marmelade gefüllt wurde und wo ich das Besteck finden konnte, war eine kaum zu bewältigende Aufgabe für mich. Das Speichern der vielen Informationen, der Handgriffe und Abläufe überforderten mich komplett. Ich konnte mir einfach nichts merken, sosehr ich mir auch Mühe gab. Ohne mein kleines Buch wäre ich selbst bei dieser einfachen Hausarbeit aufgeschmissen gewesen.

»Das wird nie wieder gut«

Mir fehlte komplett der Glaube, dass meine völlig kaputte Situation überhaupt jemals wieder in Ordnung gebracht werden könnte. Wie sollte ich da wieder rauskommen? Was könnte mir noch helfen?
Ganz langsam verbesserte sich wenigstens mein gesundheitlicher Zustand. Die Ärzte hatten angekündigt, dass meine Fersen innerhalb von acht Wochen wieder verheilen würden, und das war dann auch so. Nach zwei Monaten konnte ich ohne Krücken laufen, weil die offenen Stellen an den Fußballen fast ganz verheilt waren. Es blieben nur zwei große Narben an der Unterseite der Füße.
Nach einer Weile lernte ich, mit meiner »Gehirn-Behinderung« besser umzugehen. Es war ab sofort unverzichtbar, mein kleines Notizbuch überall mit mir rumzutragen und alles aufzuschreiben, was ich mir merken musste. Das ist natürlich umständlich, aber so war ich nicht mehr auf die Hilfe von anderen angewiesen wie noch im Krankenhaus.
In *Haus Elim* bekam jeder Klient von der Einrichtungsleitung einen Bezugstherapeuten oder eine Bezugstherapeutin zugeteilt. Meine hieß Monika, war um die vierzig, hatte blonde lange Haare und ein total nettes Lächeln. Für

mich war sie ein absoluter Glücksfall. Ich hatte natürlich gehofft, dass meine Therapeutin meine Situation verstehen würde, und das war bei Monika wirklich der Fall. Sie hatte selbst eine langjährige Suchtkarriere mit Alkohol hinter sich, war aber seit vielen Jahren trocken. Später hatte sie Psychologie studiert und war deswegen sehr kompetent. Zu jeder Sitzung musste ich immer in ihr kleines Zimmer ganz oben im dritten Stock am Ende des Flures kommen. Das Zimmer war spärlich eingerichtet, mit einem großen Bücherregal an der Wand und zwei bequemen grünen Stühlen in der Mitte des Raumes. Monikas Anliegen war es, mich erst einmal zu stabilisieren und mir wieder Hoffnung zu geben. In den meisten unserer Sitzungen saß ich verzweifelt auf meinem Stuhl und wusste gar nicht so richtig, was ich überhaupt erzählen sollte.

Besuch in Wilster

In Wilster besuchte mich mein bester Freund André mit seiner Frau Melanie einige Male. Wir kannten uns schon von den ersten Jahren bei den *Jesus Freaks* in Hamburg und hatten viel zusammen erlebt. Bei André konnte ich mir immer ganz sicher sein, egal, was passiert ist und wie sehr ich auch angeklagt werden würde, er war loyal und stand immer auf meiner Seite.
Einmal kam auch mein alter Freund Jan aus München, und wir verbrachten einen ganzen Tag zusammen. Dann besuchte mich auch meine Mutter mehrfach mit ihrer guten Freundin Anneliese. Anneliese kannte ich aus einer Gemeinde, sie hatte mir in der Vergangenheit schon oft geholfen. Wir gingen dann immer in eins der beiden Restau-

rants im Ort und unterhielten uns. Einmal kam sogar ein Bus mit einer Gruppe von den *Jesus Freaks* aus Stuttgart nach Wilster. Wir verbrachten einen wunderbaren Tag zusammen. Dieser Besuch der Stuttgarter hat mich ganz besonders berührt. Im Gepäck hatten sie einen kleinen Karton, der mir feierlich überreicht wurde. In diesem Karton waren etwa achtzig kleine Briefe oder Zettel, die in einem Gottesdienst in der vorherigen Woche von den *Jesus Freaks* in Stuttgart extra für mich geschrieben worden waren. Fast alle Gemeindemitglieder hatten für mich ein paar Zeilen mit ermutigenden Worten verfasst. Ich sollte immer, wenn ich traurig war, einen Zettel aus diesem Karton nehmen und ihn lesen. Die Botschaften, die ich dort drin finden konnte, haben mich in den folgenden Wochen sehr oft aufgebaut und mir Mut gemacht. Ein Mädchen schrieb zum Beispiel: »Danke, Martin, dass du die *Jesus Freaks* gegründet hast! Ohne die *Freaks* wäre ich heute tot!« Jemand anders hatte notiert: »Du schaffst das, Martin! Du kommst wieder hoch! Ich glaub an dich!«

Was mich aber besonders gefreut hat, war, dass sich sogar mein Vater auf den Weg nach Wilster machte. Das war schon außergewöhnlich, denn es zeigte, wie sehr er sich in den letzten Jahren verändert hatte. Ich denke, viele Väter hätten sich in so einer Situation geschämt, ihren Sohn als Drogenabhängigen zu treffen. Und hatte ich nicht mit meinem Rückfall auch die ganze Familie blamiert und in den Dreck gezogen? Wer will schon gern einen Junkie als Sohn? Allerdings hatte es bei meinem Vater in seinem Leben eine große Wende gegeben. Er war ein Christ geworden und hatte sich so stark verändert, wie man es bei wenigen Menschen erleben kann. So konnte er sogar in dieser dunklen Zeit zu mir stehen und nutzte die Chance, seinem Sohn das zu geben, was er in der Kindheit vermisst hatte, nämlich Liebe und Bestätigung. Ich werde diese Besuche meines Vaters in Wilster nie vergessen.

Eine Frau, die ich durch meinen Tresenjob in der Bar kennengelernt hatte, hielt ebenfalls den Kontakt zu mir. Wir telefonierten oft und schickten uns gegenseitig SMS. Ich glaube, sie war ein bisschen in mich verliebt, auch wenn ich es damals nicht so wirklich mitbekommen habe. Zu dem Zeitpunkt konnte ich mich aber emotional überhaupt nicht auf eine neue Beziehung einlassen. Was ich brauchte, waren Freunde, die zu mir standen und mir helfen würden. Erschreckenderweise musste ich aber jetzt feststellen, dass ich viele Jahre meine ganze Kraft in die Arbeit bei den *Jesus Freaks,* aber dabei viel zu wenig Energie in gute, verlässliche und auch ehrliche Freundschaften investiert hatte. Wenn ich auf der Bühne stand, wollten alle »mein Freund« sein. Aber dazu gehört schon mehr als ein gelegentliches Gespräch nach dem Gottesdienst. Von diesen vielen Menschen war jetzt nur noch einer übrig geblieben, der immer noch zu mir stand, und das war mein Freund André.

Ein Brief gegen meinen Willen

Nachdem ich ein paar Tage in Wilster war, bekam ich plötzlich Besuch von einer Delegation des Leitungskreises der *Jesus Freaks.* Man hatte sich vorher angekündigt, und mir war klar, dass es um ein unangenehmes Thema gehen musste. Schließlich war ich als Gründer der Bewegung so etwas wie eine Vorbildfigur für viele junge Christen, auch wenn ich das nie gewollt oder forciert hatte. Ich hoffte insgeheim, dass mir meine alten Kollegen bei dem Treffen Mut zusprechen würden. In der Vergangenheit hatte ich sie selbst viele Jahre lang unterstützt, gefördert und begleitet, auch in Zeiten, in denen es ihnen nicht so gutging. Wir hatten uns Seite an Seite für Jesus eingesetzt. Unglaubliche Wunder hatten wir erlebt, viele Siege gemeinsam gefeiert und auch manche Niederlage beweint. Einige hatten erst durch meinen Dienst bei den *Jesus Freaks* zu einem lebendigen Glauben an Jesus gefunden, andere wurden von mir in den Leitungskreis berufen, weil ich ihre Fähigkeiten und Begabungen sah.

Nun saß ich also mit einigen dieser Jungs in einem Raum in Wilster am Tisch, und die Stimmung war natürlich sehr gedrückt. Schließlich ergriff einer von ihnen das Wort: »Martin, alle Leute fragen nach dir! Wir bekommen Anrufe aus ganz Deutschland. Die Menschen haben schlimme Dinge gehört und wollen jetzt wissen, was mit dir passiert ist. Es gibt Gerüchte, dass du unter irgendeiner Brücke lebst. Die Situation muss von unserer Seite aus geklärt werden! Du hattest wegen deinem Burn-out eine Pause eingelegt, aber jetzt wolltest du wieder in unseren Leitungskreis kommen, und keiner wusste, dass du wieder Drogen nimmst. Was sollen wir jetzt machen, wie sollen wir mit dir umgehen?«

Ich war unsicher, wie ich darauf antworten sollte. Natürlich hatten sie recht, es musste eine öffentliche Stellungnahme rausgegeben werden. Auf der einen Seite fühlte ich mich schuldig, aber auf der anderen Seite empfand ich mich als extrem schwach und wehrlos. Ich hatte gerade viele eigene Probleme, und ich wollte nicht auch noch in der Öffentlichkeit fertiggemacht werden. Mir wäre es lieber gewesen, irgendwann selbst einen Brief zu schreiben und damit an die Öffentlichkeit zu treten, aber dazu war ich zu dem Zeitpunkt einfach noch nicht in der Lage. Also antwortete ich: »Okay, dann geht hart mit mir um, aber fair!«

Drei Tage später kam die Delegation erneut nach Wilster. Wieder saßen wir in demselben Raum. In der Zwischenzeit hatte es eine Gemeindeversammlung gegeben, wo man über meine Situation beraten hatte. In dieser Versammlung war es wohl heiß hergegangen. Einige Gemeindemitglieder hatten sich laut gegen mich ausgesprochen, weil ich sie mit meinem Verhalten in der Vergangenheit verletzt hatte. »Wir haben beschlossen, dass wir einen Brief schreiben und an die Adressenliste versenden. Diese Stellungnahme geht jetzt raus, mit oder ohne dein Einverständnis!« Man überreichte mir zwei DIN-A4-Seiten, die ich langsam durchlas. Was dort stand, verschlug mir erst mal komplett den Atem. Außer der Einnahme von Drogen wurde ich auch anderer Dinge beschuldigt. Es war von wechselnden sexuellen Beziehungen und sogar von geistlichem Missbrauch die Rede. Das Schlimmste an diesem Brief war aber eher zwischen den Zeilen zu lesen. Man versuchte sich von mir als Person zu distanzieren, und das tat weh. Ich war vollkommen am Boden, hätte Freunde gebraucht, echte Hilfe, Zuspruch, Ermutigung. Aber stattdessen spürte ich einen Dolch in meinem Rücken, der auch noch von meinen eigenen Leuten stammte.

Mein Gehirn war zu diesem Zeitpunkt immer noch stark geschädigt. Die Ärzte hatten mir gesagt, dass jeglicher psychische Stress wegen einer möglichen Hirnblutung für mich tödlich enden könnte. Ich sollte mich von allem, was zu aufregend sein könnte, soweit es geht, fernhalten. Zwar wussten die Briefschreiber das alles, aber sie wollten ihre Stellungnahme trotzdem loswerden.

Als sie endlich gegangen waren, lief ich sofort zu meiner Therapeutin. Völlig durcheinander erzählte ich ihr von dem Treffen und zeigte ihr den Briefentwurf. Monika rastete vollkommen aus, nachdem sie den Text gelesen hatte. »Sag mal, spinnen die? Das können die doch nicht mit dir machen!«, rief sie empört. Sie wollte die Telefonnummer von einem der Leiter haben und rief sofort bei ihm an. Es gab dann noch einige Verhandlungen und Gespräche, der Brief wurde an einigen Stellen geändert. Aber schließlich schickte man diese Fassung, wie angekündigt, an die *Jesus Freaks,* gegen meinen Willen.

Ich empfand diese Brief-Aktion damals wie einen letzten Todesstoß. Klar konnte ich verstehen, dass die *Jesus Freaks* reagieren mussten. Aber es fühlte sich für mich in diesem Augenblick so an, als würde ich verwundet am Boden liegen, und die Leute, von denen ich gedacht hatte, dass sie mir helfen würden, stechen noch einmal auf mich ein. Besonders der Schlussteil der Stellungnahme verletzte mich. Denn dort schrieben sie, man würde mir helfen und mir unterstützend »zur Seite stehen«. Von dieser Hilfe und Unterstützung war überhaupt nichts zu spüren.

Wie das immer so ist, gibt es natürlich auch bei dieser Sache zwei Seiten einer Medaille. Für den Leitungskreis war die Situation, in die ich ihn gebracht hatte, ebenfalls extrem schwierig. Es gab ständig Nachfragen im Büro, was mit mir los sei, und die Gerüchteküche brodelte. Man konnte den Rückfall nicht unkommentiert durchgehen lassen, es war von ihrer Seite aus wichtig, ein klares Statement abzugeben, dass so ein Verhalten, wie ich es an den Tag gelegt hatte, einfach unmöglich ist. Vermutlich wollten sie durch diesen Brief auch die Bewegung vor Schaden schützen. Heute kann ich das alles nachvollziehen, aber damals empfand ich diese Geschichte als Verrat.

Der Lebenslauf

Es war allen klar, dass ich in Wilster nicht ewig bleiben konnte. Wie gesagt, es handelte es sich bei *Haus Elim* nur um eine Übergangseinrichtung, es war kein Ort, an dem wirklich nachhaltige Therapie betrieben wurde. Also

überlegten die Therapeutin und ich nach ein paar Wochen, wie es jetzt weitergehen könnte. Monika fand, dass eine Langzeittherapie über ein bis zwei Jahre meiner Situation und Suchterkrankung nicht entsprechen würde, und schlug eine dreimonatige Therapie in einer Zwölf-Schritte-Klinik vor. Diese Art von Kliniken orientiert sich stark an dem Zwölf-Schritte-Programm der Anonymen Alkoholiker. Das Programm ist die erfolgreichste Methode weltweit, um süchtigen Menschen zu helfen. Das Gute für mich war, dass diese zwölf Schritte auch ausdrücklich einen Glauben an Gott oder eine »höhere Macht« befürworteten. Eine Therapie, in der mir mein Jesus als Realitätsflucht ausgeredet würde, konnte ich überhaupt nicht gebrauchen. Nachdem die Krankenkasse unseren Antrag erst einmal pauschal abgelehnt hatte, musste ein weiterer Antrag, diesmal an die *BVA*, gestellt werden. Die *Bundesversicherungsanstalt für Angestellte*, kurz *BVA*, ist die Einrichtung, die für die Auszahlung der Renten von Angestellten zuständig ist. Ich wusste noch von meiner Arbeit in der *Palette*, einer Drogenhilfeeinrichtung für Jugendliche, dass die Träger immer versuchen, die Übernahme der Kosten auf die nächste Instanz abzuschieben, weil natürlich keiner eine solch kostspielige Therapie bezahlen will. Die Weiterleitung von solchen Anträgen an die *BVA* ist eigentlich auch relativ logisch, denn es geht den Verantwortlichen ja vor allem darum, dass der Patient wieder arbeitsfähig wird, damit er auch wieder Beiträge einzahlen kann. Leider werden diese Zwölf-Schritte-Einrichtungen allerdings bis heute nicht ohne weiteres von der *BVA* genutzt. Es ist nötig, für die Finanzierung einen längeren Antrag zu stellen. Ein wichtiger Bestandteil dieses Antrags ist, neben der medizinischen und therapeutischen Indikation, ein ausführlicher Lebenslauf.
Das Schreiben meines Lebenslaufs war zu jenem Zeitpunkt eine besondere Aufgabe für mich. Es forderte von

mir, mich intensiv mit meiner eigenen Lebensgeschichte zu beschäftigen.

Es waren so viele verrückte Dinge bei mir passiert, auf die ich eine Erklärung haben wollte.

Wenn ich mein Leben im Rückblick betrachte, gab es, ohne dass ich es weder geplant noch gewollt hatte, immer wieder starke Extreme. Vom »Klassenkasper« zum »Stufensprecher«, vom »Christ des Jahres« zum »Kind des Satans«, vom »Vorstadtpopper« zum »Straßenpunker« – alles war dabei. Und ich fragte mich natürlich auch, wie mein letzter Absturz überhaupt passieren konnte. Fünf Jahre vorher hatte mich das größte evangelikale Nachrichtenmagazin *IdeaSpektrum* zum »Christen des Jahres« gewählt. Das klingt verrückt, ist aber die Wahrheit.

Ich war als Redner zu größeren christlichen Konferenzen eingeladen worden, man hatte überall von dem neuen, revolutionären missionarischen »Modell der *Jesus Freaks*« gesprochen. Viele Christen hatten mich als großes Vorbild dafür gesehen, wie man als Christ heutzutage zu leben hat. Und nun war ich für die gleichen Leute plötzlich zum »Loser des Jahres« geworden, das große Anti-Vorbild, vor dem man warnen musste, und das sogar zu Recht? Ich hörte auch von anderen Christen, die sich öffentlich zu meinem Fall äußerten. Von einigen Kanzeln in Deutschland wurde gepredigt, man »hätte ja schon immer geahnt« … und »das wäre ja klar gewesen, dass der Dreyer irgendwann wieder abstürzt«. Ich bekam sogar Briefe, in denen man mir schrieb: »Sehr geehrter Herr Dreyer, ich wusste schon lange, dass Sie gar kein Christ sind!«

Doch nun wollte ich die Situation nutzen und den Ursachen auf den Grund gehen. Es gab zu der Zeit ein Lied von den *Tocotronic* in den Charts. Der Sänger fragt sich im Refrain immer wieder: »Wo fing das an, was ist passiert, was hat mich bloß so ruiniert?« Und genau das waren auch mein Lied und meine Frage. Was war in meinem Leben schiefgelaufen? Ab wann ging es in die falsche Richtung? Gab es Ursachen in meiner Kindheit, in meiner Familie, in meiner Erziehung, die dafür sorgten, dass ich immer, wenn es mir schlechtging, zu Drogen griff? Warum schaffte ich es, alles zu zerstören, was mir wichtig ist? Vor fünf Jahren bestand mein Leben noch aus überschwenglichem Glück, Erfolg und Abenteuer. Und jetzt wollte ich plötzlich nicht mehr leben? Ich brauchte Antworten, und zwar dringend. Also setzte ich mich in mein Zimmer an den Tisch, nahm ein Blatt Papier zur Hand und fing an, meine Lebensgeschichte Seite für Seite aufzuschreiben.

2 ABWEGE

Frühe Erfahrungen

Geboren wurde ich am 27. Februar 1965. Aufgewachsen bin ich in einem Vorort von Hamburg, der den lustigen Namen *Poppenbüttel* trägt. In meiner Familie bin ich das dritte Kind, aber der erste, lang ersehnte Sohn. Es gibt also zwei ältere und außerdem eine sieben Jahre jüngere Schwester. Wir wohnten in einem hundertzwanzig Quadratmeter großen Flachdach-Haus ohne Keller und Dachboden. Dafür hatten wir einen großen Garten mit viel Rasen, Blumenbeeten und sogar zwei Obstbäumen. Ich würde sagen, dass meine Kindheit glücklich verlaufen ist. Fast jeden Tag spielte ich mit Freunden auf der Straße Fußball, oder wir bauten Höhlen in den Büschen und Bäumen des Grünstreifens bei uns um die Ecke.
Als ich mit sechs in die Grundschule Hinsbleek eingeschult wurde, gab es die ersten Probleme. Meine Klassenlehrerin war eine Pädagogin der »alten Schule«. Wenn wir die Hausaufgaben nicht richtig gemacht hatten, gab es mit einem großen Holzlineal ein paar gezielte Schläge auf die Finger. Ich war wohl schon damals kein Musterschüler. Des Öfteren musste ich wegen irgendwelcher Vergehen eine Stunde nachsitzen. Es passierte auch, dass wir von unserer Klassenlehrerin vor der Klasse laut zusammengeschrien wurden, wenn wir etwas falsch gemacht hatten. Manchmal rastete sie sogar richtig aus und beschimpfte uns mit Worten wie »Du bist ein Arschloch!« oder »Du

Vollidiot!«. Dabei waren wir gerade mal sechs oder sieben Jahre alt! Ich kann mich noch gut an eine Situation erinnern, in der ein Mädchen seine Rechenaufgaben nicht verstanden hatte. Andrea, so hieß sie, glaube ich, saß schüchtern auf ihrem Stuhl, hob den Finger und wollte einfach nur wissen, wie man die Aufgabe richtig rechnete. Aber unsere Lehrerin wurde wütend. Sie befahl Andrea, sich auf den Schultisch zu stellen. Dann forderte sie die ganze Klasse auf: »Jetzt alle mal mit dem Finger auf Andrea zeigen und bei drei laut auslachen! Eins, zwei, drei ...«
Ich werde das Bild nie vergessen, wie die kleine Andrea auf dem Tisch stand und herzzerreißend weinte, während die ganze Klasse mit ausgestrecktem Finger laut lachend auf sie zeigte.
Nach meiner Erinnerung hab ich bei dieser »Auslachaktion« nicht mitgemacht, dafür aber bei einigen anderen gemeinen Dingen. Es gab beispielsweise bei uns in der Klasse einen Jungen, der aus unerklärlichen Gründen eher unbeliebt war. In der großen Pause schubsten wir ihn hin und her, und ich war immer vorn dabei. Im Nachhinein tut mir das sehr leid, aber damals war es mir egal. Was aus Andrea geworden ist, weiß ich nicht. Aber das Leben dieses Jungen hab ich dann später in der Presse verfolgt. Er wurde ein berühmter Mann in der Musikbranche und baute ein neues Label bei Polydor auf.
Diese ersten Jahre haben vermutlich auch dazu geführt, dass ich die Schule hasste. Es war ein Ort, wo ich nicht hingehen wollte und der immer mit einem gewissen Horror verbunden war.

Aufklärung durch Pornos

Meine Eltern haben mich nie wirklich aufgeklärt. Das passierte dann aber »von selbst« durch einen besonderen Fund, den ich mit meinem damaligen Freund Jens im Alter von zehn Jahren machte. Jens wohnte drei Häuser weiter als ich. Wir lernten uns sozusagen auf der Straße beim Spielen kennen. In unserer Kindheit haben wir sehr viel Zeit miteinander verbracht. Eines Nachmittags streunten wir wieder einmal durch die Gegend und kamen dabei an einem Häuschen vorbei, das auf einem Grundstück in einer kleinen Nebenstraße stand. Das Gebäude sah von außen schon leicht verfallen aus, wir wussten aber, dass der Besitzer, ein älterer Herr, erst vor einigen Wochen gestorben war. Jens und ich stiegen kurz entschlossen durch das Küchenfenster in das Haus ein und schauten uns neugierig die Einrichtung an. Was wir sahen, schockte uns sehr, denn in jedem Zimmer stapelten sich gefüllte Plastiktüten mit Müll. Überall stank es nach Urin und Kot. Man konnte sich gerade so einen Weg durch die Zimmer bahnen. Einige Räume waren so vollgemüllt, dass ein Betreten gar nicht mehr möglich war. »Schau mal hier, was ich gefunden hab!«, rief mir Jens plötzlich entgegen. Er hielt einen Kasten mit vielen Farbdias in der Hand. Aufgeregt gingen wir in die Küche und hielten die Dias gegen das Fenster, um im Licht zu erkennen, was das für Bilder waren. Auf dem ersten Bild sah man einen Mann und eine Frau auf dem Fahrrad. Beim zweiten Bild hatten die beiden auf einer Wiese haltgemacht und lagen lasziv auf einer ausgebreiteten Decke. Beim dritten Bild konnte man bereits erkennen, wie der Mann die junge Frau ausgezogen hatte und sie auf den Mund küsste. Was dann auf den weiteren Bildern zu finden war, hatte ich noch nie zuvor gesehen, geschweige denn davon gehört. Detailgetreu spielten die beiden sämtliche Stellungen durch, bis sie auf dem letzten Bild, nach einem vermutlichen Orgasmus, entspannt auf ihrer Decke zusammensackten, Sonnenuntergang im Hintergrund inklusive. Eigentlich war ich mit diesen Bildern total überfordert. Trotzdem kann ich mich noch daran erinnern, dass sie mich sehr interessiert und auch erregt haben. Viele Monate lang versteckte ich die Dias wie einen Schatz in meinem Zimmer. Heute denke ich, dass mir hier schon eine Sexualität vorgespielt wurde, die meine späteren Beziehungen zu Frauen mitgeprägt hat. Irgendwann fand dann meine Mutter die Dias zufällig beim Putzen und war natürlich schwer geschockt. Die Pornos landeten sofort auf dem Müll, aber die Bilder hatten sich bereits unwiderruflich in meine Phantasie eingebrannt.

Probleme im Gymnasium

Da meine Eltern selbst eine gute Bildung genossen hatten, war die Entscheidung, was nach der Grundschule passieren sollte, schon lange vorher gefallen. Meine Mutter meldete mich auf dem Gymnasium Hummelsbüttel an, mit dem Ziel, das Abitur zu machen. Ich habe an die erste Zeit an dieser Schule keine guten Erinnerungen. Von der fünften bis zur siebten Klasse war ich eher ein Außenseiter. Das lag vor allem an einem Jungen, der Michael hieß. Michael war extrem frühreif und musste sich nach meiner Erinnerung bereits mit dreizehn Jahren täglich rasieren. Dazu kam, dass er immer der Größte in der ganzen Stufe war, und durch sein ausgiebiges Handballspielen war er auch allen Jungs muskelmäßig haushoch überlegen. Das Spiel ging so: Warst du mit Michael befreundet, hattest du

keine Probleme. Selbst die übelsten Schläger aus der angrenzenden Realschule hatten großen Respekt vor ihm. Standest du allerdings auf Michaels Abschussliste, konnte dein Schulalltag zum Horror werden. Und für mindestens ein Jahr traf das auch auf mich zu. In der großen Pause war es sein neues Hobby, »Martin zu verprügeln«. Manchmal fand eine regelrechte Jagd auf mich statt, von ihm und seinem Gefolge.
Bis es eines Tages zu einer unerwarteten Wende kam. Ich kann mich noch gut erinnern, wie er mir mal wieder auf dem Schulhof auflauerte. Er stellte sich mir zwischen Schuleingang und Zufahrtsweg in den Weg und rief laut: »Na, Martin!? Hier kommst du heute nicht vorbei!« Schnell hatte sich eine Gruppe von »Schaulustigen« gebildet, die sich die Szene aus der Entfernung anschauen wollte. Mir war sofort klar, dass ich jetzt die Tracht Prügel meines Lebens beziehen würde. Das Adrenalin pochte in meinen Adern, ich konnte förmlich spüren, wie immer mehr Blut in meinen Kopf stieg. »Willst du was auf die Fresse?«, sagte Michael und ging einen Schritt auf mich zu. Plötzlich sprang ich ihm entgegen, ballte meine rechte Faust und schlug ihm mit aller Kraft voll ins Gesicht. Zuerst taumelte er ein wenig, dann hielt er sich seine Hand vor die Nase, um festzustellen, dass sie blutete. Ich weiß nicht mehr genau, was dann noch passiert ist, aber ich erinnere mich daran, dass es ab diesem Zeitpunkt keinen Ärger mehr mit ihm oder anderen Jungs gab. Es war das erste und letzte Mal, dass ich mich in der Schule geprügelt habe.

Die Punks in Poppenbüttel

Wie andere Jungs in meinem Alter begann ich mit Einsetzen der Pubertät eine eigene Identität zu entwickeln und mich damit auch von meinem Elternhaus abzugrenzen. Die Achtzigerjahre hatten gerade begonnen, und es gab zu der Zeit in Hamburg fünf zum Teil miteinander konkurrierende Jugendszenen. Das waren zunächst die Teds oder Rockabillys, die immer mit Schmalztolle, Baseballjacke und schwarzen Schuhen herumliefen. Die Frauen der Teds zogen sich zum Wochenende sogenannte Petticoats über, Kleider mit langen Röcken, die durch einen darunterliegenden Tüll weit abstanden. Teds standen auf Rock-'n'-Roll-Musik, von Elvis Presley bis zu den Stray Cats, und liebten Filmstars wie James Dean und Marilyn Monroe. Die zweite Gruppe waren die Popper. Sie trafen sich in Hamburg im etwas nobleren Hamburger Stadtteil Pöseldorf und gehörten zur Oberschicht. Sie trugen Collegejacken und Collegeschuhe, wobei die Jungs oft eine lange Haartolle hatten, die ihnen seitlich ins Gesicht hing. Eine typische Popper-Geste bestand darin, sich mit einer schnellen Kopfbewegung die Tolle aus dem Gesicht zu schütteln. Popper hörten Musik von *Depeche Mode* bis *Spandau Ballet*.
Die Rocker wiederum waren nicht nur Jugendliche, auch viele Ältere bezeichneten sich so. Sie trugen schwarze Lederklamotten, fuhren auf ihren Motorrädern oder Mopeds umher und machten die Stadt unsicher. Sie hörten überwiegend Hardrock, eine Vorform des Heavy Metal.
Aus England schwappte in den Achtzigern die Bewegung der Mods nach Deutschland rüber. Mods standen auf Bands wie *The Who*, liefen mit langen grauen Mänteln herum und stylten sich eher schick, mit Anzug und Leder-

krawatte. Ein weiteres Markenzeichen der Mods war ein Vespa-Roller mit vielen Außenspiegeln an den Seiten.
Und schließlich kamen gerade die Punks in Europa groß auf. Der Name *Punk* bedeutet »Müll, nutzloses, wertloses Zeug«, und das war in dieser Szene auch Programm. Wer ein richtiger Punk sein wollte, trug alte, abgefuckte Klamotten und legte scheinbar keinen Wert auf Styling und andere Äußerlichkeiten. Wobei es natürlich auch einen Dresscode bei den Punks gab, das sagte bloß keiner öffentlich. Springerstiefel, knallenge durchlöcherte Jeans und schwarze Jacken, am besten aus Leder, waren Pflicht. Dazu Ketten, Nietenarmbänder und Sicherheitsnadeln, am liebsten durch das Ohr oder auch die Wange gestochen. Punks hörten natürlich nur Punkmusik, von Bands aus den USA und England bis hin zu deutschen Punkbands. Dazu gehörten die *Sex Pistols,* aber auch diverse andere Gruppen wie *Angelic Upstairs, Dead Kennedys* und auch die frühen Titel von *The Police.* Angesagte deutsche Punkbands waren damals *Abwärts, Straßenjungs* und die legendären *Slime* mit ihren Top-Hits »Wir wollen keine Bullenschweine!« oder »Polizei, SA, SS«. Zu dem Klamottenstil passten auch ein paar Badges, kleine runde Anstecker, am T-Shirt sowie Ohrringe und nach oben gestylte, meist bunte Haare, auch gern im Irokesenschnitt. Nachdem ich mich kurz bei den Mods ausprobiert hatte, entschied ich mich dann doch lieber, bei den Punks mitzumachen. Diese Bewegung kam mir viel lebendiger vor, sie hatte politische Motive, und außerdem gefiel mir die Musik. Es gab in Poppenbüttel bereits eine kleine Punkszene mit einem eigenen Club und einigen Partys am Wochenende. Mittlerweile war ich vierzehn und durfte abends auch mal etwas länger wegbleiben.

Mein Freund Jan

Auch der Sport spielte eine Rolle in meiner Jugend. Nach erfolglosen Versuchen beim Geräteturnen, beim Feldhockey und beim Tischtennis landete ich schließlich beim Handball, genauer gesagt beim *SC Poppenbüttel*. Da ich schon damals recht groß gewachsen war, hatte ich beim Handball auf jeden Fall allein vom Körperlichen her Vorteile. Als großer Junge konnte man leichter über die Mauer der anderen Spieler ins Tor werfen. Mit der Zeit wurde das Training beim Handball aber immer brutaler. Der Trainer brachte uns bei, wie man möglichst unauffällig den gegnerischen Kreisläufer foult, und zwar so, dass es ordentlich weh tat. Er zeigte uns zum Beispiel einen verdeckten Schlag, den man von hinten mit einer ausgestreckten Hand direkt unter die Rippen des Gegners ansetzen sollte. Dieser Schlag war so schmerzhaft, dass der Gegenspieler im laufenden Spiel ausreichend Abstand hielt. Mir gefielen diese unfairen Tricks nicht. Allerdings lernte ich beim Handball Jan kennen, meinen ersten richtigen Jugendfreund.

Jan wohnte mit seinen Eltern etwa fünfzehn Minuten von mir entfernt. Beim Training machten wir alle Übungen gemeinsam und fuhren danach mit dem Fahrrad nach Hause. Da wir beide uns nicht so richtig wohl in der Mannschaft fühlten, beschlossen wir, gemeinsam nicht nur das Team, sondern auch die Sportart zu wechseln. Im *SC Poppenbüttel* hatte gerade eine neue Basketballabteilung aufgemacht. Gleich beim ersten Training wurde mir klar, dass dieser Sport wie geschaffen für mich ist. Basketball gilt als ein »körperloser« Sport, das bedeutet, wenn der Gegner den Arm oder die Hand beim Schuss berührt, ist das immer ein Foul. Mittlerweile war ich auch schon über eins neunzig groß. Beim Basketball konnte ich als Center-

spieler allein wegen meiner Größe unter dem Korb immer gut punkten.
Die Freundschaft mit Jan wurde immer fester und intensiver. Nach jedem Training blieben wir zusammen, unterhielten uns lange und lernten uns immer besser kennen. Stundenlang redeten wir auch am Telefon oder trafen uns bei Tee und Kandis zum Klönen auf seinem Zimmer. Da wir beide in der Pubertät eher zu den Spätzündern gehörten, hatten wir ein gemeinsames Leiden, das uns ganz tief verband. Alle Jungs in der Klasse waren weiter entwickelt als wir. Sie hatten mehr Schamhaare, einen größeren Penis und sogar Haare unter den Achseln, nur wir nicht. Mit der Schulklasse nach dem Schulsport zu duschen war dementsprechend unser ganz persönlicher Horror. Wir ließen uns immer wieder verrückte Sachen einfallen, damit man unsere »Unterentwicklung« nicht bemerken konnte. So steckte ich mir zum Beispiel beim Schulschwimmen einen mit Wasser gefüllten Luftballon in die Badehose, um einen größeren Penis vorzutäuschen. Der Ballon rutschte dann beim Sprung von Einmeterbrett aus meiner Hose und schwamm im Becken. Zum Glück bemerkte es außer mir aber keiner.
Jan und ich entwickelten über die Jahre eine ganz enge Freundschaft, die mich mein ganzes Leben lang begleiten sollte und bis heute anhält.
Da Jan und ich beide auf Punkmusik abfuhren, war schnell klar, dass wir gemeinsam auch bei den »Punks« dabei sein wollten. Wir besorgten uns die richtige Kleidung, rüsteten unsere Plattensammlung auf und besuchten die entsprechenden Partys in Hamburg. Irgendwann kam ich dann mal mit einem »Iro«-Schnitt und knallroten Haaren nach Hause. Da meine Eltern nichts davon wissen durften, trug ich zu Hause immer eine große Mütze auf dem Kopf. Eines Morgens wollte mich meine Mutter zur Schule wecken. Als sie das Licht anmachte und plötzlich die knallroten Haare sah, ist sie fast in Ohnmacht gefallen.

An den Wochenenden trafen wir uns mit der Punkclique am Mönckebrunnen in der Hamburger City. Es ging uns vor allem um ein »Sehen und Gesehenwerden«, wir wollten die Leute in der Innenstadt mit unserem Aussehen provozieren. Wir nannten das damals »Spießer schocken«. Sooft es ging, besuchten Jan und ich alternative Konzerte in der Markthalle in Hamburg. Ein Höhepunkt in dieser Zeit war ein Konzert der englischen Gruppe *Nine Nine Nine* mit der Band *Fehlfarben* im Vorprogramm. Die Menge tobte und tanzte so verrückt Pogo, dass Jan bis ganz nach vorn an die Absperrung direkt vor der Bühne getrieben wurde. Dort zogen ihn die Ordner aus der Menge und brachten ihn zum Hinterausgang. Leider verpasste er das ganze restliche Konzert. Ich habe diese Punkzeit in guter Erinnerung. Jan und ich erlebten viel miteinander und hatten eine Menge Spaß. Es gab aber auch Partys, wo mein Alkoholkonsum bereits bedenkliche Ausmaße annahm.

Hier und da habe ich auch in einer Schlägerei Prügel bezogen, obwohl ich nie ein aggressiver Typ gewesen bin. Ich kann mich an ein Gespräch mit einem breitschultrigen Typ auf einer Punk-Party in Bergstedt erinnern, wo einiges schiefgelaufen ist. Mein Gegenüber hieß Rüdiger, und er war ein berüchtigter Schläger in unserer Gegend. Er hatte noch zwei Brüder, die sich in ihrem Ruf in nichts nachstanden. Ich war total betrunken und lallte Rüdiger zu: »Na, Alter, wie geht's dir? Was macht eigentlich dein kleiner Bruder?« Was ich zu dem Zeitpunkt aber nicht wusste, war, dass sein Bruder letzte Woche bei einem Autounfall ums Leben gekommen ist. Ohne Vorwarnung hatte ich eine Faust im Gesicht. Wie im klassischen Rocky-Boxer-Film taumelte ich eine Weile hin und her, bis ich schließlich mit einem »Plumps« zu Boden fiel. Mein Gesicht war voller Blut, weil Holger meine Oberlippe mit seiner Faust erwischt hatte. Bei dem Schlag ist auch mein linker Schneidezahn angebrochen, man kann den Riss bis heute noch sehen.

Erster Kontakt mit Drogen

Auf einer Party in Poppenbüttel lernten Jan und ich Helmut kennen. Helmut war etwas älter als wir, trug einen peinlichen Vollbart und einen noch peinlicheren Wollpulli. Aber er machte sein uncooles Aussehen damit wett, dass er sehr viel Ahnung von Musik hatte und eine unglaublich große Plattensammlung besaß. Helmut war auf vielen Partys in Poppenbüttel dabei, und jeder kannte ihn von irgendwoher. Einmal zog er auf einer Party plötzlich eine kleine silberne Dose aus der Hosentasche, lächelte verschmitzt und sagte zu uns: »Ich mach mir jetzt noch etwas unheimlich Schönes!« Wir wollten natürlich alle wissen, was das war, und starrten gebannt in seine Ecke rüber. Helmut nahm einen kleinen braunen Brocken Haschisch aus der Dose und erhitzte ihn mit einem Feuerzeug. Dann bröselte er von dem Brocken einige Krümel ab, die auf ein weißes Stück Papier fielen. Als Nächstes holte er eine Filterzigarette raus, leckte die eine Seite mit der Zunge an, zerriss das feucht gewordene Filterpapier und holte so den Zigarettentabak heraus. Anschließend vermischte er beides, Tabak und Haschbrösel, auf dem Stück Papier zu einer Mischung. Jetzt zückte er drei dünne Zigarettenblättchen aus seiner Geldbörse und klebte sie zu einem großen Blättchen zusammen. Er packte die Mischung auf das große Zigarettenblättchen, legte hinten noch einen zusammengerollten Filter aus Pappe dazu und drehte alles zu einem großen Joint zusammen. Nachdem er »das Kunstwerk« angeraucht hatte, wurde der Joint in der Runde weitergereicht. Ich war sehr neugierig und aufgeregt, als er endlich bei mir ankam. Ohne zu zögern, nahm ich einen tiefen Zug und hätte erst mal fast gekotzt. Ich rauchte zwar schon längere Zeit *Prince Denmark,* eine recht starke Zigarettenmarke, aber das war im Vergleich dazu nichts. Der Geschmack war schwer zu ertragen und biss derart in die Lunge, dass ich stark hustete. Zuerst spürte ich nichts, aber trotzdem zwang ich mich dazu, noch ein weiteres Mal an diesem ekligen Ding zu ziehen. Nachdem ich zum dritten Mal an dem Joint gezogen hatte, veränderte sich plötzlich meine Stimmungslage. Es war fast so, als hätte jemand in meinem Hirn ganz langsam einen Schalter umgelegt. Ein warmes und zugleich kribbeliges Gefühl durchflutete wellenartig mein ganzes Bewusstsein. Den Rest des Abends saß ich mit einem breiten Grinsen auf dem Boden und unterhielt mich entspannt mit meinem Freund Jan. Das Feeling war super, wir mussten sehr viel lachen und erlebten alles viel intensiver als sonst. Dieser Rausch von meinem ersten Joint hielt lange an, und es war ein wirklich netter und lockerer Abend.

Natürlich konnte ich nach diesem guten Erlebnis an dieser Droge nichts Negatives finden. Von da an trafen wir uns regelmäßig irgendwo zum Kiffen, meistens aber bei Helmut. Die Abende waren immer nett, wir hörten Musik, die bekifft viel besser klingt als normal, redeten und lachten viel. Manchmal sind wir auch mit der Kifferclique gemeinsam »stoned« ins *Block House* gefahren, ein Steakhaus in Hamburg mit mehreren Filialen. Dort bestaunten wir in unserem breiten Zustand die bunte Salatvielfalt am Buffet, bestellten die »All you can eat«-Variante und aßen alle Schüsseln leer. Eine Wirkung von Haschisch ist ja bekanntlich ein unstillbarer Appetit …

Diese Kiffergemeinschaft war eine neue Erfahrung für mich. Ich konnte damals noch nicht ahnen, dass Drogen ab diesem Zeitpunkt immer mehr zu einem wichtigen Bestandteil meines Lebens werden sollten. Ich hatte mit diesem ersten Zug am Joint eine Tür aufgestoßen, die nicht wieder verschlossen werden konnte. Mit dem Durchschreiten dieser Tür war ich in einen Bereich vorgedrungen, den ich besser nie betreten hätte.

Spielsucht

Wenn man erst mal ein Kiffer ist, entwickelt man so etwas wie unsichtbare Antennen, um damit andere Kiffer in der Umgebung zu finden. Aus undefinierbaren Gründen erkennt man auf jeder Party sehr schnell, wer kifft und wer nicht. So nahm ich bald auch in der Schule mit der dortigen Drogenszene Kontakt auf, die sich in den Pausen oder nach der Schule zum Jointrauchen in einer Ecke traf. Anfangs war ich dort nur alle paar Wochen dabei, später dann aber täglich.

Mit sechzehn gab es eine Phase, in der ich mich sehr oft in der Spielhalle am Ort aufhielt. Meistens traf ich mich mit einem Freund in der Schule, und nachdem wir in der ersten großen Pause zusammen gekifft hatten, war die Lust auf Unterricht gleich null. Also wurde die Schule geschwänzt, wir sind in eine »Daddelhalle« um die Ecke gefahren und haben Videospiele wie *Donky Kong* oder *Pacman* gespielt. Bei mir und meinem Freund entwickelte sich dann auch ein Interesse an den Geldspielautomaten, die dort überall an den Wänden hingen. Meine Mutter hatte mir vor einiger Zeit zum Geburtstag ein Sparbuch geschenkt, wo sich über die Jahre tausendsechshundert Mark angesammelt hatten. Für mich war das damals ein unheimlich hoher Betrag. Es war nicht so leicht, an das Geld auf dem Konto ranzukommen, das war normalerweise erst ab dem achtzehnten Lebensjahr möglich. Um etwas abheben zu können, musste ich die Unterschrift meiner Mutter fälschen. Ich klaute ein paar Briefbögen von ihr und übte so lange, bis es einigermaßen echt aussah. Der Angestellte in der Sparkasse bemerkte nichts, und ich bekam das ganze Geld in bar ausgehändigt. Es kam kein schlechtes Gewissen in mir auf, denn das Geld war ja sowieso meins. In den folgenden Wochen verdaddelte ich fast den gesamten Betrag an Geldspielautomaten. Teilweise spielte ich an drei Automaten gleichzeitig, immer in der Hoffnung, an einem Tag mal viele »Hunderterserien« zu bekommen, die das ganze Geld wieder einspielen würden. Aber so was passiert natürlich nur im Film. In der Spielhallenszene träumen alle davon, und jeder hat auch eine eigene Theorie, wie man die Automaten »ganz sicher« knacken kann. »Wenn du zwei Kronen rechts hast, dann musst du sofort auf Stopp drücken, und dann hast du beim nächsten Lauf die Hunderterserie!« Oder: »Beim Gewinn-Hochdrücken musst du immer bis zwei zählen, dann knackst du den Jackpot!« Nur komisch, dass die Leute mit den tollen Tipps selbst immer noch in der Halle sitzen und ihr ganzes Geld in die Automaten stecken. Ich denke heute, es ist eine Sucht wie vieles andere auch.

Dealer Martin

Da ich meinen steigenden Drogenkonsum ja auch finanzieren musste, versuchte ich mich im Dealen an meiner Schule. Ich besorgte mir ein halbes Heck, was fünfzig Gramm Haschisch entsprach. Das war natürlich keine so

gute Idee, weil ich selber immer mein bester Kunde war. Einen Teil der Ware versteckte ich in einem kleinen Schiffsmodell aus Holz, das auf der Fensterbank in meinem Zimmer stand. An einem Tag entdeckte meine Mutter den Vorrat zufällig beim Putzen in meinem Zimmer, weil ich den Deckel des Schiffes nicht richtig verschlossen hatte. Sie konnte damit aber nichts anfangen. Also rief sie bei Jans Mutter an, ob sie wüsste, was das denn sein könnte. Die Antwort muss sie sehr schockiert haben: »Ich vermute, es handelt sich um Hasch!«
»Mein Sohn spritzt Hasch?! Das kann ich mir nicht vorstellen!«, war ihre erste Reaktion. Als ich in der Nacht nach Hause kam, bemerkte ich sofort, dass sich jemand an meinem Modellschiff zu schaffen gemacht hatte. Das Oberteil war verschoben, und als ich in den Bug schaute, war der Innenraum leer. Der ganze Rest von meinem Haschisch war verschwunden!
Natürlich gab es erst mal richtig Ärger, weil meine Eltern sehr besorgt waren. Sie kamen beide im Laufe des Abends in mein Zimmer, schrien rum und waren augenscheinlich geschockt. Nach einem heftigen Wortgefecht knallte meine Mutter die Zimmertür zu und verschwand. Aber ich beschloss, mich nicht so schnell geschlagen zu geben. Ich ließ einige Stunden verstreichen und betrat dann »reumütig« das Wohnzimmer. Dort erzählte ich meinen Eltern, ich wäre froh, dass sie meine Drogen gefunden hätten. Jetzt würde ich damit auf jeden Fall aufhören, versprach ich. Am Ende des Gesprächs fragte ich meine Mutter beiläufig: »Sag mal, was hast du überhaupt mit dem ganzen Hasch gemacht, Mami?«
»Ich hab es natürlich weggeschmissen!«, war ihre Antwort. Zurück in meinem Zimmer, überlegte ich: »Wenn deine Mutter sagt, sie hat etwas weggeschmissen, wo könnte es dann sein? Natürlich im großen Mülleimer!« Also wartete ich, bis alle im Haus eingeschlafen waren,

holte meine Taschenlampe aus dem Schrank und schlich mich leise im Dunkeln nach draußen. Unsere Mülltonne stand direkt neben der Auffahrt der Garage an der Seite des Hauses. Ich kippte den gesamten Inhalt auf den Boden und leuchtete mit der Taschenlampe den Müll ab. Schon nach wenigen Minuten hatte ich mein Haschisch wieder.

Fuck the system und ein erstes Gotteserlebnis

Nach einer Weile verlor ich sowohl beim Drogenkonsum als auch beim Feiern immer häufiger die Kontrolle über mich. Einmal zogen wir mit ein paar Punks total besoffen nachts um die Häuser, als plötzlich einer aus der Clique einen »Molli« zündete und ihn durch die Fenster eines Schulgebäudes warf. »Molli« ist die Abkürzung für Molotowcocktail, einen selbstgebastelten Brandsatz. Es gab keinen besonderen Grund für diesen Anschlag, es war einfach nur so zum Spaß und weil wir alle total betrunken waren. Natürlich tat man als Punk so, als hätte man politische Motive, nach dem Motto: »Wir protestieren gegen den Staat« oder »Fuck the system«. Nach meinem Gefühl war das Ganze aber nur eine völlig hirnlose Aktion von ein paar besoffenen Jugendlichen, weiter nichts.
Einige Monate später gab es dann wieder eine ähnliche Aktion. Diesmal hatten wir vorher auf einer Party mit ein paar Freunden heftig gefeiert und waren schon alle gut angetrunken. Mitten in der Nacht, es muss so gegen 4.00 Uhr gewesen sein, wollten wir noch um die Häuser ziehen und liefen lallend durch den Stadtteil. Zufällig kamen wir an unserer Schule vorbei. Einer hatte die Idee: »Komm, wir

knacken die Turnhalle!« Gemeinsam liefen wir zur Turnhalle am äußersten Ende des Schulgeländes. Mit einem Balken öffnete ich ein kleines Kippfenster, das oben in den Umkleideräumen an den Außenwänden lag und nicht richtig verschlossen worden war. Mein Freund Mark gab mir eine Trittleiter, und dann schlüpfte ich durch das Fenster in den Innenraum. Von dort war es ein Leichtes, den Notausgang-Hebel von innen an der großen Doppeltür umzulegen und diese mit einem Stoß zu öffnen. Zuerst war es noch spaßig, wir legten die großen weichen Matten auf den Boden und machten laut johlend Salto-Sprünge. Aber dann kippte die Stimmung. Vermutlich von dem vielen Wodka, den wir mittlerweile intus hatten, wurde die Atmosphäre immer aggressiver und unkontrollierter. Wir fingen an, uns gegenseitig mit Joghurtbechern zu bewerfen, die wir zuvor aus einer Lieferung für die Schulmensa geklaut hatten. Die Becher zerschlugen an den Wänden und hinterließen große weiß-rote Flecken. Dann ging es immer ekliger weiter, einige urinierten auf den Boden der Halle und beschmierten die Wände mit Fruchtjoghurt. Zwei von unseren Leuten waren mittlerweile so betrunken, dass sie auf den Hallenboden kotzten.

Irgendwann ist uns der Spaß vergangen, und wir verließen das Schulgelände. Beim Gang durch den Stadtteil kamen wir zufällig an einem roten Ford vorbei, der abgelegen in einer Parkbucht abgestellt worden war. Irgendwer fing an, gegen die Tür zu treten, dann trat ein anderer gegen den Kotflügel, und der Dritte zerdepperte einen Scheinwerfer. Schließlich schlugen und traten wir alle wie verrückt auf diesen Wagen ein, fast so, als trüge er die gesamte Schuld an der Misere unseres Lebens. Wir hörten erst auf, als jemand schrie: »Da! Die Bullen kommen! Die Bullen kommen!« Tatsächlich sah man in der Ferne, wie sich uns zwei Wagen mit Blaulicht in großer Geschwindigkeit näherten. Jetzt brach Panik aus. Direkt neben dem Parkplatz befand sich ein großes Feld mit hochgewachsenem Gras. Wir rannten auf das Feld und warfen uns in der Mitte flach auf den feuchten Boden. Das Herz schlug mir bis zum Hals, wir alle hatten große Angst, dass man uns erwischen würde. Ich weiß noch, wie ich zusammen mit einem anderen Jungen plötzlich laut anfing zu beten: »Bitte, Gott, mach, dass sie uns nicht finden! Dann gehen wir auch nächsten Sonntag in die Kirche!« Die zwei Polizeiwagen fuhren langsam an das Feld heran und strahlten mit ihren großen Scheinwerfern die ganze Wiese ab. Wir pressten unsere Körper flach auf den Boden und versuchten, keinen Pieps von uns zu geben. Die Scheinwerfer glitten mehrfach über uns hinweg. Ob Stunden oder nur Minuten vergingen, kann ich nicht mehr genau sagen, aber nach einer Weile hörten wir, wie die Wagen umdrehten und langsam davonfuhren. Das war im Grunde mein erstes Gotteserlebnis, an das ich mich erinnern kann. Am nächsten Sonntag war keiner von uns in der Kirche.

Psychogene Pilze

Mit der Zeit wurden immer neue Drogen interessant für mich. Auf diversen Partys hatte ich Gelegenheit, verschiedene Pillen zu kaufen. Natürlich wollte ich Ephis und Valium sofort ausprobieren, denn ich hatte viel davon gehört. Die Wirkung fand ich aber eher langweilig. Dann erzählte mir ein Kollege, dass in Deutschland auf den Kuhweiden psychogene Pilze wachsen, die so ähnlich wie LSD wirken. Sofort besorgte ich mir sechzig »Psylos«, genug für mich und meinen Schulfreund Steffen. Wir schwänzten die Schule und trafen uns morgens um zehn in einem nahe gelegenen Park, der unter Naturschutz stand. In diesem Park gab es eine große Wiese, einen kleinen Wald und sogar einen See. Wir setzten uns auf eine Bank, teilten die Pilze in zwei gleich große Portionen und aßen sie mit einem Stück Toastbrot. Der Geschmack war ähnlich wie der von rohen Champions, eigentlich gar nicht so übel. Nachdem wir die Pilze runtergeschluckt und mit etwas Bier nachgespült hatten, unterhielten wir uns noch eine Weile, aber nichts passierte. Ich war wirklich enttäuscht und mein Freund natürlich auch. Gerade als er sagte: »Du, der hat uns beschissen, das waren keine richtigen Psylos, die Dinger wirken nicht«, ging es plötzlich los. Ich sah, wie sich die Pusteblumen auf der Wiese in riesengroße, rosafarbene Hubschrauber verwandelten und über uns hinwegflogen. Das Grün der Bäume sprang mich förmlich an, sie schienen von innen heraus zu leuchten. Alles um mich herum bewegte sich, und ich fühlte mich mit der uns umgebenden Natur ganz eng verbunden. Dieser Rausch war sehr heftig, so etwas hatte ich noch nie zuvor erlebt. Es war mit dem Kiffen überhaupt nicht zu vergleichen, das war eine ganz andere Liga. Wir blieben vor Blumen und Bäumen stehen und sahen uns alle Details lange und genau an. Die Farben waren viel intensiver und viel bunter als normal. Manchmal verschwamm unsere Wahrnehmung, und wir sahen Dinge, die gar nicht da waren. Stundenlang liefen Steffen und ich wie zwei kleine Jungs in dem Park umher und staunten über die vielen unterschiedlichen Farben und Formen. Nach einiger Zeit hatten wir das Gefühl, dass die Wirkung etwas nachließ. Wir machten uns auf den Weg zu einem nahe gelegenen Imbiss, weil wir etwas Süßes und ein paar Bier kaufen wollten, schafften es aber nicht einmal bis zum Tresen. Wie angewurzelt blieben Steffen und ich vor dem Spielautomaten stehen und schauten gebannt auf die vielen blinkenden Lichter. Keine Ahnung, wie lange wir dort standen, aber wir konnten den Blick einfach nicht von diesen Lichtern abwenden. Plötzlich trat ein Mann mit einem völlig genervten Gesichtsausdruck auf uns zu. Ich sah in sein Gesicht und erkannte zwei große, glühende Kohlen in seinen Pupillen. Und dann kamen auf einmal kleine Feuerpfeile aus seinen Augen, mit denen er uns beschoss! Mein Freund, der genau das Gleiche gesehen hatte wie ich, packte mich am Arm und sagte: »Schnell weg hier!« Wir stießen die Tür auf und rannten um unser Leben. Nachdem wir mehrere Straßenblöcke entfernt waren, blieben wir keuchend stehen. Ich habe später oft über dieses Erlebnis nachgedacht. Es war fast so, als hätten wir einen Dämon in diesem Mann gesehen. Das Verrückte an der Sache ist, dass wir beide unabhängig voneinander dieselben glühenden Augen und die Feuerpfeile gesehen hatten. Mit diesem psychogenen Pilzerlebnis hatten Steffen und ich natürlich dem Rest unserer Clique etwas voraus, und wir gaben damit auch ganz groß an. Es war für einige Zeit *das* Gesprächsthema auf allen Treffen. Und trotzdem war es ein weiterer Schritt in die zerstörerische Welt der Drogen.

3 WEGE ZU GOTT

Eine Schiffsreise mit Folgen

Mit sechzehn verlor ich langsam das Interesse an der Punkszene. Ich mochte zwar immer noch die Musik, konnte aber mit dem Lebensstil der Punks nicht mehr viel anfangen. Das Einzige, was aus dieser Zeit blieb, waren das Interesse für alternative Musik sowie der regelmäßige Konsum von Haschisch und Bier.

Meine Eltern bekamen natürlich mit, dass ich mich während der Pubertät immer weiter von ihnen entfernte. Da mein Vater beruflich mit der Seefahrt zu tun hatte, kam bei ihm die Idee auf, dass ich auf einem Containerschiff ein Praktikum machen sollte. Von seiner Zeit bei der Marine kannte er noch einen Mann, der in einer großen Reederei in Hamburg beschäftigt war. Vor allem meine Mutter erhoffte sich von so einem Praktikum in den Sommerferien, dass ich endlich reifer und erwachsener werden würde. Da ich auf keinen Fall allein fahren wollte, stellte mein Vater einen gemeinsamen Antrag bei der Reederei für mich und meinen besten Freund Jan.

Der Antrag wurde genehmigt, und da die Reise insgesamt über acht Wochen ging, bekamen wir sogar eine Sondergenehmigung für vierzehn Tage extra schulfrei. Es war ein bewegendes Gefühl, als wir beiden Freunde gemeinsam die große *MS Monte Sarmiento* der Reederei *Hamburg Süd* im Containerhafen betraten. Gleich nachdem wir unsere Kajüten bezogen hatten, starteten wir unsere Erkundungstour. Das Containerschiff war riesig, es hatte eine Länge von immerhin 272 Metern und wurde mit über 5500 Containern beladen. Der Rumpf war hellrot gestrichen, während die Aufbauten alle in einem leuchtenden Weiß strahlten. Das Schiff war so groß, dass es für die Besatzung eine eigene Sporthalle und einen Swimmingpool an Deck gab! Die *Monte Sarmiento* ging auf »große Fahrt«, zunächst natürlich die Elbe runter Richtung Nordsee. Jan und ich wurden für die acht Wochen unterschiedlichen Arbeitsbereichen zugeteilt. Unsere Hauptaufgabe bestand aber darin, den Rost vom Stahl zu klopfen und die freigewordenen Stellen mit orangeroter Mennige, einer Rostschutzfarbe, anzustreichen. Zum Rostklopfen bekamen wir vom Bootsmann pressluftbetriebene Hammer, aus denen kleine Nägel rausgeschoben wurden. Mit diesen Nägeln entfernte man den Rost vom darunterliegenden Stahl. Jeden Morgen um sechs Uhr mussten wir uns mit den anderen Matrosen an Deck beim Bootsmann melden. Der Bootsmann sah eigentlich genau so aus, wie man sich einen Seemann vorstellt. Er hatte eine weiße Mütze auf dem Kopf und einen grauen Vollbart um sein Kinn. Man hatte den Eindruck, dass der Bootsmann einen Wettbewerb in »Wenig Wörter pro Satz sprechen« bestreiten wollte. Wenn er einen rief, benutzte er nie unsere Namen, sondern machte nur ein zischendes Geräusch mit den Zähnen: »Tsss, tsss!« Seine Arbeitsanweisungen bestanden auch immer nur aus wenigen Worten. Das ging ungefähr so: »Tsss, tsss, Achterdeck, Rostklopfen!« Oder: »Tsss, tsss, Kabelgat, klar Schiff machen!« Jeden Tag gab es für uns morgens, mittags und abends gemeinsame Essenszeiten mit den unteren Dienstgraden der Besatzung. Die Offiziere hatten ihren eigenen Speisesaal. Mit an Bord waren zwei Schiffsköche, die richtig gut kochen konnten. Zuerst sollte es nach Bremerhaven gehen, dann nach Rotterdam und von dort einmal über den großen Teich bis nach Südamerika, um dort die Ladung zu löschen. Mit der neuen Ladung sollten wir dann wieder Kurs auf Europa nehmen.

An Bord lernten Jan und ich schnell einen polnischen Matrosen kennen, den wir immer scherzhaft »Eddi-Gerd« nannten. Eddi mochte uns und half, dass wir uns besser an Bord zurechtfanden. Vor allem aber hatte er immer echtes brasilianisches Gras dabei. Jan und ich hatten schon von diesem extrem THC-haltigen Zeug gehört, es aber noch nie ausprobiert. Nachdem wir im Aufenthaltsraum eine Tüte gebaut hatten, gingen wir gemeinsam ganz vorn an den Bug und setzten uns dort auf den Boden. Jan zündete den Joint an, und wir beide inhalierten jeweils nur einen kleinen Zug. Der Rausch setzte sofort ein und war so heftig, wie ich es vorher noch nie erlebt hatte. Wir beide wurden von dem brasilianischen Gras buchstäblich weggebeamt. Vollkommen stoned saßen wir an Deck, hörten Musik über unseren Walkman, ließen uns den Fahrtwind um die Nase wehen und sahen auf das kristallblaue, offene Meer.

Je weiter wir uns von Europa entfernten, desto sauberer und blauer wurde auch das Wasser. Als unser Schiff Südamerika immer näher kam, konnten wir sogar Delphine, fliegende Fische und Meeresschildkröten im klaren Wasser beobachten. Jeden Abend nach der Arbeit trafen Jan und ich uns zum Kiffen, egal ob mit oder ohne Eddi.

Endlich kamen wir in Santos unweit von São Paulo in Brasilien an. Da wir hier längere Liegezeiten hatten, konnte die ganze Mannschaft zum Feiern an Land gehen. Seeleute besuchen nach einer so langen Zeit auf See immer gern den Rotlichtbezirk. Obwohl noch minderjährig, waren Jan und ich auch mit dabei. Wir landeten in der »Hamburg-Bar«, wo ich eine sehr süße Brasilianerin kennenlernte. Sie hieß Nici, war bildhübsch, und ich verliebte mich sofort unsterblich. Mir war zuerst gar nicht klar, dass Nici dort als Prostituierte arbeitete. Ich weiß bis heute nicht, ob das für Prostituierte in Brasilien normal ist, aber

Nici wich in Santos keine Minute von meiner Seite. Ab dem Zeitpunkt, wo wir uns kennengelernt hatten, bis zum Auslaufen waren wir die ganze Zeit zusammen. Es war wie eine Freundschaft auf Zeit, ja mehr noch: Wir haben auch miteinander geschlafen. An Bord fragte ich abends den Schiffskoch, ob ich Nici zum Abschied auch etwas Geld geben sollte, was er dann bejahte. Also drückte ich ihr am Ende noch ein paar Scheine in die Hand. Nici war nicht die erste Frau, mit der ich Sex hatte, aber sie war die erste Frau, in die ich richtig heftig verliebt gewesen bin. Als unser Schiff nach vier Tagen auslief, stand ich noch lange an der Reling und vergoss Abschiedstränen.

Da es sich auf der Hinfahrt nicht hatte organisieren lassen, fand auf der Rückfahrt nach Europa eine richtige Äquatortaufe statt. Gegen 6.00 Uhr morgens überquerte die *Monte Sarmiento* den Breitengrad null, und das Schiffshorn hupte dreimal. Plötzlich stürmten einige Mannschaftsdienstgrade durch die Gänge und holten alle »dreckigen ungetauften« Männer aus ihren Kojen. Wir wurden auf das Heck des Schiffes abgeführt, wo sich nach und nach eine ordentliche Gruppe von ungetauften Männern versammelte. Unter ihnen waren überraschenderweise alle Dienstgrade vertreten, sogar der dritte Offizier war mit dabei. Schließlich hupte es noch einmal, und Triton kam an Bord. Auf Deck erschien ein grauhaariger alter Mann mit einem langen weißen Bart. Natürlich erkannten wir sofort, dass es sich um den zweiten Schiffskoch handelte. Triton spielt bei Äquatortaufen eine wichtige Rolle. Er hat die Aufgabe, die »schmutzigen«, »unwürdigen« Gestalten zu säubern, damit sie vor Neptun, dem Gott der Meere, bestehen können. Alle Täuflinge wurden erst einmal in ein enges Kabelgat gesperrt, einen Raum, in dem normalerweise Taue und Schläuche gelagert werden. Dort mussten wir so lange aushalten, bis die Feier losgehen konnte. Stundenlang standen wir Täuflinge dicht gedrängt in diesem kleinen Raum. Am Anfang war die Stimmung noch gut, der Wettbewerb im Sprücheklopfen war in vollem Gange, und wir lachten sehr viel. Aber nach einer Stunde wurde die Luft immer knapper und die Temperatur immer unangenehmer. Der Schweiß rann an unserem Rücken runter, und unser Atem wurde schneller. Im Nachhinein ist es erstaunlich, dass wir über vier Stunden in diesem kleinen Raum eingepfercht standen und trotz extremen Sauerstoffmangels keiner dabei zu Schaden gekommen ist. An Deck wurden in der Zwischenzeit unterschiedliche Stationen aufgebaut und alles für die große Taufsession vorbereitet. Dann holte man uns nacheinander aus dem Kabelgat, und jeder musste einzeln die Stationen durchlaufen. An einer Station stand zum Beispiel der »Sterndeuter«. Er trug ein langes, weißes Gewand und hatte einen großen schwarzen Hut auf. In seiner Hand lag ein kleines »Fernglas«. Bei diesem Fernglas handelte es sich aber tatsächlich um zwei weiß angemalte kleinere Wasserflaschen, die in der Mitte zusammengeklebt worden waren. In den Flaschen befand sich aber kein Wasser, sondern ein Essigkonzentrat! Der Sterndeuter erzählte uns von irgendwelchen Himmelszeichen, und dann wurden wir gezwungen, durch dieses »Fernglas« in die Sterne zu schauen. Dabei lief der Essig direkt in unsere Augen. Die Flüssigkeit brannte höllisch, aber es war noch auszuhalten. An der nächsten Station stand der »Schiffsarzt«. Hier wurden wir im Genitalbereich »untersucht« und nach einer eingehenden Prüfung mit Schmieröl um die Hoden eingepinselt. Das tat nicht weh, aber es dauerte Wochen und man brauchte eine harte Bürste, um den schwarzen Film wieder abzuschrubben. Zusätzlich verschrieb uns der Arzt »Tabletten«, die aus purem Peperoni-Pulver bestanden und mir fast den Mund weggeätzt haben. Den Abschluss bildeten dann zwei dunkelhäutige Leichtmatrosen. Beide hatten einen großen Knochen an einem Band um den Hals gebunden und sahen richtig lustig aus. Diese Station befand sich im kleinen Swimmingpool, der am Vorderdeck in den Boden eingelassen war. Jeder Täufling bekam eine Schlinge um den Fuß gebunden, bevor er in den Pool geworfen wurde. Der eine der beiden dunkelhäutigen Matrosen drückte nun den Täufling unter Wasser, während der andere von oben mit einer Winde den Fuß hochzog. Dieses Ritual dauerte so lange, bis der Täufling schließlich bereit war, genug Kisten Bier für die anschließende Party zu spendieren. Wir Praktikanten hatten es nicht so schwer und kamen schon mit drei oder vier Kisten davon. Aber der Dritte Offizier musste dreißig Kisten springen lassen und wurde dafür richtig lange gequält. Trotz allem: Keiner der Täuflinge kam bei der Äquatortaufe wirklich zu Schaden. Wir hatten eine tolle Zeit, und es war für alle ein ganz besonderes Erlebnis. Die Feier schloss mit einem langen Asado auf dem Achterdeck, bei dem der Schiffskoch verschiedene Sorten Fleisch direkt vom Holzkohlengrill servierte. Dazu wurde leckerer Cachaça getrunken, ein brasilianischer Zuckerrohrschnaps, kombiniert mit Limetten und braunem Zucker, besser bekannt als Caipirinha. Als krönenden Abschluss bekam jeder Täufling vom Bootsmann seine Taufurkunde ausgehändigt. Auf den bunten Urkunden waren unsere Namen so wie ein Taufspruch aufgedruckt. Mein Spruch lautete: »Martin Dreyer, unser Pro, im Tischtennis schlägt er uns sowieso, aber heute schlagen wir dich zu Brei, darum heißt du ab heute auch ›Hammerhai‹.«

Hasch im Kleiderschrank

Das brasilianische Gras hatte es Jan und mir angetan, bekam man doch solch eine Qualität in Deutschland nicht zu kaufen. In der Hoffnung, einige Exemplare der Haschpflanzen in Hamburg hochziehen zu können, sammelte ich die Samenkörner, die immer wieder in den kleinen Beuteln zu finden waren, in denen man das Gras kaufen konnte. Der Plan, den meine Eltern mit der Reise verfolgt hatten, war auf jeden Fall nicht aufgegangen. Anstatt den »Ernst des Lebens« kennenzulernen und eine berufliche Perspektive zu entwickeln, war genau das Gegenteil eingetreten. Ich hatte eine spaßige Zeit, neue Drogenerfahrungen, guten Haschsamen, aber ganz wenig »Ernst des Lebens« mit nach Hause gebracht.

Nachdem wir wieder in Hamburg zurück gewesen waren, besorgte ich mir zuerst ein Buch mit einer guten Anleitung und dann das notwendige Material für den Anbau von Hanf in der Wohnung. Zu diesem Zweck räumte ich kurzerhand einen meiner Kleiderschränke leer und kleidete ihn von innen komplett mit Alufolie aus. Dann organisierte ich im Baumarkt zwei Leuchtstoffröhren mit einem besonderen Lichtspektrum, das für ein optimales Pflanzenwachstum sorgen sollte. In diesem »Lichtkäfig« konnten die Marihuanapflanzen besser und auch schneller wachsen als unter normalen Bedingungen. Ich wollte das Ganze so professionell wie möglich aufziehen und besorgte mir den richtigen Dünger, Mutterboden mit dem optimalen ph-Wert und ein paar große Töpfe. Meine Pflanzen hegte ich liebevoll wie meinen Augapfel. Jeden Tag nach der Schule maß ich, wie viel die Pflanzen weitergewachsen waren. Natürlich bemerkte meine Mutter, dass in meinem Schrank Tag und Nacht das Licht brannte. Als ich weg war, schaute sie dann auch mal hinein, um zu sehen, was dort vierundzwanzig Stunden am Tag beleuchtet werden musste. Sie kapierte aber nicht wirklich, dass es sich um Haschpflanzen handelte. Als ich eines Tages von der Schule nach Hause kam, stellte sie mich beim Mittagessen zur Rede: »Martin, was hast du da in deinem Schrank für Pflanzen?« »Ach, Mami, das ist ein Versuch für meinen Bioleistungskurs«, log ich sie an. »Wir sollen dort das Wachstum von Pflanzen messen, und ich wurde ausgesucht, um die Konzepte auch praktisch bei mir zu Hause umzusetzen!« Meine Mutter glaubte mir fürs Erste.

Zur selben Zeit geschahen in meiner Familie plötzlich ganz seltsame Dinge, die auch an mir nicht spurlos vorübergingen. Es begann alles mit meiner ältesten Schwester Angela, die Anfang der Achtzigerjahre in den Ferien häufig unsere Tante in dem ostdeutschen Ort Stendal besuchte. Die Familie meines Vaters kam ursprünglich aus Mecklenburg. Er war vor der Schließung der Grenzen nach dem Zweiten Weltkrieg noch in den Westen geflohen, während seine Schwester einen Pfarrer im Osten geheiratet hatte und deswegen dortgeblieben war. Mit dieser Familie gab es immer einen regen Brief- und Paketverkehr, besonders natürlich zu Weihnachten. Aber mindestens einmal im Jahr fuhren wir mit unserem Auto nach Stendal. Es kam im Osten öfter als im Westen vor, dass die Pfarrer über ihren lebendigen Glauben an Gott predigten. Der christliche Glaube hatte dort nicht nur eine theoretische Ebene, die sich in der Theologie oder im sozialen Denken widerspiegelte, sondern ging auch immer mit erlebbarer Gotteserfahrung einher. Angela hatte sich während dieser Ostbesuche mit der Tochter meiner Tante angefreundet und nahm in diesem Jahr an einer kirchlichen Jugendfreizeit der Gemeinde teil. Auf dieser Freizeit muss irgendetwas mit ihr passiert sein. Als sie nach Hamburg zurückkam, war sie wie ausgewechselt. Angela sprühte plötzlich vor Lebensfreude und erzählte überall von ihrem neu gewonnenen Glauben an Jesus. Sonntags besuchte sie sogar einen Morgen- und zusätzlich noch einen Abendgottesdienst in unterschiedlichen Kirchen in Hamburg. Dazu las sie ständig in ihrer Bibel und betete regelmäßig laut in ihrem Zimmer.

Meine Eltern waren zuerst besorgt, ob ihre Tochter vielleicht in eine Sekte abgerutscht war. Sowohl meine Mutter als auch mein Vater gingen zu der Zeit regelmäßig in den Sonntagmorgen-Gottesdienst der evangelischen Landeskirche. Wir beteten vor jedem Mittagessen ein vorformuliertes Gebet (»Komm, Herr Jesus, sei unser Gast, und segne, was du uns bescheret hast«). Meine Mutter war aktiv in der Gemeinde, sang im Kirchenchor und nahm auch an anderen Aktionen der Kirche teil. Angela war davon aber überhaupt nicht beeindruckt. Eines Abends sagte sie zu ihr: »Mami, du bist ja noch gar kein Christ!« Meine Mutter war natürlich total entrüstet. »Was sagst du da, Kind?! Natürlich bin ich Christ! Ich bin getauft und konfirmiert, gehe jeden Sonntag in die Kirche und lese täglich in der Bibel!«

»Das macht dich doch nicht zu einem Christen! Du wirst erst ein Christ, wenn du auch vollkommen Christus gehörst! Du musst Jesus dein ganzes Leben übergeben!«

Obwohl meine Mutter tatsächlich schon gläubig war, beunruhigte sie diese Aussage. Könnte es sein, dass ihr doch noch etwas fehlte, dass meine Schwester vielleicht recht hatte? In einer Nacht mit vielen Kämpfen gegen sich selbst und ihren Stolz kam sie schließlich zu Gott und betete: »Jesus, wenn du das von mir möchtest, dann gebe ich dir hiermit mein ganzes Leben.« Plötzlich durchflutete sie eine Welle aus Licht, sie spürte in ihrem Körper, dass Jesus ihr ganz nahe gekommen war und das Gebet tatsächlich erhört hatte. Es wurde für sie sehr deutlich, dass ab diesem Zeitpunkt etwas anders war als vorher. Dieser Jesus war ihr plötzlich sehr viel näher als noch die Jahre zuvor.

Gottesdienst in der St.-Petri-Kirche

Angela ging jeden Sonntagabend in einen Gottesdienst, der in St. Petri stattfand. Die St.-Petri-Kirche liegt gleich neben der großen Einkaufspassage in der City von Hamburg an der Mönckebergstraße. Neben den normalen Sonntagmorgen-Gottesdiensten hatte sich dort eine neue Veranstaltung am Sonntagabend etabliert, ein sogenannter charismatischer Gottesdienst, der vom Konzept her einen ganz anderen Ablauf hatte als die üblichen Gottesdienste. Anstatt der Orgel hatte vorn am Altar eine kleine Band ihre Instrumente aufgebaut. Diese Musikgruppe spielte mit Schlagzeug, Bass und einer akustischen Gitarre, zur damaligen Zeit eher selten. Neben der Musik war aber noch etwas anderes bemerkenswert. Die Lieder waren nicht nur zum Mitsingen, sondern auch zum Mitbeten gedacht! So konnte man in diesem Teil des Gottesdienstes viele Menschen sehen, die mit geschlossenen Augen und erhobenen Händen die Lieder als Gebete zu Gott sangen. Diese sogenannten Lobpreiszeiten waren für eine lutherische Landeskirche damals sehr ungewöhnlich. Die Predigt hielt Pastor Kopfermann, einer von drei Pastoren der St.-Petri-Kirche. Er sprach sehr persönlich, einfach, praktisch und doch theologisch immer auf einem hohen Niveau. Neben der bekannten lutherischen Liturgie, die den Gottesdienstablauf bestimmte, gab es viel Freiraum für Spontanes. Zum Beispiel bekam jeder Teilnehmer die Möglichkeit, vorn am Mikrophon von Erlebnissen mit Gott zu berichten. Das nannte man den »Zeugnisteil«.
Diese Veranstaltung erfreute sich eines stetig wachsenden Zulaufs. Noch einige Jahre zuvor hatten die Verantwortlichen eine Reihe von nicht genutzten Kirchenbänken auf

der rechten Seite rausreißen lassen, um mehr Platz für die Touristen zu schaffen. Nun mussten extra für diesen Gottesdienst über fünfhundert Stühle gekauft werden, die man dort Sonntag für Sonntag aufstellte. Jede Woche war es gerammelt voll, bis zu dreitausend Besucher kamen zum charismatischen Gottesdienst in die St.-Petri-Kirche. Weil meine Schwester von diesem Gottesdienst so begeistert war, entschloss sich meine Mutter ebenfalls zu einem Besuch. Auch wenn sie vorher schon an Gott geglaubt hatte, merkte sie sofort, dass die Menschen hier Gott auf eine ganz andere Art erlebten. Dort passierten Dinge, von denen sie vorher noch nicht einmal gehört hatte. Zum Beispiel rechnete man jede Woche mit richtigen Wundern. Es wurde für Kranke gebetet, die dann auch oft spontan geheilt wurden. Man berichtete beispielsweise von MS-Kranken, die nach einem Gebet aus ihrem Rollstuhl aufstehen konnten. So etwas hatte sie noch nie erlebt. Meine Mutter war begeistert vom charismatischen Gottesdienst und ging nun jede Woche hin.

Neben diesem neuen Gottesdienst in der St.-Petri-Kirche leistete Pastor Kopfermann mit seinen Mitarbeitern auch eine gute Jugendarbeit. Das Kernstück seiner Arbeit bestand aber aus dem sogenannten Grundkurs des Glaubens. In diesem Kurs wurde versucht, an sechs Abenden auf einer intellektuellen Ebene den Glauben an Gott zu vermitteln. Wie der Name »Kurs« schon vermuten lässt, gab es jedes Mal eine Lehreinheit über die Grundfragen des Glaubens. Diese Lehreinheit wurde immer von Pastor Kopfermann gehalten. Nach seinem Vortrag konnte man sich in kleineren Gesprächsgruppen über das eben Gehörte austauschen und Fragen stellen.

Der Höhepunkt des Kurses war der Abschlussgottesdienst, der jedes Mal mit einem festlichen Essen eingeleitet wurde. Danach versammelte sich der ganze Kurs im Altarraum der St.-Petri-Kirche. Kopfermann hielt dort eine bestimmte Predigt, in der er die Teilnehmer ausdrücklich dazu einlud, Christ zu werden. Diesen Schritt konnte man mit einer Segnung und einem Gebet vollziehen.

Meine Mutter versuchte meinen Vater davon zu überzeugen, diesen Kurs mit ihr zu besuchen, aber er wollte zuerst nicht. Mit viel Überredungskünsten und dem anschließenden Angebot, nach dem Kurs mit ihr noch einen Wein trinken zu gehen, kam er dann schließlich doch mit. Der erste Abend war dann wohl so gut, dass er es auch auf einen zweiten Abend ankommen lassen wollte. Schließlich zeigte sich die konservative Seite meines Vaters: Auf die Frage meiner Mutter, ob er denn jetzt auch weiter zum Grundkurs des Glaubens gehen wollte, antwortete er: »Was man einmal angefangen hat, das muss man auch zu Ende bringen!« Und mein Vater zog es wirklich bis zum Ende durch. Vor dem großen Finale, dem Abschlussgottesdienst, bot Pastor Kopfermann jedem Teilnehmer an, auf einem mitgebrachten Zettel einen Brief an Jesus zu schreiben. In diesem Brief sollte man Gott alles sagen, was einen belastete. Auch Fehler, die man gemacht hat, Sünden, Verletzungen, die einem schwer im Magen lagen, sollten dort notiert werden. Anschließend wurden die Briefe hinter der Kirche verbrannt. Nach der Predigt, in der Pastor Kopfermann dazu aufrief, sein Lebensboot zu verlassen und ein Leben mit Jesus zu beginnen, war es anfangs still in der Kirche. Aber dann war es mein Vater, der als Erster aufstand und nach vorn ging. Er heftete seinen Brief an das Kreuz im Altarraum und übergab in einer Segnung Jesus sein Leben. Mein Vater war zu dem Zeitpunkt bereits achtundfünfzig Jahre alt.

Die Dreyers werden fromm

Auch meine Schwestern Corinna und Franziska hatten im Rahmen der christlichen Jugendarbeit bereits einen ähnlichen Schritt getan. Damit waren die Christen in meiner Familie plötzlich eindeutig in der Überzahl! Alle wurden fromm, und ich bekam das deutlich zu spüren. Zum Beispiel mutierte das eher kurze Tischgebet »Komm, Herr Jesus, sei unser Gast, und segne, was du uns bescheret hast. Amen!« zu einer endlos langen Gebetsarie. »Oh, danke, Herr Jesus, für diesen Tag! Danke, dass wir alle beisammen sind! Danke, Herr für …« und so weiter. Irgendwie hatte meine Familie wohl plötzlich das Bedürfnis, Gott nicht nur für das Essen, sondern auch noch für alle möglichen anderen Dinge zu danken, zum Beispiel für das Wetter, die Gesundheit, den Job und das Leben im Allgemeinen. Manchmal stimmten meine Schwestern sogar noch in das Gebet mit ein. Dabei saß ich die ganze Zeit mit der Gabel in der Hand genervt am Tisch, weil ich Hunger hatte und endlich loslegen wollte.
Außerdem hörten alle Familienmitglieder ständig Predigtkassetten von diesem Pastor Kopfermann, egal zu welcher Tages- oder Nachtzeit. Ich weiß noch, wie ich eines Morgens, immer noch durch den nächtlichen Drogen- und Alkoholkonsum berauscht, von einer Party nach Hause kam. Ich ging durch den Garten und öffnete die Terrassentür. Von dort wollte ich mich eigentlich vorsichtig in mein Zimmer schleichen. Daraus wurde aber nichts, denn im Wohnzimmer traf ich auf meine Mutter, die auf dem Sofa saß und eine Predigtkassette von Kopfermann hörte. Nach einer kurzen Begrüßung ging ich durch den Flur und kam am Schlafzimmer meiner Eltern vorbei, wo ich durch die offene Tür meinen Vater am Schreibtisch sitzen sah. Er hatte einen Kassettenrekorder vor sich und hörte auch

eine Predigt von Kopfermann. Schließlich musste ich noch an dem Zimmer meiner großen Schwester vorbei – und richtig: Auch sie hatte eine Kassette von Kopfermann in ihrem Rekorder. Endlich lag ich im Bett und wollte meinen Rausch ausschlafen. Aber aus dem Nachbarzimmer, wo meine acht Jahre jüngere Schwester Franziska »wohnte«, hörte ich eine mittlerweile bekannte Stimme. Es war eine Predigtkassette von Kopfermann! Ich begann mir ernsthaft Sorgen zu machen und plante für die nächsten Tage einen Besuch bei der Sektenberatung in Hamburg.

Mir fiel aber auch auf, dass sich alle in meiner Familie durch ihren Glauben positiv veränderten. Corinna war früher immer eher schüchtern und still gewesen. Jetzt saß sie mit einem strahlenden Lächeln am Tisch und traute sich auf einmal auch, auf Menschen zuzugehen. Angela, die immer ein Mauerblümchen gewesen war, wurde immer selbstbewusster, sie hatte etwas zu sagen und stand aufrecht im Leben. Die deutlichste Veränderung erlebte ich aber bei meinem Vater. Früher saß er oft missmutig beim Abendessen und würdigte mich keines Blickes. Und jetzt fragte er mich plötzlich, wie es mir gehe und ob er mir vielleicht helfen könne. Das haute mich um. Mein Vater zeigte plötzlich echtes Interesse an meinem Leben! Diese Entwicklung brachte mich sehr ins Nachdenken. Wie konnte das möglich sein, dass sich Menschen plötzlich so radikal veränderten? Was war mit meinen Familienmitgliedern passiert, dass die ganze Atmosphäre bei uns zu Hause auf einmal nicht mehr wiederzuerkennen war! Ich musste der Sache auf den Grund gehen.

Parallel dazu passierten einige seltsame Dinge. Es fing damit an, dass alle meine Haschpflanzen eine nach der anderen eingingen. Ich konnte mir das nicht erklären. Die Lampen taten ihren Dienst, ich hatte den Boden gedüngt, und Wochen vorher waren sie noch so schnell gewachsen, dass man fast dabei zusehen konnte. Die oberen Blätter wurden immer brauner und fielen teilweise sogar ganz ab. Jahre später bekam ich die Erklärung dafür von meiner Mutter. Sie hatte meiner Lüge lange geglaubt, dass es sich bei diesen Pflanzen um einen Versuch für den Biologie-Leistungskurs handelte. Aber dann fand sie beim Aufräumen zufällig ein kleines Büchlein auf meinem Nachttisch: *Haschisch. Anbau in der Wohnung.* Damit war klar, worum es hier ging. Sie hatte einen Tag zuvor in der Bibel die Geschichte gelesen, in der erzählt wird, wie Jesus einen Feigenbaum verflucht, der keine Früchte trägt. Der Feigenbaum verdorrt, und die Jünger wundern sich sehr darüber. Also öffnete meine Mutter den großen Wandschrank, in dem die Haschpflanzen mitsamt der Beleuchtung und Bewässerungsanlage standen. Dann sprach sie einen Fluch über die Pflanzen aus, sie sollten alle vertrocknen, genauso wie dieser Feigenbaum bei Jesus vertrocknet war. Um aber auf Nummer sicher zu gehen, nahm sie auch noch eine Flasche Nagellackentferner und schüttete ein paar Tropfen davon in jeden Topf.

Ich weiß noch, wie ich an jenem Tag nach Hause kam und mich wunderte, warum die Blätter der Cannabispflanzen so komisch herunterhingen. Nach zwei Tagen verfärbten sich die Pflanzen braun, eine Woche später waren sie alle tot. Nur eine einzige war davon nicht betroffen, sie wuchs weiter. Für meine Mutter war diese eine Pflanze, die ihre Attacke überlebt hatte, der Beweis, dass nicht der Nagellackentferner, sondern ihr Fluch für das Eingehen der Haschpflanzen verantwortlich ist. Für mich war es kein Wunder, sondern einfach nur ärgerlich.

4 DIE GROSSE WENDE

Mandy

In meinem Leben wurde mit der Zeit alles immer extremer und auch immer zerstörerischer. Eigentlich ging ich nur noch für wenige Stunden in die Schule. Spätestens ab der großen Pause traf ich mich mit Freunden zum Kiffen in einer Ecke des Pausenhofs. Nach dem Joint hatten wir keine Lust mehr auf den Unterricht und verdrückten uns. Es war auch für mich nicht mehr zu übersehen, dass ich die Kontrolle über meinen Drogenkonsum verloren hatte, auch wenn ich das vor den anderen stets leugnete. Gleich nach dem Aufstehen rauchte ich den Stummelrest vom letzten Joint des Vorabends. Ich ging breit zur Schule, kam breit nach Hause und ging breit ins Bett, jeden Tag.
Zu der Zeit hatte ich eine sehr hübsche Freundin, die Mandy hieß. Mandy hatte blonde Haare, blaue Augen und eine wirklich sexy Figur. Ihr Vater kam aus England, wo sie auch einen Teil ihrer Kindheit verbracht hatte. Sie wohnte in Wellingsbüttel, einem eher noblen Stadtteil von Hamburg. Ich hatte sie an einer Bushaltestelle in Poppenbüttel angesprochen. Mandy hatte dort etwas verloren vor dem Infokasten gestanden, und ich merkte sofort, dass sie sich nicht auskannte. Ich half ihr, den Weg zu finden, und bekam zur Belohnung ihre Telefonnummer. Wir trafen uns einige Male in der Stadt oder gingen im Grünpark spazieren. Schließlich fragte ich sie ganz aufgeregt: »Mandy, willst du mit mir gehen?« Sie sagte: »Ja!«, und mein Glück war vollkommen! Ich war sehr heftig in dieses

Mädchen verliebt und wollte sie so oft wie möglich sehen. Stundenlang lagen wir in ihrem oder meinem Zimmer, unterhielten und küssten uns. Einmal, als wir allein bei mir zu Hause waren, hatten wir sogar Sex im Ehebett meiner Eltern. Aber dann passierte eine Sache, die mich damals sehr verletzt hat. Wir trafen uns eines Abends und gingen auf die Party eines gemeinsamen Freundes. Nach ein paar Flaschen Bier erzählte mir Mandy, dass sie nie wirklich in mich verliebt gewesen sei. Ganz im Gegenteil: Sie war die ganze Zeit scharf auf einen guten Freund von mir gewesen, der einzige Grund, warum sie mit mir zu den Partys gekommen sei. Das tat weh! Die Trennung von Mandy zerriss mir das Herz. Mit dem Scheitern dieser Liebe zerbrach ein weiterer Pfeiler, auf den ich mein Leben gebaut hatte.

Schließlich wurden auch meine Schulleistungen immer schlechter. Meine Eltern dachten, es wäre eine gute Idee, wenn ich ein Jahr wiederholen würde, um mich besser auf das Abi vorbereiten zu können. Meine Noten waren nicht so berauschend, und es bestand die Hoffnung, dass diese Extrarunde mir helfen würde, besser zu werden. Das Lehrerkollegium war einverstanden, und ich ließ mich freiwillig zurückversetzen. Aber in dem darauffolgenden Halbjahreszeugnis hatte ich noch schlechtere Noten! Ich war kaum in der Schule, lernte nicht und bekam in den Klausuren miserable Noten. Dann folgte die Quittung. In meinem nächsten Zeugnis hatte ich sechs Sechsen in Mathe, Physik, Deutsch, Englisch, Geschichte und Chemie sowie zwei Fünfen in Biologie und Religion. Nur in Sport brachte ich es auf die Note »gut«. Damit war mein Abitur natürlich mehr als gefährdet. Allerdings war ich auch in anderen Bereichen negativ aufgefallen. Darum wurde meinetwegen eine Lehrerkonferenz einberufen, um darüber zu entscheiden, ob man mich von der Schule werfen sollte oder nicht. Zum Glück gab es aber einen Lehrer, der mich mochte, und nur ihm habe ich es zu verdanken, dass ich keinen Verweis erhielt und bleiben durfte.

Dieses unterirdisch schlechte Schulzeugnis spiegelte letztendlich meine ganze Lebenssituation wider: Mir fehlte eine Lebensperspektive. Auch psychisch ging es mir nun schlechter. Ich kam öfter in depressive Stimmungen und spielte nachts vor dem Einschlafen mit Selbstmordgedanken. In meinen Tagträumen stellte ich mir dann vor, wie es wäre, mir mit einer Rasierklinge die Pulsadern aufzuschneiden oder Schlaftabletten zu nehmen. Nur der Gedanke an den möglichen Tod als Ausweg aus meiner Situation gab mir Hoffnung und ein gutes Gefühl.

Ein Horrortrip und neue Hoffnung

Meine Familie hatte schon lange erkannt, dass ich mein Leben an die Wand gefahren hatte. Von meiner Mutter bis zu meiner kleinen Schwester beteten alle dafür, dass Jesus mich rettet, was auch immer das bedeuten sollte. Ich hatte ja schon in dieser einen Nacht, als wir auf der Wiese lagen und uns vor der Polizei verstecken mussten, eine erste Erfahrung mit Gott gemacht. Einige Monate später hatte ich wieder so ein Erlebnis: Als ich ihn wirklich brauchte, war Jesus plötzlich da. Und das, obwohl ich noch nicht mit ihm lebte oder an ihn glauben konnte.

Und das kam so: Meine Schwester Angela schenkte mir mehrfach christliche Schallplatten, in der Hoffnung, dass mir die Musik gefiel. Ich fand die Stücke aber ziemlich peinlich, und auf die Texte konnte ich mich sowieso nicht einlassen. Die Lieder wurden hauptsächlich von einem

Keyboard begleitet, und dieses Instrument klang für mich einfach dumm. Trotzdem benutzte Gott eines Nachts diese christliche Musik, um mir zu zeigen, dass es ihn wirklich gibt. An jenem Abend war ich vorher wieder einmal lange auf diversen Partys unterwegs gewesen und hatte exzessiv Drogen konsumiert. Gegen drei Uhr morgens kam ich im Vollrausch nach Hause. Ich hatte neben dem üblichen Gekiffe diesmal auch Pillen geschluckt, unter anderem LSD. Völlig müde zog ich mich aus und legte mich in mein Bett. Dann löschte ich das Licht, zog die Decke über meinen Kopf und versuchte einzuschlafen. Aber sobald ich die Augen schloss, überkam mich eine heftige Angstattacke. Wellen von Furcht durchströmten mich, und ich war gegen dieses bedrohliche Gefühl vollkommen machtlos! Man kann diese Angst schlecht beschreiben, es war ein ganz unbestimmtes Gefühl, eine Angst ohne einen wirklichen Grund, einfach pure Emotion. Dieser »Angst-Tsunami« überschwemmte meinen Geist, ich konnte mich nicht dagegen wehren. Unter Menschen, die Drogen konsumieren, nennt man so ein Erlebnis auch einen »Horrortrip«, der in meinem Fall vermutlich durch das LSD ausgelöst worden war. Panisch setzte ich mich auf die Bettkante und knipste das Licht an. Ich stand auf, ging in meinem Zimmer hin und her und versuchte mich selbst wieder runterzubringen. »Ganz ruhig, Martin! Du hast gerade einen Horrortrip! Das geht vorbei! Bleib ganz ruhig! Bleib ganz ruhig!« Aber je mehr ich mich dagegen wehrte, desto heftiger wurde die Angst. Ich dachte nur noch: »Hilfe! Was soll ich jetzt machen? Meine Eltern wecken? Mir ein paar Flaschen Bier aus der Küche klauen und versuchen, gegen die Angst anzusaufen? Oder vielleicht heiß duschen?« Plötzlich fiel mein Blick auf eine christliche Schallplatte der Band *Semaja*, die mir Angela die Woche zuvor geschenkt hatte. Auf dem Cover war eine Zeichnung von einem Mann und einer Frau, die wohl Adam und Eva darstellen sollten. Ohne nachzudenken, legte ich die LP auf den Plattenteller und spielte die Musik ab. »*Oh Lord, hear my cry, attend unto my prayer. From the end of the earth, I will cry unto thee, when my heart is overwhelmed …*«, klang es aus meinen Boxen. Und da passierte etwas sehr Überraschendes: In der Sekunde, in der die ersten Töne zu hören waren, verschwand die Angst sofort! Stattdessen überkam mich ein Gefühl von Frieden und Entspannung. Es war fast so, als hätte diese »Jesus-Musik« die Kraft gehabt, meine Angst und die Dunkelheit aus meinem Zimmer zu vertreiben.

Ich legte mich wieder auf das Bett, zog die Decke über mein Gesicht und schlief langsam ein. »*From the end of the earth, I will cry unto thee, when my heart is overwhelmed …*«

Ein seltsamer Gottesdienst

Meine Mutter hatte mich schon mehrfach eingeladen, auch einmal in den Gottesdienst der St.-Petri-Kirche mitzukommen, aber ich hatte immer dankend abgelehnt. Doch Corinna erwischte mich eines Tages in einem schwachen Moment, als ich gerade wieder depressiv in meinem Zimmer saß. »Martin, komm doch heute mal mit in den Gottesdienst in der Petri-Kirche! Der ist echt gut! Vorn spielt immer eine Band! Außerdem ist die Atmosphäre toll, und viele junge Leute sind auch da. Würde dir bestimmt guttun!« Nachdem sie lange genug rumgedrängelt hatte, sagte ich schließlich zu, beim nächsten Gottesdienst dabei zu sein. »Man kann es ja mal auf einen Versuch ankommen lassen«, dachte ich. »Und dann kannst du sagen, dass du es wenigstens einmal ausprobiert hast!«

Am nächsten Sonntagabend fuhren wir mit der ganzen Familie im dunkelblauen Passat meiner Eltern in die Innenstadt. Es dauerte eine Zeit, bis wir endlich einen Parkplatz gefunden hatten, von dort mussten wir zu Fuß zur Kirche gehen. Schon auf dem Weg dorthin fiel mir auf, dass wir nicht die Einzigen waren, die um diese Uhrzeit noch einen Gottesdienst besuchen wollten. Aus allen Richtungen strömten die Menschen zum Eingang.
Schließlich traten wir durch die große Tür in die Kirche. Nachdem wir einen Vorraum durchschritten hatten, gelangten wir in das riesige Kirchenschiff. Ehrfürchtig sah ich nach oben und betrachtete die meterhohen, mit Stuck verzierten, weißen Decken. Die Beleuchtung im Innenraum war nicht gut, es war etwas dunkel. Vor uns standen viele Reihen mit dunkelbraunen Holzbänken. An Ende jeder Bank brannte eine große weiße Kerze. Vorne schmückten Dutzende Blumensträuße aus weißen Lilien den Altarraum, wo eine Band ihre Instrumente aufgebaut hatte. Dann fiel mir auf, dass es rammelvoll war. Ich kannte nur Gottesdienste, in denen man sich entspannt einen der hundert freien Plätze aussuchen konnte. Aber hier waren die Reihen dicht gedrängt! Überall standen die Besucher und kämpften teilweise um einen guten Sitzplatz wie bei einem angesagten Rockkonzert.
Meine Schwestern wollten unbedingt ganz vorn sitzen, aber ich fand, es wäre eine bessere Idee, sich in die letzte Reihe, gleich am Ausgang, zu plazieren. Von dort konnte ich das ganze Geschehen gut beobachten und, falls nötig, unauffällig wieder verschwinden. So saß ich dann bewusst distanziert mit verschränkten Armen auf meinem Platz und wollte den Gottesdienst aus der Ferne anschauen.
Die Gottesdienstbesucher begrüßten sich sehr herzlich, es wurde ausgiebig umarmt und Hände geschüttelt. Die Atmosphäre gefiel mir. Schließlich trat der Pastor auf die Bildfläche. Jetzt konnte ich also den Menschen zu der

Stimme, die ich schon so oft über die Predigtkassetten gehört hatte, endlich einmal live sehen. Lächelnd betrat er aus einem Seiteneingang den Altarraum. Pastor Kopfermann trug einen langen weißen Talar. Um seine Schultern lag ein grüner Schal, der an den Enden mit Symbolen bestickt war. Ich wollte noch zu meiner Schwester »Ganz hübsches Nachthemd!« sagen, ließ es dann aber doch lieber sein. »Herzlich willkommen im charismatischen Gottesdienst in der Petri-Kirche!«, begrüßte er uns freundlich. »Bitte seien Sie so nett und sagen ein liebes Wort zu Ihrem Nachbarn!« – »Huch? Mit wem soll ich denn jetzt reden? Ich kenn die doch gar nicht«, war meine erste Reaktion. Zum Glück saß ja aber meine Schwester auf der rechten Seite neben mir. Ich begrüßte sie so lange, dass für den unbekannten Sitznachbarn auf der anderen Seite keine Zeit mehr übrig blieb. Als Nächstes spielte die Band einige Lieder. Der junge Mann an der Gitarre begleitete dabei mit geschlossenen Augen und leicht verzückter Miene alle Lieder. Ich dachte zuerst: »Was für ein Poser! Will der hier allen zeigen, dass er sein Instrument blind beherrscht, oder was?« Erst dann bemerkte ich, dass diese Lieder keine normalen Songs, sondern eher so etwas wie gesungene Gebete waren. Sie wurden nicht nur einfach so zum Spaß vorgetragen, sondern kamen irgendwie von innen heraus, ganz andächtig. Plötzlich passierte etwas sehr Seltsames, was ich so noch nie zuvor erlebt und gehört hatte. Nach einem längeren Lied, in dem es darum ging, dass Gott heilig ist, fingen plötzlich einige Leute weiter vorn an, eine ganz seltsame Melodie zu singen. Und dann stimmte die ganze Kirche in diese Melodie mit ein, wobei man eher das Gefühl hatte, es war ein dreistimmiger oder sogar vierstimmiger Gesang. Richtig verrückt war aber für mich, dass man die Sprache des Liedes nicht verstehen konnte. Es klang fast so, als hätten die meisten Gottesdienstbesucher diesen mehrstimmigen Gesang einstudiert, aber eben mit einem ausländischen Text. Da alle um mich herum bei diesem Lied die Augen geschlossen hatten, machte ich es ihnen nach. Und dann spürte ich auf einmal eine ganz angenehme, warme Energie um mich herum. Man kann so etwas schwer beschreiben, es war schon so ein Anflug von Glücksgefühl, ähnlich wie auf Drogen, aber doch total anders. Dabei ging dieses Lied wie eine Woge durch das ganze Kirchenschiff, von vorn nach hinten, von hinten nach vorn, hin und her. Ich hätte noch stundenlang mit geschlossenen Augen auf meinem Platz stehen können, um dieses schöne Lied zu genießen, aber dann hörte die Gemeinde genauso plötzlich auf, wie sie angefangen hatten.

Von der anschließenden Predigt habe ich nicht so viel mitbekommen, aber ich kann mich noch erinnern, dass ich den Eindruck hatte, der Pastor weiß, wovon er redet. Es klang kompetent und theologisch durchdacht.

Die Stimmung auf dem Rückweg im Auto war ausgelassen. Meine Familie scherzte, und sogar mein Vater machte mit. Es wurde mir klar, dass die positive Veränderung bei allen unmittelbar mit diesem neu gefundenen Glauben und auch mit diesen Gottesdiensten zu tun haben musste. Ich beschloss, es am nächsten Wochenende auf einen weiteren Versuch ankommen zu lassen.

Es hat gefunkt

In der darauffolgenden Woche hatte ich genügend Zeit, mir mein eigenes Leben genauer anzuschauen. Ich saß in der Schule mehr oder minder abwesend auf meinem Stuhl und überlegte, was ich tun könnte, damit es mir besser-

geht. Wäre es vielleicht doch möglich, durch den Glauben an Gott eine Veränderung zu erfahren? Wäre es eine Chance, aus dem ganzen Mist endlich rauszukommen? Am nächsten Sonntag musste man mich nicht lange bitten; ich wollte auf jeden Fall noch einmal mit in den Gottesdienst kommen. Aber diesmal lief alles anders als noch vor einer Woche.
Wir betraten die Kirche, und mir fiel sofort auf, dass es an diesem Sonntag sogar noch etwas voller war als beim letzten Mal. Ich erfuhr, dass das sogenannte Jesus-Festival gefeiert wurde, und wir kamen am Sonntagabend zur großen Abschlussveranstaltung. Diesmal konnte ich mich nicht mehr so distanziert in die letzte Reihe setzen, weil ich mit meiner Familie zusammensitzen wollte. Kaum hatten wir die Kirche betreten, steuerte meine Schwester zielstrebig auf die Mitte des Kirchenschiffs zu, und wir folgten ihr. Dort ließen wir uns auf die alten Holzbänke in der Nähe des Gangs nieder. Immer mehr Menschen drängten in die Kirche. Erst begrüßte jeder seinen Nachbarn, und dann ging der Gottesdienst los. Wieder fing die Band an zu spielen, und die Gemeinde sang und betete mit. Ich erlebte diese Zeit diesmal nicht so intensiv wie noch die Woche zuvor. Als das letzte Lied zu Ende war, setzten sich alle Gottesdienstbesucher auf ihre Plätze. Kopfermann ging ans Mikrophon und sagte: »Herzlich willkommen im charismatischen Gottesdienst der Petri-Kirche. Gibt es heute jemanden, der von hier vorn erzählen möchte, was er mit Jesus in der letzten Woche erlebt hat? Das Mikrophon ist jetzt freigegeben für den Zeugnisteil.« Ich hörte nur beim letzten Satz richtig zu und überlegte, ob dort jetzt die Schulzeugnisse vom Vorjahr vorgelesen werden, aber das kam mir dann doch etwas unwahrscheinlich vor. Auf jeden Fall war ich mir sehr sicher: »Da kommt bestimmt niemand nach vorn, wie peinlich!« Aber dann standen die Leute sogar Schlange, weil alle etwas zu erzählen hatten. Gleich der

Erste war ein junger Mann, den ich auf Mitte zwanzig schätzen würde. Kopfermann übergab ihm das Mikrophon, und er rief laut: »Preist den Herrn! Ich bin so froh, denn Jesus hat mich von meiner Drogensucht befreit. Über viele Jahre habe ich jeden Tag Drogen konsumiert. Ich war total am Ende. Die Drogen haben mir das ganze Leben kaputt gemacht. Ich war zum Schluss beinahe vierundzwanzig Stunden dauerbreit. Aber dann hab ich Jesus kennengelernt, und seitdem brauch ich keine Drogen mehr zu nehmen. Halleluja! Preist den Herrn!« Zu meiner Überraschung klatschte die ganze Gemeinde, und ich klatschte mit. Beim zweiten Zeugnis wurde dann aber doch meine Skepsis geweckt. »Guten Abend, liebe Geschwister!«, wurden wir von einem weiteren jungen Mann begrüßt. »Ich lebe jetzt seit vier Jahren mit Gott. Bevor ich ein Christ geworden bin, war ich nicht nur ein schlechter Mensch, sondern auch ein schlechter Schüler. Ich hatte nur Sechsen und Fünfen im Zeugnis und wäre garantiert von der Schule geflogen. Vor vier Jahren hat ein Freund von mir zu Gott gefunden und mir von Jesus erzählt. Seitdem ich mit Jesus lebe, wird irgendwie alles besser, und in der Schule habe ich jetzt keine Fünf mehr im letzten Zeugnis gehabt!« Beim Applaus hörte ich gar nicht mehr hin. Hä? Wie konnte das sein, dass beide Geschichten gerade zwei meiner größten Probleme aufgezeigt hatten? War das Zufall, oder hat mir da jemand einen bösen Streich gespielt? Hatte man den Organisatoren vielleicht einen Hinweis gegeben, dass ich heute im Gottesdienst sitze? War das ein abgekartetes Spiel? Ich schaute argwöhnisch zu meiner Mutter hinüber, aber sie ließ sich nichts anmerken. Schließlich war dieser Teil zu Ende, Kopfermann stieg auf die Kanzel und hielt eine Predigt. Ich kann mich nicht mehr an alle Details erinnern, aber es ging im Groben darum, dass wir mit Gott immer wieder einen Neuanfang wagen können.
Während der Predigt war ich hin- und hergerissen. Schon

wieder kam es mir so vor, als würde diese Botschaft nur mir gelten. Kopfermann blickte nach meinem Gefühl auch immer in meine Richtung, so als hätte meine Mutter ihm ein Zeichen gegeben, wo wir sitzen würden. Das Ganze war mir richtig unheimlich. Wenn meine Eltern hier tatsächlich etwas eingefädelt hätten, wäre das eine große Schweinerei. Wie konnten die nur meine ganz privaten Probleme diesem Prediger und letztendlich der ganzen Gemeinde erzählen, ohne mich zu fragen? Aber dann kam es mir doch zu unwahrscheinlich vor, dass sie so was bringen würden. Außerdem wäre es ja eine große Verschwendung, für tausend Gottesdienstbesucher eine Predigt zu halten, die dann doch nur auf einen einzigen Menschen ausgerichtet ist, nämlich auf mich.

Nach der Predigt gab es noch einen kurzen Abschluss, dann war der offizielle Teil des Gottesdienstes vorbei. Wer wollte, konnte sich aber noch vorn im Altarraum von Mitarbeitern segnen lassen. Kopfermann lud am Mikrophon dazu ein. Wer einen Anfang mit Gott machen und Christ werden wolle, könne das jetzt im Rahmen einer Segnung tun. An unterschiedlichen Stellen des Altarraums hatten sie mittlerweile kleine Sitzgruppen mit jeweils drei Plätzen aufgestellt. Zwei Plätze waren mit den Segnern besetzt, der dritte Stuhl wurde für denjenigen reserviert, der für sich beten lassen wollte. Die Band spielte im Hintergrund leise weiter, und nur ganz wenige Gottesdienstbesucher verließen die Kirche.

»Hm, soll ich das jetzt machen oder nicht?«, überlegte ich hin und her. »Könnte es eine Chance sein? Oder ist das nur eine komische religiöse Handlung, die doch nichts verändert? Gibt es diesen Gott denn nun wirklich? Und wenn es ihn gibt, kann er mit meinem kaputten Leben überhaupt etwas anfangen? Will er mich überhaupt haben? Bin ich nicht viel zu versifft und dreckig für ihn? Sollte ich es wirklich mit Jesus versuchen?«

Diese Fragen schossen mir durch den Kopf. Schließlich beugte ich mich nach unten und betete so leise, dass es niemand hören konnte: »Jesus, ich hab jetzt von dir hier einiges gehört. Aber ich kann mir einfach nicht vorstellen, dass du mit meinem kaputten Leben etwas anstellen willst. Ich brauch ein Zeichen von dir! Bitte zeige mir, dass du wirklich mich meinst!« Dann überlegte ich kurz, um was für ein Zeichen ich ihn bitten könnte. Es müsste so unrealistisch sein, dass ich es mir mit meinem Verstand nicht mehr würde erklären können. Also sagte ich: »Okay, wenn du willst, dass ich jetzt nach vorn gehe und mein Leben in deine Hände lege, wenn du wirklich willst, dass ich ab sofort Christ bin, dann mach ich das nur unter zwei Bedingungen. Erstens will ich, dass meine Eltern nach Hause gehen, es ist mir peinlich, wenn die dabei sind. Und zweitens will ich, dass Corinna mir auf die Schulter klopft und sagt: ›Martin, willst du nicht auch nach vorn gehen und dein Leben Jesus geben?‹ Wenn das beides passiert, dann bin ich dabei! Amen!« Langsam hob ich meinen Kopf und schaute mich um. Plötzlich stand mein Vater auf, nahm meine Mutter an die Hand und ging Richtung Ausgang. »Martin, wir gehen jetzt nach Hause«, rief er mir noch zu, »aber du kannst gern noch bleiben, wenn du willst!« Ich schaute den beiden noch leicht verdattert hinterher, als meine Schwester Corinna sich zu mir rüberbeugte, auf meine Schulter klopfte und sagte: »Martin, willst du nicht auch nach vorn gehen und dein Leben Jesus geben?« Da liefen mir erst mal ein paar Schauer über den Rücken. Ich stand auf und rannte nach vorn in den Altarraum. Hier traf ich auf eine Frau, die jeden Besucher, der ein Gebet wünschte, einer Segnergruppe zuwies. Sie schickte mich zu einem älteren Ehepaar, das auf der rechten Seite in einer Ecke saß. Nachdem ich mich auf den Stuhl zwischen die beiden gesetzt hatte, wurde ich freundlich gefragt, was mein Gebetsanliegen wäre. »Ich will Jesus mein Leben geben und ein Christ werden!«, rief ich den beiden zu. Der ältere Herr runzelte etwas die Stirn, erzählte irgendetwas über Theologie, die Taufe und dass ich nur in dem Glauben das Angebot annehmen sollte, dass ich damit bereits ein Christ sei. Um ehrlich zu sein, ich habe nicht verstanden, was der Typ von mir wollte. Als er mir dann ein Gebet vorsprach, hab ich die Worte einfach nachgebetet. »Jesus, ich nehme jetzt an, was in der Taufe mit mir passiert ist!« Aber in meinem Herzen hab ich etwas ganz anderes gesagt. Da hab ich gebetet: »Jesus, ich gebe dir ab sofort mein ganzes verschissenes Leben! Ich will, dass du mein Gott bist! Ich will die ganzen Sünden nicht mehr tun. Ich will von dir sauber gewaschen werden! Ich will noch einmal von vorn anfangen! Ich brauch von dir ein neues Leben! Ab sofort will ich ein Christ sein! Amen!«

Als ich von diesem Gebet wieder aufstand, war irgendetwas mit mir passiert. Man kann so eine Erfahrung schwer in Worte fassen, aber ich hatte das Gefühl, dass plötzlich ein undefinierbares Licht in mich gekommen war. Vorher hatte ich meine Gedanken und Gefühlswelt als dunkel und schwarz erlebt. Aber jetzt war es anders. Da war auf einmal etwas Helles, ein Strahlen, eine Freude in mir, die ich mit Psychologie allein nicht mehr erklären konnte. Ich spürte eine Kraftquelle, eine Energie in mir, die vorher definitiv nicht da gewesen ist. Jesus hatte mein Gebet tatsächlich erhört, er war in mein Leben gekommen! Der ganze Dreck war verschwunden, ich fühlte mich sauber, innerlich klar und rein. Gott hatte mir ein neues Leben geschenkt, ich durfte noch einmal ganz von vorn anfangen! Wie geil! Halleluja!

5 NEUANFANG

Schluss mit Zigaretten und Drogen

Als ich am nächsten Morgen aufwachte, war dieses Gefühl der Nähe Gottes immer noch da. Jesus hatte mich auch in der Nacht nicht wieder verlassen, das war schon mal ein gutes Zeichen. »Jetzt mal anständig aufräumen!«, kam mir als erster Gedanke. Ich hatte einen radikalen Neustart gewagt und wollte die Chance nutzen, Dinge ab sofort anders zu machen. Einen Anfang hatte ich bereits gleich nach dem Gottesdienst mit dem Rauchen gemacht. Kaum hatten wir die Kirche verlassen, wollte ich mir sofort eine Zigarette anstecken. Eigentlich typisch für einen Raucher, besonders nach derart aufregenden Ereignissen. Aber meine Schwester meinte sofort: »Martin, damit kannst du doch jetzt auch gleich aufhören!« Ich zögerte noch kurz, aber dann dachte ich mir: »Wo sie recht hat, hat sie recht!« Also schmiss ich die ganze Packung in den nächstbesten Mülleimer. Das war meine letzte Zigarette für eine sehr lange Zeit. Es fiel mir leicht, mit dem Rauchen aufzuhören. Obwohl ich mit vierzehn meine erste Zigarette im Mund gehabt und die letzten Jahre täglich über zwanzig Zigaretten geraucht hatte, verspürte ich überhaupt keinen Schmachter oder körperliche Entzugserscheinungen. Das Gleiche galt auch für Drogen. Ich hörte sofort damit auf, und es fiel mir überhaupt nicht schwer. Jesus hatte meine Süchte einfach so weggenommen, ohne Therapie, Psychopharmaka oder Selbsthilfegruppen.

Als Nächstes landeten noch weitere Dinge aus meinem alten Leben im Mülleimer. Ich organisierte mir einen großen blauen Müllsack von meiner Mutter und ging damit durch mein ganzes Zimmer. Jointpapier, Schillums, Wasserpfeifen, Dosen mit Resten von Hasch und Marihuana wanderten umgehend in den Abfall. Dann folgten noch Sachen, die ich zu sehr mit meinem alten Leben verband, zum Beispiel Fotos und auch Kleidung. Dieses alte Leben wollte ich wirklich komplett hinter mir lassen. Schließlich war es mir auch wichtig, meine Plattensammlung aufzuräumen. Alle Scheiben wurden weggeschmissen, die ich oft auf Droge gehört hatte. Dazu gehörte auch die Musik von Pink Floyd, und dort besonders die Scheibe *Meddle*. Diese Platte hatte ich oft im »bekifften« Zustand gehört, und später erlebte ich es manchmal, dass ich beim Hören wieder in einen Rauschzustand gekommen bin, obwohl ich gar nichts genommen hatte. Als ich mit meiner Aufräumaktion fertig war, waren nur noch wenige Platten in meiner Sammlung übrig geblieben.

Aber nicht nur mein Zimmer sah jetzt anders aus, auch meine Freizeitgestaltung veränderte sich komplett: Statt Partys war Gottesdienst, statt Rausch war Gebet angesagt. Ich wurde fromm, und zwar leidenschaftlich, mit Haut und Haaren. Ich stellte mir jeden Morgen den Wecker eine Stunde früher und nutzte die Zeit, um gleich nach dem Aufstehen zu beten und in der Bibel zu lesen. Das war kein Pflichtprogramm, das mir irgendjemand aufgedrückt hatte, es war mein absolutes Bedürfnis. Auf dem Weg zur Schule sang ich auf dem Fahrrad laut und voller Inbrunst die christlichen Lieder, die ich im Gottesdienst in der St.-Petri-Kirche gelernt hatte.

Was war denn nun genau ab diesem Gottesdienst anders geworden? Jesus war als Person plötzlich ganz real und spürbar in mein Leben gekommen. Das ist vergleichbar mit einem neuen guten Freund, den man kennengelernt hat, nur mit dem einen Unterschied, dass man Jesus nicht mit den menschlichen Augen sehen kann. Gott war plötzlich überall, er war in mir, um mich herum, vor mir und über mir. Und er war auch in der Schule anwesend und genauso zu Hause. Vorher war ich in diesem Sinne blind, ich konnte ihn nicht wahrnehmen, und nun konnte ich ihn plötzlich »sehen«. Überall redete ich ab sofort mit Jesus, egal wo ich gerade war. Und diese neue Gottesrealität veränderte natürlich alles. Denn auf einmal waren Sachen, die wissenschaftlich unmöglich waren, möglich. Ich konnte für Wunder beten und diese Wunder auch erleben. Meine erste Klausur, die ich nach diesem Erlebnis schrieb, war eine im Biologie-Leistungskurs. Eine von drei Aufgaben löste ich nicht richtig und kam zu einem falschen Ergebnis. Nach der Klausur betete ich: »Jesus, bitte mach, dass ich für diese Arbeit doch noch eine gute Note bekomme!« Meine Lehrerin war eigentlich bekannt dafür, alles immer sehr genau und penibel zu bewerten. Aber als sie meine Klausur auf dem Tisch liegen hatte und das falsche Ergebnis sah, entschloss sie sich ausnahmsweise, zumindest den richtigen Gedanken dahinter positiv zu bewerten. So etwas war bei ihr noch nie vorgekommen, die Note wurde eine Zwei plus, zwölf Punkte.

Da ich nicht als psychisch Gestörter in der Schule gelten wollte, der den ganzen Tag mit unsichtbaren Geistern redet, verschwand ich in den Pausen zum Beten meistens auf das Klo. Das Schul-WC wurde zu meiner Kirche und der Klodeckel zu meinem Altar. Hier schüttete ich mich vor Gott aus, sagte ihm meine Gebetsanliegen und las in der Bibel. Ich hatte an diesem Ort in den nächsten Jahren sehr viele intensive Zeiten mit Gott.

Mit der Zeit verlor ich immer mehr den Kontakt zu meinen alten Freunden. Sie hatten natürlich die Veränderungen bei mir mitbekommen und machten sich Sorgen, ob ich in irgendeiner schlimmen Sekte gelandet wäre oder sogar eine religiöse Psychose hätte. Da es mir aber augenscheinlich so sehr viel besser ging als vorher, konnten sie nichts dagegen sagen. Jan erzählte mir später, er hätte schon vorher oft Angst um mich gehabt, denn es war nur zu offensichtlich, dass mein exzessiver Drogenkonsum außer Kontrolle geraten war. So gab es bei ihm und meiner alten Clique gemischte Gefühle über mein neues Leben. Auf der einen Seite Freude, dass ich anscheinend einen Weg aus meiner Sucht gefunden hatte. Auf der anderen Seite aber auch Verwunderung und Sorge, weil es für sie einfach nicht nachvollziehbar war, dass ich jetzt plötzlich fromm geworden war.

Aus meiner Perspektive kam mir das Zusammensein mit meinen alten Freunden auf einmal sinnentleert vor. Wenn wir an einem Abend irgendwo auf einer Party rumhingen, fühlte ich mich fehl am Platz. Die Gespräche drehten sich ja fast immer um Themen wie die letzte Party, die neueste Musik, die abgefahrensten Bands oder die Bundesliga, aber das interessierte mich alles nicht mehr so sehr. Außerdem war es auf Dauer auch nicht lustig, wenn man stocknüchtern mit lauter bekifften Leuten zusammensitzt. Ich bemerkte auch, wie oberflächlich und dumm viele Kiffergespräche sind, obwohl sie sich, wenn man selbst im Rausch ist, unheimlich sinnreich und tiefschürfend anfühlen. Anfangs fiel es mir nicht schwer, den Joint weiterzureichen, denn ich brauchte die Droge nicht mehr. Ich war auch ganz ohne Kiffen erfüllt und glücklich.

Wie gesagt: Mit dem ersten Tag als Christ habe ich sofort mit allen Drogen aufgehört, und es ist mir überhaupt nicht schwergefallen. Aber nach einigen Monaten gab es dann doch Situationen, in denen die Versuchung groß war, wieder mit den anderen zu kiffen. Im Rückblick habe ich das Gefühl, als hätte Jesus mir die Sucht anfangs einfach so weggenommen, damit ich als junger Christ erst einmal in meinem neuen Leben voll durchatmen kann. Später war es dann aber doch notwendig, dass ich mich noch einmal bewusst gegen das Drogennehmen entschied.

Ich glaube, dass ich meine alte Clique in den ersten Wochen mit meinem sehr frommen Gerede ganz schön überfordert und genervt habe. Wenn zum Beispiel Jan etwas kaputtging und er »O Gott!« sagte, erhob ich sofort den Zeigefinger und sagte: »Jan! So etwas sagt man nicht! Das ist Sünde! Du sollst den Namen des Herrn nicht missbrauchen!«

Nach einiger Zeit erzählte mir meine Schwester von einem Schülerbibelkreis, der sich in den großen Pausen zum Beten und Bibellesen in einem Raum in der Schule traf. Der Kreis fand nur zweimal die Woche statt, aber er war für mich in meiner ersten Zeit als Christ eine überlebenswichtige Veranstaltung. Wir trafen uns in einem von der Schule nicht genutzten Klassenzimmer jeweils am Dienstag und am Donnerstag in der ersten großen Pause. Irgendeiner hatte eine Andacht vorbereitet, dann sangen wir noch ein paar Lieder und beteten kurz zusammen. Später wurde sogar noch ein drittes Treffen zusätzlich ausgemacht, wo wir uns morgens früh vor der Schule zum gemeinsamen Beten und Frühstücken verabredeten. Allein dieses Treffen war für mich schon eine echt radikale Sache, ein Beweis, dass sich etwas bei mir verändert hatte. Bevor ich Christ geworden war, konnte ich nicht spät genug in die Schule kommen, fast immer war ich der Letzte, der das Klassenzimmer betrat. Jedes Jahr wimmelte es nur so von Einträgen wie »Martin kommt verspätet« oder »Martin erscheint zwanzig Minuten später zum Unterricht«. Aber jetzt war ich freiwillig zwei Stunden früher in der verhassten Schule, nur um zu beten! Auch wenn wir manchmal nur zu zweit oder dritt bei diesen Schülerbibelkreistreffen waren, konnte ich dort im harten und, wie ich es empfand, glaubensfeindlichen Schulalltag auftanken.

In der St.-Petri-Kirche gab es auch ein paar Veranstaltungen, die für mich als frischer Christ zu einer wöchentlichen Anlaufstelle werden sollten. Neben dem sonntäglichen Abendgottesdienst ging ich ab sofort auch dienstags mit meinen Schwestern regelmäßig zum *Jugendkreis Jona* in den Keller der Gemeinderäume an der Mönckebergstraße. Freitags gab es am selben Ort eine christliche Teestube, wo es etwas lockerer zuging, die aber auch nicht so gut besucht war. Aber besonders der Jugendkreis am Dienstag wurde für mich sehr wichtig, denn mir war klar, dass ich als junger Christ noch eine Menge zu lernen hatte. Bei meinem ersten Jugendkreistreffen kam ich mir allerdings doch eher wie ein Außerirdischer vor. Die »Wollpullifraktion« (Grönländer, natürlich selbst gestrickt) war eindeutig in der Mehrheit, und auch der Musikstil, der dort gepflegt wurde, war so gar nicht meiner. Die Lieder kamen eher, wie ich immer spöttisch sagte, im »Abba-Schlager-Stil« daher, begleitet mit einer akustischen Gitarre. Trotzdem ging es mir zuerst überhaupt nicht um Stilfragen, das war egal. Ich hatte Jesus erlebt und wollte so viel wie möglich über ihn erfahren und lernen. Wenn man dazu als Christ eine Cordhose und Wollpullis tragen musste, dann würde ich von mir aus ab sofort nur noch in Wollpullis und Cordhosen rumlaufen. Und wenn man als Christ nur noch Musik im »Abba-Schlager-Stil« hört, dann würde ich eben für den Rest meines Lebens nur noch Lieder im »Abba-Schlager-Stil« hören. Deswegen kamen ab sofort nur noch Aufnahmen von solchen Bands wie *Arno und Andreas*, *Amy Grant* und *Joy* in meinen gerade aufgeräumten Plattenschrank.

Der Ablauf dieser Jugendkreisabende war immer der gleiche. Nachdem sich die rund hundertfünfzig Jugendlichen in dem karg eingerichteten Kellerraum versammelt hatten, stellten wir uns, soweit das in dem Raum möglich war, in einem großen Kreis auf. Dann begrüßte einer der Leiter alle und startete mit einem Gebet. Nach einigen Ansagen hatten wir immer eine längere Gebetszeit, in der wir auch Lieder sangen, die von einer akustischen Gitarre begleitet wurden. Anschließend teilte sich der Jugendkreis in Kleingruppen auf, in denen dann weiter über ein bestimmtes Thema geredet oder gebetet wurde. Am Ende des Abends versammelten sich noch mal alle in dem großen Raum, und mit einem abschließenden Gebet ging der Jugendkreis zu Ende.

Einige der Jugendkreisleiter sahen vom Style her für mich eher spießig aus. Aber ein junger Mann aus diesem Kreis, der Lars hieß, hatte selbst Drogenerfahrungen in seiner Jugend gemacht und schien mir sehr sympathisch zu sein. Lars wurde mein Kleingruppenleiter, mein Seelsorger und auch so etwas wie mein neuer Held. Immer wenn ich nicht mehr weiterwusste, konnte ich mit ihm sprechen, und er beantwortete mir geduldig alle Fragen. Lars hat mir in der ersten Zeit unheimlich geholfen und mir alles beigebracht, was man als junger Christ wissen musste. Ich lernte von ihm, wie man betet, wie man die Bibel liest und auch noch andere Sachen.

Dazu freundete ich mich auch mit einem der Söhne von Pastor Kopfermann an, der Matthias hieß und ungefähr in meinem Alter war. Matthias und ich waren von unserem Leben her total unterschiedliche Wege gegangen. Vermutlich hätten wir nie etwas miteinander zu tun bekommen, hätten wir nicht an denselben Gott geglaubt. Aber ich konnte von ihm sehr viele praktische Dinge lernen, die mein Leben als Christ wirklich bereichert haben. Wir trafen uns oft, hörten gemeinsam Predigtkassetten und beteten viel miteinander.

Matthias hatte richtig Feuer in seinem Glauben, und wenn wir uns über Jesus unterhielten, kam er immer ins Schwärmen. Meistens trafen wir uns bei ihm zu Hause. Als Sohn des Pastors wohnte er in einem schicken Haus an der Außenalster. Er hatte dort im ersten Stock ein kleines

Zimmer, das stets unaufgeräumt war. Meistens mussten wir erst herumräumen, damit ich mich überhaupt irgendwo hinsetzen konnte. Dann aber redeten wir über ein geistliches Thema und beteten auch jedes Mal. In einem unserer Treffen wollte er unbedingt, dass ich auch diese besonderen Erfahrungen mit dem Heiligen Geist machte. »Das musst du erleben!«, sagte er immer wieder zu mir. »Der Heilige Geist wird dir helfen, das zu tun, was Jesus von dir will!« Dann schob er eine Predigtkassette in seinen Rekorder, von irgendeinem Prediger, dessen Namen ich vergessen habe. Es ging um die »Erfüllung mit dem Heiligen Geist«. Charismatische Christen sind davon überzeugt, dass man in seinem Glauben eine ganz spezielle spirituelle Erfahrung machen kann. In der Apostelgeschichte im Neuen Testament der Bibel wird berichtet, wie Jesus zu seinen Freunden sagt, sie sollten noch in Jerusalem warten, bevor es mit der Gründung der christlichen Kirche weitergeht. »Da kommt noch etwas«, sagte er, und dieses »Etwas« war die Erfüllung mit dem Heiligen Geist. Als dann diese Kraft kam, passierten seltsame Sachen: Eine Feuerwolke war über dem Raum, und die Freunde fingen an, in einer ihnen fremden Sprache zu beten. Diese Sprache nennt man »Zungengebet« oder »Glossolalie«. Die gesungene Form dieser seltsamen Sprache hatte ich ja bereits im Gottesdienst kennengelernt, und es war eine durchweg positive Erfahrung. Matthias und ich lasen nun gemeinsam noch einige Stellen aus dem Korintherbrief der Bibel. In diesem Brief beschreibt Paulus etwas detaillierter, was es mit dieser Gabe auf sich hat. Dann erzählte mir Matthias, dass es diese Gaben über die Jahrhunderte in der Kirchengeschichte immer gegeben hat, sie aber leider mit der Zeit mehr und mehr verlorengegangen sind. Nur in ganz wenigen katholischen Klöstern wurden sie über die Jahrhunderte weiter gepflegt und ausgeübt. Nach dieser Einführung meinte er plötzlich: »So, Martin, und jetzt bist du

dran. Wir beten dafür, dass auch du mit dem Heiligen Geist erfüllt wirst und in Sprachen betest!«
»Äh, ich?«
Aber nachdem mein neuer Freund lange genug auf mich eingeredet hatte, war ich einverstanden, es zumindest auf einen Versuch ankommen zu lassen. Wir stellten uns in der Mitte seines Zimmers einander gegenüber auf. Dann sollte ich meine Hände nach vorn strecken, Handflächen nach oben. Jetzt leitete er mich an, ein Gebet zu sprechen, in dem ich Jesus um die Erfüllung mit dem Heiligen Geist bat. Ich betete ungefähr so: »Jesus, du hast damals in der Bibel deinen Leuten versprochen, dass du dieses Gebet erhörst. Darum bitte ich dich jetzt: Erfülle mich mit dem Heiligen Geist!« Dann umrundete mich Matthias, wie es die Indianer um ein Lagerfeuer machen, und das mit vergleichbaren Geräuschen. Zuerst fragte ich mich, ob er vielleicht doch einen »an der Marmel« hat und ich hier in einer komischen Psychoveranstaltung gelandet bin. Aber plötzlich empfand ich auch so eine Art warmes Licht um mich herum. Je mehr ich mich auf dieses Licht, auf diese Energie, konzentrierte, desto wärmer wurde es in mir. Und dann war ich auf einmal selbst wie weggetreten. Ich spürte, wie eine immer stärker werdende Kraft in mich strömte, und fing dabei leicht an zu zittern. Plötzlich wurde mir klar, dass Hemmungen in diesem Augenblick völlig überflüssig waren. Was hatte ich denn zu verlieren? Also öffnete ich meinen Mund und sagte so etwas wie: »Ah. Ah. Schaa!«
»Das ist es! Das ist es!«, rief Matthias begeistert.
»Ja, du hast es bekommen! Das sind die ersten Silben!«
Na ja, so richtig konnte ich seine Begeisterung nicht teilen. Wenn er in Sprachen betete, klang das wie Griechisch rückwärts für Fortgeschrittene. Bei mir klang es eher wie ein Stöhngeräusch auf der Toilette. Aber egal, es war ein Anfang gemacht, auf den man aufbauen konnte. Und er

hatte recht: Von dem Augenblick an entwickelte sich auch bei mir die Gabe des Sprachengebets ständig weiter, und ich bin ihm heute noch sehr dankbar dafür, dass er damals so leidenschaftlich für mich gebetet hat.

Es gab aber auch ein paar ganz praktische Schritte, die ich wegen meines neuen Glaubens nun gehen sollte. Bei einem dieser Treffen mit Matthias wurde mir klar, dass ich Dinge aus der Vergangenheit bereinigen sollte. Es war das eine, vor Jesus seinen Mist zu bekennen und um Vergebung zu bitten. Aber es war noch etwas anderes, die Leute, denen man direkt einen Schaden zugefügt hat, um Entschuldigung zu bitten.

So hatte ich an einem Abend den Gedanken, Gott möchte von mir, dass ich zu meinem Schulleiter gehe und ihm die Sache mit der Turnhalle bekenne. Ich hatte irgendwann erfahren, dass wir in der Nacht die ganze Halle vollkommen versifft und auch Sportgeräte zerstört hatten. Die Schulleitung hatte am nächsten Tag bei der Polizei Anzeige gegen Unbekannt erstattet, aber die Schuldigen wurden nie gefunden. Unser Schulleiter war andererseits dafür bekannt, konsequent zu sein. Die Chance, nicht nur die Säuberung und Instandsetzung bezahlen zu müssen, sondern auch von der Schule zu fliegen, war also groß. Und das kurz vor dem Abi! Ich fragte Lars und Matthias bei einem Jugendkreisabend, was sie von dem Gedanken hielten, und beide fanden, es wäre eine gute Idee. Wir beteten noch einmal zusammen, und am darauffolgenden Montag bat ich im Schulsekretariat um einen Termin. Drei Tage später war es dann so weit, und ich hatte einen ganz schönen Bammel. Ich zog meine besten Sachen an, kämmte mir einen Seitenscheitel und fuhr rechtzeitig für diesen Nachmittagstermin in die Schule. Die Vorzimmerdame meldete mich über die Sprechanlage bei unserem Schulleiter an. Ich klopfte an seine Tür, und nach einem scharfen »Herein!« betrat ich ehrfürchtig das Büro. Ich sah vor dem Fenster

einen großen Schreibtisch, auf dem viele Bücher verstreut herumlagen. Rechts und links waren Regale an den Wänden, ebenfalls bis zum Rand gefüllt mit Büchern. Der Schulleiter saß auf seinem großen braunen Bürostuhl und bedeutete mir mit einer Handbewegung, näher zu treten. »Was gibt's?«, fragte er kurz. Ich räusperte mich und sagte: »Es ist so, dass ich Ihnen etwas bekennen möchte. Ich bin jetzt seit ein paar Monaten ein Christ, und seitdem hat sich bei mir einiges verändert. Ich habe einen Neuanfang mit Gott gewagt, lebe jetzt mit Jesus und nehme keine Drogen mehr. Heute geht es mir so gut wie noch nie zuvor. Dieser Jesus hat mir letzte Woche klargemacht, dass ich noch einiges aus meinem alten Leben aufräumen muss, was nicht in Ordnung war. Darum bin ich hier. Erinnern Sie sich noch an die zerstörte Turnhalle letztes Jahr?«
Der Schulleiter nickte.
»Das waren ich und ein paar von meinen Freunden. Wir sind total betrunken nachts in die Halle eingebrochen. Ich will aber niemanden verpetzen und werde für die ganze Sache allein die Verantwortung übernehmen. Ich möchte mich für diese Tat hiermit bei Ihnen entschuldigen. Sehen Sie eine Möglichkeit, wie ich es wiedergutmachen kann? Durch meinen Job beim Zeitungsaustragen verdiene ich etwas Geld, mit dem ich für den entstandenen Schaden aufkommen werde. Außerdem hatte ich noch die Idee, dass ich ab sofort bis zum Rest meiner Schulzeit einmal in der Woche die ganze Turnhalle freiwillig fege und wische. Wenn es noch weitere Sachen gibt, die ich zur Wiedergutmachung tun soll, sagen Sie es mir bitte, ich bin zu allem bereit!«
Ich habe unseren Schulleiter niemals, weder vorher noch nachher, so lange schweigend mit offenem Mund sitzen sehen. Er sprach eine ganze Zeitlang kein Wort und saß bewegungslos hinter seinem Schreibtisch. Schließlich stand er von seinem Bürostuhl auf und trat mir entgegen.

»Herr Dreyer«, sagte er mit ernster Miene, »in meinen zwanzig Jahren als Schulleiter ist mir so etwas noch nie passiert! Sie sehen mich gerade etwas sprachlos, aber ich freue mich natürlich über diese Wende in Ihrem Leben. Ich habe das jetzt nicht mit dem Kollegium abgesprochen, aber für mich ist die Sache damit erledigt. Wir werden die Anzeige bei der Polizei zurückziehen. Sie haben einen Neuanfang gewagt, und ich will diesem Anfang nicht mit einer Strafe im Wege stehen!«

Er drückte ganz fest meine Hand und wies mir den Weg zur Tür. Als ich mich noch einmal umdrehte und ihn ansah, glaubte ich das Blitzen einer kleinen Träne in seinem Auge zu erkennen. Ich verließ überglücklich das Büro und sang auf dem Rückweg auf meinem Fahrrad so laut, dass die vorbeigehenden Fußgänger wohl dachten, ich hätte gerade an einer Schlagerveranstaltung teilgenommen oder einen über den Durst getrunken.

Reifeprüfung

Mit meiner Entscheidung für den Glauben an Jesus wurden auch meine Schulleistungen schlagartig besser. Ich hatte Spaß am Leben und entwickelte sogar ein Interesse für die Dinge, die wir gerade durchnahmen. Im Biologie-Leistungskurs hatten wir gerade das Thema »Evolutionstheorie«. Als die Lehrerin dem staunenden Kurs erklärte, dass alles Leben nur der Aneinanderreihung von gigantisch vielen Zufällen zu verdanken ist, war ich extrem herausgefordert. In meiner Bibel stand doch, dass Gott Himmel und Erde gemacht hat! Also stieg ich voll auf das Thema ein, organisierte mir Berge von Literatur und diskutierte fleißig mit. Für mich war klar, dass man für »Zufall« auch »Gott« setzen konnte und dass dies sogar sehr viel plausibler sei als die Evolutionstheorie. Immer wieder erlebte ich in Gesprächen auch außerhalb der Schule, dass Menschen sagten, Jesus könne es nicht geben, denn die Evolutionstheorie hätte bewiesen, dass es einen Gott nicht gibt. Am Ende des Schuljahres gab es dann noch etwas Luft im Lehrplan, und mutig fragte ich unsere Lehrerin, ob ich in dieser Zeit nicht einmal ein Referat gegen die Evolutionstheorie halten könne. Sie war einverstanden, und so übernahm ich sogar für ganze zwei Wochen den kompletten Unterricht. Dabei war mir wichtig, nur wissenschaftliche Argumente gegen die Evolutionstheorie vorzubringen. Es war klar, dass ich mit einer religiösen Begründung keinen Blumentopf gewinnen würde. So ging es in meinem Referat zum Beispiel um die mathematische Wahrscheinlichkeit der Entstehung der ersten Zelle oder um die Tatsache, dass es nach der Wahrscheinlichkeitsrechnung kaum möglich sein kann, dass Mutationen, die sich normalerweise immer negativ auswirken, zur Entstehung von ganz neuen Tierarten beitragen können. Nach eingehender Recherche fand ich unzähliges Material, mit dem ich gut arbeiten konnte. Als die zwei Wochen um waren, saßen mir achtzehn sprachlose Gymnasiasten und eine noch sprachlosere Lehrerin gegenüber. »Ja, aber wenn die Evolutionstheorie nicht stimmt, wie ist denn dann das Leben entstanden?«, stammelte eine Schülerin vor sich hin. Auf die Frage hatte ich nur gewartet. »Ich glaube, dass es dort, sagen wir mal, einen Logos gibt, ein geniales, schöpferisches, übernatürliches Wesen. Dieser Logos hat das ganze Leben designed und entwickelt!«, sagte ich. »Und dieses Wesen hat alles nach ähnlichen Bauplänen geschaffen, daher gibt es auch die Ähnlichkeiten in den einzelnen Arten. Das ist für mich auch aus naturwissenschaftlicher Perspektive viel wahrscheinlicher!« Dann fing ich

an, von Jesus zu erzählen, wie er nach den Berichten der Bibel vom Anfang der Schöpfung an dabei gewesen ist, dass es ihn wirklich gibt und ich ihn gerade erst kennengelernt hatte. Die Benotung von meiner Lehrerin für das Referat war dann doch eine Überraschung. Ich bekam fünfzehn Punkte, eine Eins plus!
1985 hatten wir dann unsere Abiprüfung, und ich büffelte wie verrückt den ganzen Stoff, den ich die Jahre vorher nicht gelernt hatte. Ich glaube, dass Gott einem auch in Prüfungen helfen kann, aber man muss schon seinen Teil dazu beitragen und intensiv lernen. Ich habe jedenfalls alle Prüfungen geschafft, zum Teil mit so guten Noten, wie ich sie vorher noch nie bekommen hatte.
Als wir dann unsere Abifeier planten, gab es ein Treffen aller Schüler im großen Hörsaal. Es wurde über den Ablauf der Feier gesprochen, und wir mussten auch darüber abstimmen, wer die Abirede halten sollte. Zu meiner Überraschung wurde ich mit zwei anderen Schülern aufgestellt. Früher war ich ja eher ein Außenseiter gewesen, und jetzt sollte ich die Abirede halten? Die beiden anderen Schüler waren viel besser für diesen Job geeignet als ich. Einer der beiden anderen Kandidaten war ein Junge, der bereits Erfahrung als Laienschauspieler gemacht hatte und sehr gut reden konnte; er hieß Jörg Pilawa. Nachdem man die Stimmzettel eingesammelt hatte, wurde es sehr still im Saal, und alle warteten gespannt auf das Ergebnis. Ich hielt meine Kandidatur eher für einen Witz und wollte schon den Raum verlassen, als dann das Komitee das Ergebnis vortrug. »Die Wahl als Redner für unsere Abifeier hat gewonnen: Martin Dreyer!« Großer Jubel ertönte, viele Mitschüler klopften mir auf die Schulter und freuten sich. Das war natürlich eine echte Überraschung, und es hatte für mich auch eine tiefere Bedeutung. Denn ohne Jesus war ich in der Schule eine Nullnummer gewesen. Vielleicht galt ich als Szenetyp, aber doch eher als ein Verlierer, den

keiner ernst nahm, über den die Leute lachten. Aber mit Jesus und der Veränderung, die der Glaube in mir bewirkt hatte, war ich plötzlich eine anerkannte Persönlichkeit, jemand, vor dem die Mitschüler Respekt hatten und von dem man sogar die Abirede hören wollte.

Bei der Feier hielt ich dann die Ansprache nicht allein, sondern gemeinsam mit meinem Freund Sven. Unser Vortrag lief perfekt. Es gab viele Lacher und einen langen, anhaltenden Applaus von den anwesenden Eltern, Schülern und Lehrern.

Mitten in der anschließenden Feier tauchte ganz unerwartet der Schulleiter am Tisch unserer Familie auf. Er nahm meine Hand und drückte sie dabei so fest, dass ich das Gefühl hatte, meine Finger fallen gleich ab. »Herr Dreyer, eines muss ich Ihnen an diesem besonderen Tag noch einmal sagen: Wir im Lehrerkollegium hatten es alle nicht für möglich gehalten, dass Sie einmal das Abitur schaffen würden!« Gut zu wissen, dass es aber jemanden gab, der die ganze Zeit an mich geglaubt hat und für den alles möglich war, sogar dass ich das Abitur mit der Note 2,3 schaffe. Und dieser Jemand war Jesus.

6 RÜCKSCHLÄGE

Auf der Suche nach Zielen

Nach der Schule kam bei mir sofort die Idee auf, ob ich jetzt nicht auch studieren sollte. Vielleicht hatte Jesus mich durch das Abitur gebracht, weil er es für eine gute Idee hielt, dass ich an der Uni weitermache? Nach einigen Überlegungen bewarb ich mich für die Fächer Theologie und Biologie für das höhere Lehramt. Da unser Religionsunterricht in der Schule immer sehr langweilig gewesen war, wollte ich zeigen, wie man daraus eine ganz spannende Veranstaltung machen kann. Und natürlich wollte ich im Unterricht auch von einem attraktiven Glauben an Jesus schwärmen. Außerdem hatte ich die Hoffnung, durch das dafür notwendige Theologiestudium noch einiges für meinen eigenen Glauben lernen zu können. Leider war aber eher das Gegenteil der Fall. An der Hamburger Uni wurde zu der Zeit ein Theologiestudium angeboten, das eher glaubenstötend als glaubensfördernd war. Ich kann mich noch gut an ein Hebräisch-Seminar im ersten Semester erinnern. Wir saßen in einem klassenähnlichen Raum mit zwanzig Tischen, einem Lehrerpult und einer grünen Tafel. Es ging in der Stunde um das Wort *Dabar*. »Dabar«, so dozierte der Professor, »ist das Prophetenwort. Wenn ein Prophet etwas von Gott hört und das der Gemeinde weitersagt, dann spricht er immer dieses *Dabar!*« Nun erzählte uns der Professor, dass *Dabar* auch immer so gemeint ist, dass man etwas in die Realität spricht, was vorher noch keine Realität war. Sagt der Prophet zum Beispiel: »Das Wasser ist rot«, so wird es rot nur dadurch, dass er es ausgesprochen hat. Er verglich das mit den schöpferischen Worten, die Gott ausgesprochen hat, um die Welt entstehen zu lassen. In der Bibel steht, Gott sprach: »Es werde Licht«, und nur durch dieses Sagen ist das Licht entstanden. Da meldete sich eine Studentin und fragte: »Ach, dann ist das also so, dass die ganze Bibel im Sinne von diesem *Dabar*wort geschrieben wurde? Die Schreiber der Bibel wollten, dass es genau so passiert ist, und haben es deswegen aufgeschrieben. Durch das Aufschreiben wurde es dann erst Realität?« Der ganze Kurs, inklusive ich selbst, starrte gebannt auf den Professor. Denn eins war klar: Versteht man die Bibel auf diese Art und Weise, dann handelt es sich doch letztendlich nur um ein großes Märchenbuch. Die Texte wären nur aufgeschrieben worden, weil Leute gerne wollten, dass es so passiert ist, auch wenn das faktisch gar nicht der Fall war. Und der Professor antwortete tatsächlich: »Ja, so kann man das sehen!« Alle Studenten nickten einvernehmend und wollten wieder zur Tagesordnung übergehen. Nur ich hob die Hand und protestierte: »Das kann doch nicht Ihr Ernst sein! Damit würden Sie ja behaupten, dass die ganze christliche Religion letztendlich nur auf guten Wünschen aufgebaut ist und dass es Gott gar nicht gibt!« Nach langer Diskussion nahm der Professor seine Aussage teilweise wieder zurück. Aber hätte ich nicht protestiert, die Studenten hätten es einfach abgenickt, gelernt und als Fakt in ihr Leben übernommen.

Da ich mir das Studium selbst finanzieren musste, suchte ich mir einen Job als Verkäufer an der Kasse in einer Tankstelle. Ich übernahm die Nachtschicht und arbeitete von zweiundzwanzig bis sechs Uhr morgens. Das hatte zur Folge, dass ich tagsüber immer völlig übermüdet in den Vorlesungen saß und verzweifelt darum kämpfte, die Augen offen zu halten. Dieser Kampf war hart, und trotz

literweisen Kaffees gewann ich ihn nicht immer. An einem Tag bekam ich in der Mensa ein Gespräch von zwei Kommilitonen mit, in dem es augenscheinlich um mich ging.
»Hast du wieder den Langen gesehen, der in jeder Vorlesung einpennt?«
»Ja, stimmt, neulich hat er sogar geschnarcht …!«
Dieser zweifelhafte Ruhm gab mir dann doch zu denken, und ich entschied mich, auch weil ich keinen Zugang zu dieser Art von Theologie fand, das Studium abzubrechen. Soweit es mir möglich war, ging ich weiter in den Jugendkreis Jona und kam dann irgendwann auch in den Mitarbeiterkreis der Gemeinde. Ich wurde sogar gefragt, ab und zu einmal die Andacht zu halten und eine Kleingruppe zu leiten. Dieser Dienst für Gott machte mir großen Spaß. Eine Aufgabe zu haben, tat auch meinem Glauben gut. Im Jugendkreis hatte ich auch gelernt, dass es hilfreich ist, eine regelmäßige geistliche Routine im Leben zu entwickeln. Dazu gehörte, jeden Tag in der Bibel zu lesen und sich eine feste Zeit fürs Gebet zu reservieren. Ich begann so eine Art Gebetstagebuch, wo ich alle meine Gedanken, die mir in der Gebetszeit kamen, reinschrieb. Dass Gott in diesen Gebetszeiten auch mit mir reden will, hatte ich ja schon von Matthias gelernt. So versuchte ich immer, ein paar Minuten nach dem Beten zu schweigen, in der Hoffnung, dass ich einen Gedanken haben würde, der von Jesus kam. Im Rückblick würde ich sagen, dass viele dieser Worte, die ich dann aufgeschrieben habe, wohl doch nur aus meinem Unterbewusstsein stammten. Aber manches, da bin ich mir sicher, kam auch direkt vom Himmel. Es ist ein lebenslanger Prozess, bei diesem Hören auf Gott unterscheiden zu lernen, was jetzt tatsächlich von ihm ist und was nicht. Je länger man mit Gott lebt, desto besser kann man seine Stimme von den eigenen Gedanken unterscheiden. Ich lernte für mich, dass die Worte, die mir im Gebet kamen, oft keinen göttlichen Ursprung hatten, wenn ich

sie schnell wieder vergaß. Aber manchmal hatte ich auch Worte im Kopf, die eine besondere Kraft besaßen. Sie regten meine Emotionen an, machten mich betroffen oder glücklich und brannten sich tief in mein Bewusstsein ein. Eines Tages bekam ich in meiner Arbeit im Mitarbeiterkreis folgendes Wort aus dem ersten Petrusbrief: »Ich werde Aussprüche Gottes in deinen Mund legen!« Um solche Worte zu prüfen, hatte ich mir ja ein Gebetstagebuch zugelegt, in das ich nun notierte: »Jesus will Aussprüche Gottes in meinen Mund legen!« Für mich hieß das: Gott will durch meinen Mund zu Menschen reden. Neben diesem Wort gab es noch andere Hinweise, die in die gleiche Richtung gingen. Meine Mutter erzählte mir zum Beispiel, dass sie beim Beten für mich plötzlich ein Bild vor ihrem inneren Auge sah. In diesem Bild sah sie mich mit einem großen Lichtschwert in der Hand, und Gott sagte ihr: »Dieses Schwert ist das Wort Gottes, das Martin in der Hand hält!« Im selben Zeitraum kamen drei unterschiedliche Leute aus der Gemeinde zu mir und sagten: »Ich glaube, dass Gott dich in seinem Dienst haben will! Er hat etwas mit dir vor!« Und: »Ich hab für dich gebetet, und dann hab ich ein paar Schuhe gesehen, und Gott will dir damit sagen, du sollst die Schuhe der Bereitschaft anziehen, das Wort Gottes zu verkünden.« Dieser Ausdruck »die Schuhe der Bereitschaft anziehen, um das Wort Gottes zu verkünden« stammt aus der Bibel. Er steht im Brief an die Epheser. Auch wenn das für mich überhaupt nicht vorstellbar war, gingen mir diese ganzen Bilder und Eindrücke nicht mehr aus dem Kopf. Ich ahnte nicht, dass sie einmal eine große Bedeutung für mich bekommen würden.
Kurze Zeit nach meiner Exmatrikulation lag auch schon ein grüner Brief in unserem Postkasten: »Einladung zur Musterung«. Da ich nun ein Christ war, dachte ich, es wäre ganz selbstverständlich, den Kriegsdienst zu verwei-

gern. Jesus und der Dienst an der Waffe? Das geht doch nicht zusammen! Aber dann kamen mir in Gesprächen mit Freunden aus der Gemeinde doch Zweifel, ob das die richtige Entscheidung war. Schließlich gab es bei der Bundeswehr auch viele Männer, die noch nie etwas von Jesus gehört hatten. Zwischen Schule und Beruf kommen die Soldaten dort zum ersten Mal zum Nachdenken über den Sinn ihres Lebens. Vielleicht wollte Gott ja von mir, dass ich doch zum Bund gehe, um den Soldaten von Jesus zu erzählen? Es könnte ja auch sein, dass diese Vision von meiner Mutter mit dem Schwert auch die Bedeutung hatte, dass Gott mich bei der Bundeswehr haben wollte?

In einem Beratungsgespräch beim Kreiswehrersatzamt machte man mir dann das Angebot, für zwei Jahre als Soldat auf Zeit bei der Marine anzuheuern. Ich fühlte mich natürlich geehrt, denn dieses Angebot bekam nicht jeder. Und es brachte, im Gegensatz zum normalen Wehrdienst, auch einige Vorteile. Zum Beispiel würde ich ordentlich verdienen. Außerdem waren die zwei Jahre nur sechs Monate mehr als die normale Wehrdienstzeit von achtzehn Monaten. Zudem konnte ich damit meinen Vater beeindrucken. Er hatte im Zweiten Weltkrieg in der Marine unter anderem in einem U-Boot-Geschwader gedient und fand natürlich, dass es eine gute Sache wäre, wenn der Sohn ebenfalls auf See seinen Dienst ableisten würde. Also stellte ich den Antrag beim Kreiswehrersatzamt und wurde nach eingehender Prüfung tatsächlich angenommen.

Der Grundwehrdienst fand in der Marineschule in Eckernförde statt. Ich wurde ins Schnellbootgeschwader gesteckt und sollte dort zum Waffenleiter ausgebildet werden. Dieser Dienst sah vor, dass wir im Ernstfall vom Schnellboot aus Torpedos per Fernlenkung abfeuern sollten. Aber wir mussten auch die Zieleinstellung und den Abschuss von computergestützten Raketenflugkörpern und Achtzig-Millimeter-Geschossen lernen.

Die Zeit in Eckernförde war der Horror. Da stand der »Freak Martin« nun in blauer Marineuniform, schwarzen Lederschuhen und einem »Schiffchen« auf dem Kopf. Bereits bei der Musterung wurde ich vom Kommandanten laut zur Schnecke gemacht, nur weil ich nicht richtig in Reih und Glied stand. Ich kam mit Befehl und Gehorsam überhaupt nicht zurecht und eckte überall an. Der Druck, der auf die neuen Soldaten ausgeübt wurde, ließ viele Matrosen nach Dienstschluss in den Alkohol- und Drogenkonsum flüchten. Da ich wegen meines Glaubens an Jesus dabei nicht mitmachen wollte, blieb ich in der Gemeinschaft außen vor. Viele betrachteten mich als »komischen Vogel«, ich hatte keine Freunde und war sehr einsam.
Um aus der Situation herauszukommen, meldete ich mich beim Sanitäter. Meine Knie taten mir etwas weh, und ich dichtete noch ein paar chronische Schmerzen hinzu. Die Untersuchungen beim Arzt brachten keine konkreten Ergebnisse, aber schließlich wurde ich »borddienstuntauglich« geschrieben und nach Glückstadt versetzt. In Glückstadt gab es einen Marineküstendienst mit einem großen Verwaltungsapparat. Ich erhielt den Befehl, mich dort bei der Versorgung zu melden, wo ich die restliche Zeit meines Wehrdienstes ableisten sollte. Auch hier gab es reichlich Alkohol und Drogen, aber es war von der Entfernung her nicht so weit nach Hamburg wie zuvor. Glückstadt und Hamburg lagen nur rund eine Autostunde auseinander. So konnte ich wenigstens am Wochenende ab und zu nach Hause. Anstatt aber wieder Kontakt mit der Gemeinde aufzunehmen, traf ich mich in Hamburg mit ein paar alten Kifferfreunden, die ich noch aus der Schulzeit kannte. Besonders mit Frank. Irgendwann sprachen wir davon, ob es nicht sinnvoll wäre, Deutschland zu verlassen und auszuwandern. Schnell war auch klar, wo wir hinwollten: Ägypten! Frank hatte gehört, dass man dort gut untertauchen könne, und als Deutscher gebe es

immer die Möglichkeit, einen Job zu finden. In den folgenden Wochenenden trafen wir uns immer wieder, kifften und redeten über Ägypten. Unsere Pläne wurden immer konkreter, wie sparten Geld, und irgendwann hatten wir genug zusammen und buchten den Flug. Für mich hätte das bedeutet, dass ich als Fahnenflüchtiger gesucht werden würde. Aber das war mir egal, ich wollte nur noch weg. Das Feuer in meinem noch jungen Glauben an Jesus war inzwischen wieder erkaltet. Durch die dauerhafte Trennung von der Gemeinde fehlten mir der Input und die Gemeinschaft mit anderen Christen. Ich betete kaum noch und war auch lange in keinem Gottesdienst mehr gewesen.

Frank und ich machten ein Datum ab, wann es losgehen sollte. Am nächsten Tag hatte er bereits die Flugtickets abgeholt, am übernächsten Samstag wollten wir uns frühmorgens am Flughafen treffen.
Am Donnerstag vor diesem entscheidenden Datum war ich zu einer Geburtstagsparty eines Gemeindemitglieds eingeladen. Da mein Leben gerade nicht sehr christlich war, hatte ich eigentlich keine große Lust, dorthin zu gehen. Schließlich zog ich aber doch meine Jacke an und machte mich auf den Weg. Kaum hatte ich die Wohnung betreten, steuerte ich geradewegs auf das kalte Buffet zu und füllte meinen Pappteller mit reichlich Nudelsalat. Dann setzte ich mich auf ein Sofa im Wohnzimmer und begann zu essen. Auf einmal fiel mein Blick auf eine total süße Frau, die mir schräg gegenüber auf einem Sessel saß. Sie hatte etwas rötliche Haare, viele Sommersprossen und ein sehr schönes Lachen. Wir kamen ins Gespräch, und ich erfuhr, dass sie Ulrike hieß und seit einiger Zeit ebenfalls zur Gemeinde gehörte. Auf einmal, ohne große Vorwarnung, war da plötzlich so ein Funkenflug, wir strahlten uns gegenseitig an und konnten gar nicht aufhören, miteinander zu reden. Schließlich stand sie auf und sagte:

»Ich muss jetzt leider gehen, wollen wir morgen telefonieren?«

»Klar, gern!«, antwortete ich und schrieb ihr schnell meine Telefonnummer auf einen Zettel. Ich brachte sie noch zur Tür, und für den Rest des Abends schlug mein Herz um einige Takte schneller. Das Lachen und auch die lustigen Sommersprossen gingen mir nicht mehr aus dem Kopf. Spät in der Nacht lag ich noch wach in meinem Bett und dachte an sie. Eins war jetzt schon klar: Ich hatte mich ganz heftig verliebt.

Umkehr

Der Tag meiner Flucht rückte immer näher. Frank hatte bereits seine Koffer gepackt und alles Weitere gut vorbereitet. Aber ich wusste auf einmal nicht mehr, ob ich wirklich aus Deutschland fliehen wollte. Ulrike und ich telefonierten täglich miteinander, und mein Herz brannte lichterloh. Schließlich war der Tag vor unserer Abreise gekommen, und ich saß in Hamburg in meinem Zimmer. Ulrike war gekommen, und nach einer Weile erzählte ich ihr von den Flugtickets, von Frank und von unseren Plänen, nach Ägypten auszuwandern. »Nein, Martin, du kannst mich jetzt nicht verlassen!«, sagte sie immer wieder. »Bist du dir sicher, dass du das wirklich machen willst?« Dann klingelte das Telefon: Frank war am Apparat: »Martin, alles klar?« Ich war hin- und hergerissen. Sollte ich mich wirklich auf Ulrike einlassen? Sollte ich in Deutschland bleiben? Sollte ich Frank absagen oder mit ihm nach Ägypten gehen? Schließlich brach ich unter Tränen zusammen. Gemeinsam gingen wir zu meinen

Eltern ins Wohnzimmer und erzählten ihnen alles: von meinen Reiseplänen, meiner miesen Zeit beim Bund und auch, dass ich schon länger wieder Drogen nahm. »Lass uns beten«, schlug meine Mutter vor. Also beteten wir gemeinsam, ich bat Gott um Vergebung, und meine Eltern und Ulrike sprachen noch ein Segensgebet für mich. Noch am Abend rief ich Frank an und sagte die Reise ab.
Von diesem Zeitpunkt an hatte ich wieder Boden unter den Füßen. Die letzten Monate beim Bund versuchte ich meinen Dienst immer so zu legen, dass ich von Freitag bis Sonntag in Hamburg sein konnte. Das verschaffte mir die Möglichkeit, wenigstens ab und zu in den Gottesdienst zu gehen und den Kontakt zur Gemeinde wiederherzustellen. Der Glaube wird in der Bibel an einigen Stellen mit dem Wachstum einer Pflanze verglichen. Meine Beziehung zu Jesus brauchte die Nähe zur Gemeinde und zur Gemeinschaft mit anderen Christen. Ich denke, das gilt für alle Christen und ist eigentlich normal. Ein Gläubiger ohne Gemeinde läuft Gefahr, dass sein Glaube vertrocknet und abstirbt. Die Pflanze des Glaubens braucht Wasser, Nahrung und Licht, damit die Wurzeln in die Tiefe wachsen können.
Ulrike und ich wurden ein Paar, und wir verbrachten in den kommenden Monaten viele Stunden miteinander.

Neue Aufgaben

Bei einem meiner letzten Heimaturlaube erfuhren wir von einem Freund, dass an diesem Wochenende eine besondere Veranstaltung in einer Gemeinde in Hamburg-Altona stattfinden sollte. Ein Mann, der David Pierce hieß und als

Missionar von der internationalen Organisation *Jugend mit einer Mission* kam, war als Sprecher eingeladen. Er hatte mit Punks in Amsterdam gearbeitet und wollte von seinem Dienst erzählen.

Das Treffen fand in einem eher kleinen Raum im Keller einer Baptistengemeinde in Altona statt. Als wir dort eintrafen, war der Raum bereits so voll, dass wir uns einen Platz auf dem Boden suchen mussten. David sah von seiner Kleidung her eher sportlich als punkig aus. Er hatte halblange schwarze Haare, ein schmales Gesicht und trug ein weißes T-Shirt, eine schwarze Lederjacke und Bluejeans. Aber seine Worte brannten wie Feuer, und seine Ausstrahlung faszinierte mich sofort. David berichtete vom Steigerteam in Amsterdam und von einem Hausboot hinter dem Hauptbahnhof, auf dem er seit einiger Zeit ein *Rock 'n' Roll Biblestudy* abhielt. Er erzählte von seiner christlichen Punkband *No longer Music,* von Punks und Skinheads, die in Amsterdam durch seine Arbeit zum Glauben an Jesus gefunden hatten. Dann sprach er von Einsätzen in der Stadt, wo er in der Fußgängerzone aus einem Sarg sprang. Und er erzählte von einer Wohngemeinschaft in Amsterdam, die den Namen *De Ark* trug, was übersetzt *Die Arche* heißt. Ich saß wie gebannt auf dem Boden und las ihm förmlich jedes Wort von den Lippen ab. Seine Erzählungen begeisterten mich. Und mir kamen Fragen, die ich mir vorher noch nie gestellt hatte. War es wirklich möglich, Punk und trotzdem Christ zu sein? Gibt es vielleicht doch noch andere Formen, Menschen für den Glauben an Jesus zu begeistern, als Pantomime, Straßentheater und Grundkurse des Glaubens? Mir war klar, dass ich meine alte Szene zum Beispiel mit Pantomime nicht erreichen würde. Pantomime war eher peinlich als ansprechend. Am Ende sagte David noch, wer sich von seiner Predigt angesprochen fühle, solle nach vorn kommen und mit ihm beten. Ich sprang sofort auf, rannte

regelrecht nach vorn und kniete mich auf den Boden. Er betete für ein paar Leute, unter anderem auch für mich. Nach der Veranstaltung wartete ich am Ausgang eine Weile, weil ich mit David noch persönlich sprechen wollte. Schließlich erzählte ich ihm von meiner Lebensgeschichte, dass ich früher auch mal ein Vorstadtpunker gewesen war und dann Christ geworden bin. »Martin, come to Amsterdam!«, sagte er sofort und strahlte mich dabei an. »We need you there! You can come at any time! I want you to preach on our boat! Please come, and help us in our team!« (Martin, komm nach Amsterdam! Wir brauchen Dich dort! Du kannst jederzeit kommen! Ich möchte, dass du auf unserem Boot predigst! Bitte komm, und unterstütze unser Team!)
Seine Einladung ging mir wochenlang nicht mehr aus dem Kopf. Ich sprach mit Ulrike und meinen Eltern über die Idee, einmal ein Praktikum im Steigerteam von *Jugend mit einer Mission* in Amsterdam zu machen. Für einige Wochen brütete ich über diesen Gedanken, aber dann schrieb ich David schließlich einen Brief und meldete mich für ein Praktikum von sechs Wochen im Steigerteam Amsterdam an. Die Antwort ließ nicht einmal eine Woche auf sich warten. Kurz darauf war alles perfekt, ich hatte eine offizielle Einladung in der Tasche und fuhr mit der Bahn im Sommer 1987 zu meinem ersten missionarischen Einsatz nach Holland.

7 STRASSENMISSION

Praktikum am Steiger 14

Meine Bahn fuhr pünktlich im Amsterdamer Hauptbahnhof ein. Es war mein erster Besuch in dieser Stadt, und ich war sehr gespannt, was mich dort erwartete. Ich stieg aus und schlenderte mit meiner Tasche Richtung Ausgang. Die Halle war voller Menschen, mir fielen die vielen ausländischen Touristen auf. Vor dem Bahnhof gab es einen großen Platz, wo allerlei Straßenverkäufer, Jongleure, Bettler und auch Dealer ihr Unwesen trieben. Ich kaufte mir an einem Stand eine Tüte Pommes mit Mayo und machte mich auf die Suche nach der U-Bahn, denn der Ort, an dem ich schlafen sollte, lag außerhalb von Amsterdam im sogenannten *De Bijlmer*. In meine Tasche hatte ich außer meiner Bibel noch ein paar Kleidungsstücke gepackt, die ich schon viele Jahre nicht mehr angehabt hatte. Aus irgendwelchen Gründen hatte ich nicht alle meine alten Punk-Sachen weggeschmissen. Boots, zerrissene Jeans, eine schwarze Jacke und sogar mein gelbschwarz gestreifter Pulli lagen die ganze Zeit in einer Ecke meines Schranks. Jetzt hatte ich die Sachen extra für diese Reise wieder rausgekramt. Vom Hauptbahnhof aus dauerte es fast eine Stunde bis zu meinem Ziel. Eine Sekretärin von David Pierce hatte mir die Adresse in einem Brief mitgeteilt, wo ich während meines sechswöchigen Praktikums wohnen sollte. Als ich schließlich vor dem Häuserkomplex stand, war ich doch etwas überrascht. *De Bijlmer* ist ein Wohnkomplex, der erst in den Siebzigerjahren aus dem

Boden gestampft worden war. Ursprünglich hatten die Städteplaner vor, dass hier viele Menschen aus der gehobenen Mittelschicht wohnen sollten. Die Architektur war außergewöhnlich, alle Hochhäuser bestanden aus zickzackförmigen Gebäuden, die knallig in Orange und Grün gestrichen waren.

Aber der Strukturwandel machte den Planern einen Strich durch die Rechnung, und aus *De Bijlmer* wurde mehr oder minder ein Ghetto mit vielen Bewohnern aus einem sozial schwachen Milieu und mit einem überdurchschnittlich hohen Ausländeranteil. Um zu meiner Wohnung zu gelangen, musste ich erst einmal den richtigen Flur und dort den richtigen Eingang finden. Es war schon etwas unheimlich, nachts in dieser Gegend allein durch solch eine Betonwüste zu irren. Das Licht war nicht gerade hell, und ich rechnete jeden Augenblick damit, von irgendeinem Junkie überfallen zu werden. Die Wände waren mit Graffiti übersät. Ich musste ständig auf den Boden schauen, um nicht aus Versehen auf einen Kaugummi oder in einen Hundehaufen zu treten. Schließlich fand ich das Haus, stieg in den Fahrstuhl und fuhr in den fünften Stock. Im Fahrstuhl roch es so stark nach Urin und anderen Körperausdünstungen, dass ich versuchte, so wenig wie möglich zu atmen. Oben angekommen, musste ich noch einen sehr langen, balkonartigen Gang an der Außenwand des Gebäudes entlanggehen. Es dauerte eine Weile, bis ich die richtige Wohnungstür gefunden hatte. Nach mehrmaligem Klingeln öffnete mir schließlich ein großer, blonder Punk die Tür. Er hatte seine Haare steil nach oben zu einem Iro toupiert, trug schwarze Lidschatten und ein großes buntes Tattoo auf seinem linken Oberarm. »Hey, you must be Martin!«, lachte er mich freundlich an. »Come in! My name is Olaus, I come from Norway and I work with Steiger now for one year.« (Komm rein! Ich heiße Olaus und komme aus Norwegen. Ich arbeite jetzt seit einem Jahr im

Steigerteam). Als Erstes zeigte mir Olaus meinen Platz, wo ich schlafen sollte. In dem Apartment gab es neben dem Wohnzimmer und der Küche noch drei weitere kleine Zimmer. Ich bekam eines davon zugewiesen. Der Raum war definitiv renovierungsbedürftig. Mein Vorgänger hatte wohl versucht, die hässliche gelbbraune Omatapete von den Wänden zu entfernen, hatte aber auf halber Strecke aufgegeben. In einer Ecke lag eine alte Matratze auf dem kahlen Fußboden, daneben eine umgedrehte Bierkiste mit einer kleinen Lampe drauf. Oben aus der Decke kamen zwei Kabel, an denen eine Vierzig-Watt-Glühbirne befestigt worden war. Es roch etwas feucht und muffig, aber das war mir egal. Dies sollte also mein Zuhause für die nächsten sechs Wochen werden.
Am nächsten Tag fuhr ich mit Olaus und zwei anderen jungen Männern in die Innenstadt von Amsterdam zu meinem ersten Teamtreffen. Das Meeting fand in einem großen Raum im Gebäude von *Youth with a Mission* statt, das in der Nähe vom Hauptbahnhof lag. In der Mitte des Raumes stand ein sehr großer, runder Tisch mit gut zwei Dutzend Stühlen. Nach und nach traf das Team um David Pierce ein. Einer von ihnen war Brain, der wohl bestgestylte Punker, den ich jemals gesehen habe. Er hatte den absolut perfekten Irokesenhaarschnitt, der in einem exakten Neunzig-Grad-Winkel steil nach oben abstand. In der Mitte des »Iros« waren zentimetergenau zwei hellrote Streifen eingefärbt. Dazu trug er ein weißes kurzärmeliges T-Shirt mit irgendeinem Symbol vorne drauf, enge Jeans und schwarze Doc-Martens-Schuhe. Brain begrüßte mich sehr freundlich, und ich erfuhr, dass er der Gitarrist von *No longer Music,* kurz: *NLM,* war. Er stellte mir nun die anderen Teammitglieder vor. Unter anderem April, eine Straßenpunkerin aus den USA. April wohnte in einem der besetzten Häuser in Amsterdam und besaß dadurch einen guten Kontakt zur Szene. Sie hatte hochstehende grüngel-

be Haare und trug immer eine kleine Kette im Gesicht, die am einen Ende mit ihrem Nasenring und am anderen Ende mit ihrem rechten Ohrläppchen verbunden war. Auf ihrer linken Schulter saß meistens *Fury,* ihre weiße Ratte. *Fury* verschwand immer mal wieder in einem von Aprils Ärmeln oder unter dem Kragen. April liebte es, *Fury* mit Brot aus ihrem Mund zu füttern. Das sah dann so aus, dass sie eine Brotkrume zwischen ihre Lippen nahm und dann mit einem Schnalzen die Ratte anlockte. *Fury* kam sofort aus dem Ärmel hochgekrabbelt, setzte sich auf Aprils Schulter, nahm das Stück Brot aus ihrem Mund und fraß es genüsslich auf. Von weitem hatte man aber das Gefühl, als würde die Ratte April hingebungsvoll küssen.
Dann saß dort auch Russel, ebenfalls aus den USA. Er war der zweite Gitarrist von *NLM* und sah relativ normal aus. Meistens lief er in einem Holzfällerhemd und Jeans rum. Aber seine Gitarrenkünste waren herausragend, und viele der Songs von *NLM* stammten aus seiner Feder. Meinem Gefühl nach war er mit Abstand der beste Musiker der Band. Russel war der Sohn eines Missionarsehepaares und für ein Jahr nach Amsterdam gekommen. Am Schlagzeug spielte damals noch Olaus, mein neuer Freund und Zimmernachbar. Der Bass wurde von Martijn gezupft, einem konventionell gekleideten Niederländer. Die Band war, wie bereits gesagt, entstanden, weil David Pierce über viele Jahre die Erfahrung gemacht hatte, dass man in Amsterdam mit den herkömmlichen Methoden der Mission viele junge Menschen nicht mehr erreichen konnte. So kam David auf die Idee, eine Punkband zu gründen, die ihre Musik mit der Möglichkeit verbindet, eine Predigt über Jesus zu halten. In Amsterdam stehen im Sommer an jeder Ecke Straßenbands, die mehr oder weniger gute Musik machen, und es bleiben immer Leute stehen und hören eine Weile zu. Er beschloss also, sich mit drei Kollegen aus der Mission einfach mal zum Proben zu treffen. In der ers-

ten Formation war damals ein Schlagzeuger dabei, der nur E-Piano spielen konnte, ein Gitarrist, der eigentlich ein Bassist war, und ein Bassist, der noch nie zuvor irgendein Instrument gespielt hatte. Seine Bassgitarre hatte er auf dem Sperrmüll gefunden; sie besaß nur eine Saite. David selbst war zwar ein guter Prediger, aber gut singen konnte er überhaupt nicht. Nach ihrem ersten Konzert meinten die Zuschauer entsetzt: »This is no longer music!« (Das ist keine Musik mehr), und so hatte die Band ihren Namen weg.

Zu dem Zeitpunkt, als ich in das Team kam, hatte sich *NLM* aber bereits zu einer richtig guten Punkband entwickelt. Die Jungs hatten sehr viel geprobt und ein paar eigene Stück geschrieben. Die erste LP *Thank you, good night, we love you* war damals gerade erschienen und sowohl musikalisch als auch textlich etwas völlig Neues. Es gab meines Wissens keine Band auf der ganzen Welt mit dieser Botschaft und gleichzeitig dieser Musik. Die ganze Arbeit des Steigerteams drehte sich letztendlich nur um diese Band.

Nach einer Weile waren alle anderen Mitglieder eingetroffen, und das Meeting konnte losgehen. David ergriff als Erster das Wort und stellte mich den Leuten vor: »Das ist Martin aus Deutschland. Er wird die nächste Zeit bei uns mitmachen. Lasst uns gemeinsam für ihn beten.« Das Team stand sofort auf, umringte mich, und einzelne Leute fingen an zu beten. Dieses Ritual gefiel mir sehr gut. Als sich alle wieder gesetzt hatten, wurde besprochen, was in der Woche sonst noch anlag. Für Dienstag wurden einige Einsätze in der Stadt geplant, die mehr oder minder zum Ziel hatten, Menschen mit bedruckten Flyern zum *Rock 'n' Roll Biblestudy* einzuladen, das am Mittwoch auf dem Boot stattfinden sollte und die wöchentliche Hauptveranstaltung des Steigerteams war. Für Freitag waren noch ein paar Kleingruppen angesetzt, in denen sich einige Teammitglieder treffen konnten. Und sonntags wurde noch ein Gottesdienst nur für die Missionare gefeiert. Das waren die festen Veranstaltungen in der Woche, alle weiteren Treffen gestalteten sich flexibel, je nachdem, was gerade anlag.

An meinem ersten Mittwoch trafen wir uns mit dem Team bereits zwei Stunden vor dem *Biblestudy* auf dem Boot. Das Boot lag in einem großen Kanal am Steg 14 hinter dem Hauptbahnhof. Das Team nannte sich »Steiger«, weil »Steg« auf Holländisch »steiger« heißt. Die Aufbauten des Bootes waren von außen vor einiger Zeit mit weinroter Farbe überstrichen worden. Das Boot war ungefähr hundertfünfzig Meter lang und fünf Meter breit. Bereits in den Siebzigerjahren, zu Zeiten der *Jesus People,* hatten auf diesem Boot christliche Veranstaltungen stattgefunden. Ende der Achtziger stand es dann eine Weile leer, bis David mit seinem Team gefragt wurde, ob sie es nicht übernehmen wollen. Wenn man über den Steg durch den Seiteneingang den Innenraum betrat, stand auf der linken Seite ein großer, weißer Tresen aus Holz, bestückt mit einigen Barhockern. Innen war das ganze Schiff in Gelbweiß gestrichen und wirkte durch eine gedimmte Beleuchtung etwas schummerig. Auf der rechten Seite befand sich die Bühne, mit Schlagzeug, Gitarrenverstärker und Lichtanlage. Zwischen dem Tresenbereich und der Bühne hatten etwa zweihundert Gäste in dem Boot Platz. Außer zwei langen Bänken, die rechts und links an die Wand geschraubt waren, gab es keine weiteren Sitzmöglichkeiten.

Offiziell begann das *Biblestudy* um neunzehn Uhr. Während im Hintergrund laute Musik lief, füllte sich der Raum mehr und mehr. Ich schaute mir die Besucher genauer an und musste feststellen, dass das Publikum sehr gemischt zu sein schien. Am Tresen standen einige Amerikaner, die offensichtlich Teil der Mission waren. Sie sahen ihre Aufgabe darin, unsere Arbeit zu unterstützen, und waren deswegen gekommen. Dann erkannte ich einige Holländer, meist junge Menschen. Und schließlich waren auch Punks da, Drogis und Szenetypen, wegen denen David diesen Abend ja vor allem gestartet hatte.

Bevor es losging, traf sich das Team noch für einige Minuten in einem hinteren Raum zum Gebet. Aufgeregt standen wir dort dicht gedrängt, David gab noch ein paar letzte Anweisungen, dann konnte es endlich losgehen. Ein junger Mann sprang auf die Bühne und begrüßte alle Gäste. Danach kam *NLM* dran. Eine Nebelmaschine sorgte für weißen Rauch, der von den bunten Lampen in farbiges Licht getaucht wurde. Die Band spielte eine Mischung aus gesungenen Gebeten und einfachen Songs. Mit Hilfe eines Overheadprojektors wurden die Texte an eine Leinwand neben der Bühne geworfen, damit die Besucher auch mitkriegen konnten, was die Band sang. Ein Künstler aus dem Steigerteam hatte die Texte mit einigen Comiczeichnungen auf der Folie illustriert. Schließlich begann David mit seiner Predigt.

Ich mochte David von Anfang an sehr. Seine Art zu predigen hat mich immer sehr angesprochen. Die Worte schienen genau in mein Herz zu treffen, und in den anschließenden Gebetszeiten musste ich sehr oft weinen. Seine Predigten hatten selten das Motto »Alles ist gut« oder »Friede, Freude, Eierkuchen«. Er unterstrich immer wieder, wie wichtig es als Christ ist, sein Leben auf die Reihe zu kriegen, und er forderte die Zuhörer auf, nicht mehr zu sündigen. Das Ziel sei es, so zu leben, wie es in der Bibel steht, und sich Gott radikal zur Verfügung zu stellen. Ich glaube, das war genau die Botschaft, die ich zu der Zeit brauchte.

Von Amsterdam nach Bilbao

Ich hatte das Glück, dass genau in den sechs Wochen, in denen ich Teil des Teams war, die Band eine Tour nach Bilbao in Spanien geplant hatte. Bilbao liegt im spanischen Baskenland. Es gab dort, ähnlich wie in Amsterdam, eine große Punkszene, viele besetzte Häuser und auch reichlich Drogen. Das Konzert sollte am Samstagabend in einem alternativen Punkladen in der City stattfinden, der angeblich von einer Jugendorganisation der ETA, einer links orientierten separatistischen Untergrundorganisation, betrieben wurde. Wir parkten mit dem Bus vor dem Laden. Auf einmal kam der Besitzer heraus und begrüßte uns freundlich. Die Band solle ihr Equipment schon mal in den Raum stellen, wo das Konzert stattfinden würde. Ich griff mir mit Olaus einen Gitarrenverstärker, und wir gingen gemeinsam in die Halle. Es war ein großer, dunkler, fensterloser Raum, dessen Decke von mehreren Säulen getragen wurde. An die Wände waren einige düstere Bilder gesprayed und gemalt. In der Mitte des Raumes hing eine große Marienstatue von der Decke. Sie hatte eine Schlinge um den Hals gebunden, als wollte man sie hinrichten. Nachdem wir die Anlage aufgebaut und einen Soundcheck gemacht hatten, gingen wir noch kurz etwas essen. Als wir nach einer halben Stunde zurückkamen und den Raum betraten, war er gerammelt voll. Ich schaute mich um. Überall standen krass gestylte junge Männer und Frauen: Punks mit Iro-Haarschnitt, Fahrradketten um den Hals, Springerstiefeln und durchlöcherten Ohren, Menschen in schwarzen Lederklamotten, einige hatten eine Sonnenbrille auf oder waren anderweitig extrem cool gestylt. Manche hatten sich ihre Augen mit einem Kajalstift komplett schwarz geschminkt, überall sah man Tattoos und irgendwelche Nadeln in den Wangen oder Nasen stecken. Ich ging nach draußen, um zu beten. »Mensch, Jesus, die sehen hier alle so extrem cool aus!«, sagte ich. »Irgendwie sind die hart drauf, wie kann man denen denn jetzt den Glauben näherbringen? Ich kann nicht sehen, warum wir hier ein missionarisches Konzert durchziehen sollen. Die werden uns auslachen, vielleicht sogar verprügeln! Die brauchen dich doch gar nicht!« Aber dann hatte ich plötzlich das Gefühl, Jesus würde in meinen Gedanken zu mir sprechen. Er sagte: »Martin, du siehst die Menschen mit deinen eigenen, menschlichen Augen. Du siehst nur das Äußere, aber ich sehe das Herz. Willst du einmal sehen, wie ich die Menschen sehe?« Ich überlegte nicht lange und sagte sofort: »Ja, Jesus! Zeig mir, wie du die Menschen siehst! Gib mir dein Herz für diese Leute!« Dann betrat ich wieder die Halle und setzte mich in eine Ecke des Raumes. Und plötzlich passierte etwas mit mir, was völlig unerwartet kam, aber mein ganzes Leben bis heute nachhaltig verändert hat. Ich schaute mir die Leute noch einmal an, aber ich sah nicht mehr auf die Lederjacke, die Nietengürtel und das Lippenpiercing oder den coolen Gesichtsausdruck. Ich schaute in ihre Augen, und auf einmal konnte ich sehen, wie verletzt und verloren diese Menschen waren. Ich sah eine Frau, die äußerlich sehr cool wirkte, aber jetzt erkannte ich auch, wie leer und einsam sie war. Ihre Augen verrieten eine ganz große Traurigkeit, die mir fast das Herz zerriss. Und dann sah ich einen jungen Mann, der locker mit einer Bierflasche in der Hand am Tresen stand. Aber plötzlich bemerkte ich auch, wie unsicher er in sich war und wie sehr er sich nach Liebe sehnte. Ich konnte auf einmal die inneren Verletzungen der Leute sehen, ihre Trauer, ihre Hoffnungslosigkeit, ihre Depressionen, ihre Einsamkeit, ihren Schmerz. Das war zu viel, es überforderte mich, ich konnte es nicht lange ertragen. Mir kullerten die Tränen nur so runter, und ich betete so laut, wie es die Musik zuließ: »Jesus! Bitte erreiche diese Leute!

Bitte komm, und rette diese Menschen aus ihrer Kaputtheit! Jesus, du musst hier eingreifen! Die Leute brauchen dich! Bitte zeig dich ihnen! Ich kann es nicht ertragen, wie du es erträgst. Es ist zu viel!« Ich konnte gar nicht mehr aufhören zu weinen und zu beten. Es war zu heftig für mich, und wenn ich mir vorstelle, dass Gott die inneren Schmerzen und die Verlorenheit aller Menschen gleichzeitig sieht, dann muss das eine unvorstellbar große Trauer sein.

Da diese »Heulaktion« auf einem Punkkonzert in einem ETA-Club es auch locker in die Top Ten meiner peinlichsten Momente geschafft hatte, versuchte ich mich krampfhaft zusammenzureißen. Trotzdem trug dieses Erlebnis die Kraft in sich, mein Leben auf eine neue Bahn zu lenken. Seitdem bin ich in der Lage, durch die Masken, die Schminke, die Nietengürtel und die Lederjacken hindurch in die Herzen der Menschen zu schauen.

Das Konzert von *NLM* war nach einer Stunde zu Ende, und David predigte anschließend wie gewohnt. Ich glaube, es haben sich an diesem Abend nicht viele Menschen entschieden, Christen zu werden. Aber ein Herz hatte sich definitiv entschieden, und das war mein eigenes.

Meine erste Predigt

Als das Team wieder in Amsterdam gelandet war, erzählten wir im nächsten Steigertreffen von unserem Einsatz in Bilbao. Alle waren begeistert von dem, was Gott möglich gemacht hatte: nämlich in einem atheistischen Club ein christliches Konzert zu veranstalten, allein das war schon sensationell. Ich erzählte dem Team auch von meinem

Erlebnis, wie Gott mir das Herz dieser Menschen gezeigt hatte. Nach dem Treffen kam David auf mich zu: »Martin, das war gut, was du uns gerade erzählt hast. Warum predigst du nicht nächsten Mittwoch im *Biblestudy*?«
Ich war geschockt. Ich? Mit meinem »broken English« sollte ich beim nächsten *Biblestudy* die Predigt halten? Aber David lachte mich an, und ich konnte ihm einfach nicht widersprechen. Bis zum Mittwoch hatte ich noch fünf Tage Zeit, um mich ausführlich vorzubereiten. Ich glaube, selbst in meine Abiturprüfung habe ich nicht so viel Energie investiert wie in diese Predigt. Jeden Tag, von morgens bis tief in die Nacht, saß ich an meinem Text. Beim Beten kam mir die Idee, ich sollte über das heilige Feuer Gottes predigen. Dazu suchte ich eine Bibelstelle aus dem Lukasevangelium heraus. Jesus sagt dort an einer Stelle: »Ich bin gekommen, ein Feuer auf die Erde zu werfen, und wie sehr wünschte ich, es würde schon brennen!« Ich arbeitete an dem Text, bis er hundertprozentig saß. Ich hatte eine gute Einleitung, einen spritzigen Mittelteil und einen leidenschaftlichen Schluss. Mir war in den letzten Wochen aufgefallen, dass es sogar im Team zu einigen Nachlässigkeiten im christlichen Leben gekommen war. Ein paar der Missionare gingen zum Beispiel jedes Wochenende in der City von Amsterdam feiern, und einige tranken dabei auch ganz schön viel Alkohol. Auch von Besuchern des *Biblestudy* hörte ich so etwas. Ich hatte den Eindruck, dass ich in meiner Predigt dazu aufrufen sollte, nicht mehr zu sündigen und sich stattdessen Jesus radikal zur Verfügung zu stellen. Mein Ziel war, dass die Predigt jeden sehr betroffen machen sollte und ich danach die Leute nach vorn rufen könnte. Alle sollten kommen, sich hinknien und unter Tränen Jesus ihr Leben in die Hände geben. Ich wollte alles tun, damit dieses Ziel erreicht werden konnte. Also beschloss ich, die Tage vorher zu fasten und mich eine Nacht vor dem besagten Abend auf dem

Boot einzuschließen. Diese Nacht war ganz schön hart. Ich hatte mit Müdigkeit zu kämpfen, und es war auch etwas gruselig, so allein die Nacht im Dunkeln auf einem Boot zu verbringen, das direkt hinterm Hauptbahnhof von Amsterdam liegt. Schließlich war es so weit, der Abend begann, und das Boot war wie immer gut gefüllt. Nachdem die Band gespielt hatte, kam ich nach vorn, las meine Bibelstelle aus Lukas vor und begann zu predigen. Ich gab alles. Ich redete leise, dann schrie ich laut, rannte auf und ab und bedachte dabei alle Regeln der Rhetorik und der Predigtlehre. Am Ende sagte ich auf Englisch: »… und wer will jetzt das Feuer Gottes von euch haben? Wer will brennen für Jesus? Wer will jetzt Schluss machen mit seinem sündigen Leben? Wer will ab sofort alles geben und im Glauben keine halben Sachen mehr machen? Dann komm jetzt nach vorn und knie dich mit mir hin!«
Stille, Schweigen, keine Reaktion. Ich schaute in die Menge und sah in viele fragende Gesichter. Erst jetzt nahm ich wahr, dass mich die Leute die ganze Zeit angestarrt hatten, als wären sie in einer Autoverkaufsshow. Ich hatte mir das Herz aus der Seele gepredigt, aber keinen wirklich angesprochen. David lächelte mich leicht verkrampf an, so als wollte er mich aufmuntern. Ich machte einen zweiten Versuch: »Jetzt ist deine Chance, du kannst jetzt nach vorn kommen und dein Leben mit Jesus in Ordnung bringen!« Ich schaute mich noch mal um. Es kam niemand. Und niemand heißt: keiner, null, zero. Noch nicht mal der schwerhörige Typ, der immer nach vorn kam, egal, worum es ging. Nach einer peinlichen Stille, die mir endlos lange vorkam, beendete David schließlich den Abend. Für die restliche Zeit des *Biblestudy* versuchte ich »gute Miene zum bösen Spiel« zu machen, aber sobald ich unbemerkt das Boot verlassen konnte, ließ ich meine ganze Frustration und Enttäuschung raus. »Warum hast du das zugelassen, Jesus?«, betete ich. »Warum musste ich mich hier so

blamieren? Ich hab doch alles gegeben! David denkt jetzt bestimmt, ich bin der letzte Hempel, und wird mich nie wieder predigen lassen. Hätte nicht wenigstens einer nach vorn kommen können, Jesus, nur ein Einziger?« An diesem Abend blieb eine Antwort aus.
Zurück in Hamburg, erzählte ich Ulrike und allen aus der Gemeinde begeistert von meiner Zeit in Amsterdam. Auch wenn die Predigt auf dem Boot nicht so gelaufen war, wie ich es mir erhofft hatte, wurde es mir sehr deutlich, dass ich weiter so leben und arbeiten wollte. Der Dienst für Gott war genau das, worauf ich Lust hatte. Diese Arbeit gab mir das Gefühl, der richtige Mann am richtigen Ort und zum richtigen Zeitpunkt zu sein. Die Frage war nur, wann und wie ich das weiterhin tun konnte. Der klassische »deutsche« Berufsweg sieht eher so aus, dass man zuerst eine Ausbildung oder ein Studium absolviert …

Hochzeit

Zu dieser Zeit stand auch meine Hochzeit mit Ulrike an. Wir hatten uns bereits vor meinem Aufenthalt in Amsterdam entschlossen, uns das Jawort zu geben, und suchten nur noch den richtigen Termin. Dabei hatten wir in einigen Bereichen unserer Beziehung immer schon Probleme gehabt. Zum Beispiel hatten wir uns fest vorgenommen, auf Sex vor der Ehe zu verzichten. Das war in der evangelikalen Szene so üblich. Aber sosehr wir uns auch bemühten, wir schafften es nicht, dieses Versprechen zu erfüllen. Wir probierten alle Tricks aus, landeten aber doch immer wieder im Bett. Zum Beispiel hängten wir große Zettel in alle Zimmer, auf denen stand: »No Sex!« Oder ich ver-

suchte vor jedem Date, eiskalt zu duschen. Wir hatten uns sogar ein eigenes Gebet ausgedacht, das wir am Anfang eines jeden Treffens aufsagten: »… und hilf uns, enthaltsam zu sein … Amen!« Im Rückblick war das ein ganz schöner Krampf, ich würde heute anders mit dem Thema umgehen. Es gibt das eine Extrem, das Sex viel zu wichtig nimmt. Aber es gibt auch das andere Extrem, dass Sex letztendlich als etwas Gefährliches betrachtet. Die Wahrheit liegt auch hier mal wieder in der Mitte. Schließlich riet mir ein enger Freund aus der Gemeinde, dem ich von unserem Problem erzählt hatte: »Warum heiratest du sie dann nicht gleich, wenn ihr das mit dem Sex nicht auf die Reihe bekommt? Dann hast du auch den Segen Gottes, und es läuft auch so bestimmt viel besser zwischen euch.« Also »hielt ich um ihre Hand an«. Ulrike hatte mir immer gesagt, wenn ich sie heiraten wolle, gebe es zwei Bedingungen. Erstens müsste ich kochen können und zweitens stricken. Das war natürlich nicht ganz ernst gemeint, aber ich sah es als eine Herausforderung an. Also ließ ich mir das Stricken beibringen und strickte in zwei Monaten heimlich einen viel zu großen Pulli. Danach lud ich Ulrike zu einem Essen bei mir zu Hause ein, kochte ein Drei-Gänge-Menü, und am Ende überreichte ich ihr einen Karton, in dem der Pulli lag. Sie schaute mich ungläubig an: »Hast du den gemacht?« Ich war auf die Frage natürlich vorbereitet, holte zwei Knäuel Baumwolle aus dem Schrank und strickte ihr ein paar Maschen vor. Dann fiel ich vor ihr auf die Knie und fragte: »Willst du mich heiraten?« Sie musste einfach ja sagen.
Während der Vorbereitung auf die Hochzeit kamen mir aber bereits die ersten Zweifel an unserer Entscheidung. Ulrike und ich hatten ganz unterschiedliche Lebensgrundsätze. Sie war in einem Elternhaus aufgewachsen, in dem finanzielle Sicherheit immer eine große Rolle gespielt hatte, und konnte sich dauerhaft ein Leben auf Spendenbasis,

wie es als Vollzeitmissionar oft üblich ist, gar nicht gut vorstellen. Außerdem stritten wir uns immer häufiger über alle möglichen Themen. Ich dachte mir aber, dass sich solche Probleme schon von allein regeln würden, wenn wir erst mal verheiratet wären. Unsere Hochzeit fand dann in der St.-Petri-Kirche in Hamburg statt.

Auf den Straßen von St. Pauli

Das, was ich in den Wochen in Amsterdam erlebt hatte, ließ mich nicht mehr los. Auch wenn es nur eine begrenzte Zeit gewesen war, die Tage im Steigerteam hatten tiefe Spuren in mir hinterlassen. In unregelmäßigen Abständen unternahm ich ganz allein Einsätze auf dem Kiez in St. Pauli und versuchte, die Szene dort etwas kennenzulernen. Ich ging dabei immer genauso vor, wie ich es im Steigerteam gelernt hatte. Zuerst schloss ich mich in mein Zimmer ein und betete so lange, bis ich das Gefühl hatte, dass Gott grünes Licht gab. Das konnte fünf Minuten dauern, aber manchmal auch zwei Stunden. Dann zog ich meine alten Punk-Klamotten an und stieg in die gelbe Linie der U3, Richtung St. Pauli. Nachdem ich ausgestiegen und Richtung Reeperbahn gegangen war, betete ich leise: »Jesus, ich geb dir jetzt diesen Einsatz! Führe mich genau in die Clubs rein, in denen du mich heute Nacht gebrauchen willst. Sorg dafür, dass ich auf die Menschen treffe, mit denen ich über dich reden soll!« Und Gott erhörte dieses Gebet.
Am ersten Abend schlenderte ich Richtung Hafenstraße und sah auf einmal einen Eckladen, der von außen etwas verdreckt und punkig aussah. Über der Tür hing ein gro-

ßes Schild mit der Aufschrift *Mitternacht*. Plötzlich hatte ich das Gefühl, dass Jesus mich geradezu in diesen Laden zog. Ich trat durch die Eingangstür in den Hauptraum. Sofort fiel mein Blick auf ein riesengroßes Bild, das über dem Tresen mit schwarzer Farbe an die Wand gemalt worden war. Trotz der dunklen Beleuchtung konnte ich die Zeichnung sehr gut erkennen. Es war eine überlebensgroße Figur abgebildet, die vermutlich den Tod darstellen sollte. Sie hatte eine fiese Fratze, trug über ihrem mageren Körper einen schwarzen Umhang und hatte eine große Sichel in der rechten Hand. Mit der anderen, knöchernen Hand schien sie die Leute in der Bar regelrecht einzuladen. Ich hatte das Gefühl, sie würde mich zu sich rüberwinken, als wollte sie sagen: »Los, kommt zu mir! Ich will euch alle haben! Hier seid ihr richtig! Hier ist der Tod!« Dabei lachte die Figur hämisch. Ich bestellte mir eine Flasche Bier, setzte mich in eine dunkle Ecke des Raumes und begann leise zu beten: »Jesus, ich bitte dich, dass du dich diesen Leuten hier zeigst. Sorg dafür, dass die Punks in Hamburg dich kennenlernen und bemerken, dass es nichts Cooleres gibt, als mit dir zu leben!« Nach einer Weile setzte sich ein jüngerer Punk zu mir und quatschte mich an: »Na? Bist du zum ersten Mal hier?«
»Ja! Gibt es den Laden hier schon länger?«, antwortete ich.
»Erst ein paar Monate, soweit ich weiß. Ich heiß übrigens Panik. Was machst du hier?« Panik hatte einen rot gefärbten Irokesenschnitt auf dem Kopf, bestimmt ein gutes Dutzend Ringe in seinem Ohrläppchen und eine mit Badges übersäte schwarze Lederjacke an. Sein Gesicht sah dabei aber noch sehr jungenhaft und harmlos aus, ich schätzte ihn auf gerade mal neunzehn. Er wirkte leicht angetrunken, war aber keinesfalls aggressiv, sondern eher freundlich. »Ich bin Martin, und was ich jetzt sage, klingt bestimmt total beknackt für dich. Ich glaube, Jesus hat mich in diesen Laden geführt!« Panik sah mich leicht verwundert an. Mit

so einer Antwort hatte er nicht gerechnet, aber unsympathisch war ich ihm deswegen offensichtlich auch nicht. Er nahm einen Schluck aus seiner Bierflasche, schaute zu mir runter, sah meine alten Punkboots und meinte: »Coole Teile! Du siehst vernünftig aus. Aber ich glaube nicht an die Kirche! Die christliche Religion kotzt mich an! Der Papst ist ein großer Wichser, und immer, wenn ich in einer Kirche war, hat man mich gleich wieder rausgeschmissen!« Diese Reaktion war mir nicht neu. Überall, wo ich mit Leuten über den Glauben reden wollte, hörte ich Ähnliches. Ausgerechnet die Kirche ist der Grund für viele Menschen, sich nicht auf den Glauben an Jesus einzulassen. Besonders die alternative Szene hatte wegen der Hexenverbrennungen, der Kreuzzüge und der vielen Missbrauchsskandale auf das organisierte Christentum überhaupt keine Lust. »Ich glaube, wenn Jesus heute als Mensch in Hamburg wäre, er würde bestimmt nicht in eine Kirche gehen«, antwortete ich ihm. »Er wäre garantiert hier auf dem Kiez, würde vielleicht in der Hafenstraße wohnen und er würde alle Prostituierten auf der Reeperbahn mit Vornamen kennen!« Panik nickte zustimmend. Also redete ich weiter. »Ich glaube, dass Jesus total Bock auf die Menschen von der Straße hat, er war ja selbst im Grunde wie ein Punk. Die Oberschicht und die damalige Regierung haben ihn gehasst, weil er die Gesellschaft mit seinen Ideen revolutionieren wollte. Und weil er besonders die religiöse Führungsetage derbe kritisiert hat, haben die damaligen Bullen ihn festgenommen, er wurde verurteilt und bekam die Todesstrafe, obwohl er nichts verbrochen hatte!« Mein neuer Freund schaute mich nachdenklich an. Nach einer Weile stand er auf und sagte lachend: »Hey, du hältst mir hier aber keine Predigt, oder? Willst du noch ein Bier? Geht auf meinen Zettel. Ich würde gern noch mehr von dir hören!«
Panik und ich redeten noch eine ganze Weile. Ich erzählte ihm, wie ich als kleiner Vorstadtpunker mein Leben an

die Wand gefahren hatte, berichtete von meinem unkontrollierbaren Drogengebrauch, von fünf Sechsen und zwei Fünfen im Zeugnis und wie dann auch noch meine Freundin mit mir Schluss gemacht hatte. Und ich erzählte, wie ich Gott in der Petri-Kirche zwei Bedingungen gestellt hatte und dass dann mit Jesus mein Leben plötzlich total anders geworden war und ich sogar meinen Schulabschluss geschafft hatte. Panik stellte mir noch viele Fragen, und um vier Uhr morgens, gerade ging die Sonne auf, verabschiedeten wir uns voneinander.

Auf dem Rückweg war ich saufroh, ich jauchzte nur so vor mich hin und ging tanzend den Weg zur U-Bahn. Jesus hatte mich an diesem Abend geführt, ich hatte die Gelegenheit bekommen, von ihm zu erzählen, und der ganze Einsatz war rundum super gelaufen.

Zurück nach Amsterdam

Es hatte einige Zeit und Überredungskünste gekostet, aber dann hatte ich Ulrike davon überzeugt, dass wir uns gemeinsam für ein Jahr als Missionare im Steigerteam bewerben sollten. Für mich waren die sechs Wochen in Amsterdam so interessant und lehrreich gewesen, dass ich unbedingt noch einmal für längere Zeit dorthin wollte. Ulrike hatte vor Jahren eine Ausbildung zur OP-Schwester gemacht und musste sich von ihrer Arbeitsstelle extra für zwölf Monate beurlauben lassen. Die Frage, wie wir unser Missionarsleben finanzieren sollten, hatte sich von selbst beantwortet. In der Gemeinde durften wir Listen auslegen, in die die Besucher ihre Adresse eintragen konnten, falls sie Informationen über unseren Dienst wünschten. Ich schickte dann per Brief einen Spendenaufruf an die Leute, die sich eingetragen hatten, und sprach mit einigen von ihnen. Auf diese Weise hatten wir die nötige finanzielle Unterstützung schnell zusammen und konnten unsere Zeit in Amsterdam planen.

Nachdem wir einen Zwischenmieter für unsere Wohnung gefunden hatten, packten wir unsere Sachen und stiegen in die Bahn, Richtung Amsterdam.

Im Steigerteam war in der Zwischenzeit einiges passiert. Nicht nur die Zusammensetzung von der Band *NLM* hatte sich geändert, das ganze Team war fast komplett ausgetauscht. David hatte von der Mission ein weiteres Gebäude zur Verfügung gestellt bekommen, weil sein Arbeitsbereich wohl am meisten gewachsen war.

Bei diesem Gebäude handelte es sich um das besagte *De Ark,* von dem David bei seinem Besuch in Hamburg erzählt hatte. Es lag zentral an einer Ringstraße in relativer Nähe zum berühmten Van-Gogh-Museum. Ulrike und ich sollten dort einziehen und für das Jahr Teil der Wohngemeinschaft werden. Wir bekamen ein kleines, unrenoviertes Zimmer im zweiten Stock zugeteilt und machten es uns dort gemütlich. Jedem von uns wurde ein bestimmter Aufgabenbereich von der Leitung zugewiesen. Ulrike war Teil des Haushaltsteams, während ich bei Einsätzen in der Stadt mitwirken sollte. Ich glaube, dass sie mit dieser Rollenverteilung nicht gut klarkam. Während Ulrike in der Waschküche Bettlaken falten musste, war ich in der Stadt in Kneipen und Klubs unterwegs oder stand vorn auf der Bühne. Das war mir damals aber überhaupt nicht bewusst. Anstatt die Zeit zu nutzen und an unserer Ehe zu arbeiten, brachte uns der missionarische Dienst in Amsterdam nur noch weiter auseinander.

In dem Jahr, als wir in *De Ark* wohnten, kam auch ein weiterer Deutscher ins Team, der Klaus hieß. Klaus kam aus dem Ort Knittlingen und spielte in der christlichen

Rockband *White Stripes*. Er war immer sehr wissbegierig und hatte einen unstillbaren Hunger nach geistlicher Nahrung. Das Beste an unserer Freundschaft war aber, dass wir unheimlich gut zusammen beten konnten. Wir verabredeten uns regelmäßig zu einem Frühgebet um sechs Uhr morgens in einer kleinen Pfingstkirche mit dem Namen *Victory Outreach*. Klaus und ich entwickelten eine richtige Gebetspartnerschaft miteinander; so etwas hatte ich noch nie zuvor erlebt. Bei einer dieser morgendlichen Zusammenkünfte passierte etwas sehr Seltsames mit mir. Wir hatten uns mal wieder in *Victory Outreach* getroffen und beteten zusammen unser Leben durch. Mittendrin hörte ich plötzlich eine innere Stimme, die zu mir deutlich sagte: »Martin, lern das Matthäusevangelium auswendig!« Ich war sehr verwundert über diese Worte. Waren sie wirklich von Gott gekommen? Auswendiglernen hatte ich schon in der Schule gehasst. Und warum ausgerechnet Matthäus? Aber der Gedanke kam an diesem Morgen immer wieder, hartnäckig, fast schon stur: »Martin, lern das Matthäusevangelium auswendig!«
Schließlich gehorchte ich. Es gab ja nur zwei Möglichkeiten. Entweder ich bildete mir diese Stimme nur ein. Dann würde ich mich eben für eine Zeit einmal sehr intensiv mit dem Matthäusevangelium beschäftigen, was auch nicht das Schlechteste wäre. Oder es war wirklich Gott gewesen, der da zu mir gesprochen hatte. Dann sollte ich es besser auch tun. Also fing ich an, jeden Tag im Matthäusevangelium zu lesen. Ich besorgte mir rote Karteikarten und notierte mir darauf die Inhalte der einzelnen Kapitel. Die wichtigsten Bibelstellen, besonders die Sätze, die Jesus gesagt hatte, versuchte ich auswendig zu lernen. In meinen Gedanken war ich über viele Wochen intensiv nur mit Matthäus beschäftigt.
Einige Monate später gab es in der Mission eine ganz besondere Veranstaltung. Im Haupthaus hatte man einen

Prediger der *Vineyard*-Bewegung eingeladen. *Vineyard* war zu jener Zeit eine junge Kirche, die in den Siebzigerjahren in den USA von dem ehemaligen Musiker John Wimber gegründet worden war. Seine Theologie bestand aus einigen einfachen Grundsätzen. Unter anderem glaubte er, dass Jesus heute immer noch Menschen heilen würde, aber auch, dass es immer noch so etwas wie richtige Propheten gibt. Propheten kommen bekanntlich sehr oft in der Bibel vor. Normalerweise denkt man, dass solche Männer (oder Frauen) nur zu Zeiten des Alten Testaments in Erscheinung traten. Aber dass es auch heute noch so etwas wie Propheten geben sollte, war mir damals neu. Ich entschloss mich, die Veranstaltung für einen Abend zu besuchen.

Als ich den Raum betrat, war es schon spät, und die Musik hatte bereits begonnen. Das Ganze fand in einem großen Saal der Mission statt, der bestimmt sechshundert Menschen fasste. Ich setzte mich auf einen Mittelplatz in die allerletzte Reihe und beobachtete von dort aus das Geschehen. Man hatte mir erzählt, dass der Prediger des Abends Pastor Brent Rue hieß, der eine *Vineyard*-Gemeinde in Colorado leitete. Brent Rue sah wie ein typischer Amerikaner von der Westküste aus. Er trug eine beige Cordhose mit einem blauweiß karierten Holzfällerhemd und hatte während seiner Predigt ständig eine Hand in der Hosentasche. Dabei legte er eine Bibelstelle aus und erzählte anhand vieler praktischer Beispiele, was er persönlich mit Gott erlebt hatte. Nach seiner Predigt gab es eine Zeit, die bei den *Vineyards* »time of ministry« genannt wird. Hier betete man füreinander und rechnete auch mit Wundern. Nun stand bei dieser Veranstaltung besonders das »Prophetische« im Mittelpunkt. Das sah dann so aus: Brent und auch andere aus seinem Team zeigten mit dem Finger auf jemanden im Raum und erzählten dann, was ihnen Gott nach ihrem Eindruck für diese Person gezeigt hatte. So etwas hatte ich in der Form noch nie erlebt. Nachdem Brent Rue einige Leute herausgerufen hatte, zeigte er ganz plötzlich mit dem Finger in meine Richtung: »Hey du, steh auf, ich hab ein Wort für dich!« Ich drehte mich um, weil ich dachte, er meinte jemanden hinter mir, aber da ich in der letzten Reihe saß, war das etwas dumm. »Steh auf!«, meinte er noch mal freundlich zu mir. Also stand ich von meinem Stuhl auf.

Was dann geschah, ist für mich bis heute ein echtes Wunder. Es gibt nur wenig, was mein Leben so stark geprägt hat wie das, was nun folgte. Übersetzt sagte Brent Rue Folgendes: »Gott sagt dir: Du bist ein Matthäus! So wie Matthäus seinen Leuten das Evangelium in ihrer Sprache gebracht hat, so wirst du deinen Leuten das Evangelium in ihrer Sprache bringen. Du wirst ihnen das Evangelium so übersetzen, dass sie es auch verstehen!« Ich blieb für eine Weile wie angewurzelt stehen. Woher konnte der Prediger aus den USA wissen, dass ich in den letzten Wochen nur mit Matthäus beschäftigt gewesen war? Woher konnte er ahnen, dass ich vor Monaten diesen Eindruck im Gebet gehabt hatte, ich sollte das Matthäusevangelium auswendig lernen? Dieses Wort war für mich natürlich eine gigantische Ermutigung. Es bedeutete doch, dass Jesus mich tatsächlich wahrnimmt. Zwischen den sechshundert Leuten hat er mich gesehen, und nur für mich hatte er ein ganz spezielles Wort. Ich wollte noch nie nur eine Nummer unter Tausenden von Nummern sein. Meine Sehnsucht war immer, etwas Einzigartiges für Gott tun zu können, eine ganz konkrete Berufung zu bekommen, etwas, das nur mir gilt. Und genau das war gerade passiert. Ich bin ein Matthäus! Ich soll meinen Leuten das Evangelium in ihre Sprache übersetzen! Tief berührt verließ ich das Gebäude und ging noch eine Weile an den Amsterdamer Kanälen spazieren. Mir war sonnenklar, dass in diesem Raum etwas sehr Kostbares passiert war, etwas, das ich bewahren und nicht vergessen sollte.

Einsatz in Sibirien

NLM plante in jenem Jahr, in dem wir in Amsterdam waren, eine Tour durch Sibirien. David hatte den Kontakt zu einem russischen Manager hergestellt, und dieser Mann wollte einige Konzerte für die Band organisieren. Um die Tour vorzubereiten, musste ein kleines Team unter der Leitung von Rocky nach Barnaul fahren, einer Stadt, die etwa hundertachtzig Kilometer von Nowosibirsk entfernt liegt, der drittgrößten Stadt Russlands. Rocky war, wie man sich vom Namen her vielleicht denken kann, Amerikaner. Bevor er Christ geworden war, soll Rocky als Kokaindealer in Chicago unterwegs gewesen sein. Erst vor einigen Monaten war er als Unterstützung zum Steigerteam gestoßen und sollte unter anderem das Management für die Band übernehmen. Geplant war, dass die Sibirien-Tour von Barnaul aus starten sollte, außerdem wohnte der russische Manager ebenfalls dort. David fragte Ulrike und mich, ob wir bei dem Einsatz dabei wären, und wir sagten freudig zu. Wir sollten neben der Vorbereitung für die Tour noch einige Veranstaltungen in Schulen durchführen, ein Radiointerview geben sowie ein Kinderkrankenhaus besuchen. Im Gepäck hatten wir in einem Koffer hundert russische Bibeln dabei. Nachdem wir am Flughafen Moskau gelandet waren, mussten wir erst einmal durch eine Grenzkontrolle. Dort war ein großes Schild angebracht, auf dem in russischer und englischer Sprache stand: »Einfuhr von Waffen, Messern, Sprengstoff sowie westlicher Literatur und Bibeln unter Strafe nicht gestattet!« Ich fand es lustig, dass »Sprengstoff« und »Waffen« dort in einem Atemzug mit »Bibeln« genannt wurden. Wir hatten unsere Koffer vom Laufband geholt und mussten jetzt nur noch durch die Grenzkontrolle. Als wir uns dem Posten näherten, entdeckte einer aus dem Team ein Fließband mit Röntgengerät am Kontrollpunkt! So etwas hatte es bei der letzten Fahrt nach Russland noch nicht gegeben. Wir hatten gehofft, unser Gepäck würde man einfach so durchwinken, ohne genauere Kontrolle. Unser Visum war auf »Musiker« ausgestellt, die eine Tournee vorbereiten wollen, für die Einfuhr von Literatur gab es keine Genehmigung. Ein sowjetischer Grenzbeamter wies uns mit einer Handbewegung an, die Koffer auf das Laufband zu legen. Uns allen stand der Schweiß auf der Stirn. Der Koffer mit den Bibeln rollte langsam auf das Gerät zu. Schließlich waren es nur noch wenige Zentimeter. Plötzlich hörten wir ein lautes Geräusch. *Krrrssssssss.* Das Band stoppte abrupt, und eine Grenzbeamtin fing augenscheinlich an zu fluchen. Sie schlug mit der flachen Hand auf einen grauen Kasten. Weil eine schnelle Reparatur aber anscheinend nicht möglich war, winkte sie uns direkt zur Passkontrolle durch. Wir nahmen unsere Koffer in die Hand und konnten die Grenze passieren, ohne dass unser schweres Gepäck kontrolliert worden war. Für mich ist das bis heute ein echtes Wunder.

Von Moskau aus flogen wir mit einer DC9 weiter bis Nowosibirsk, und dort stiegen wir in eine kleine Propellermaschine, die uns nach Barnaul bringen sollte. Unsere Tour war ein voller Erfolg, wir waren mit dem Team unterwegs in Schulen und diskutierten mit den Schülern über Jesus, hatten einen Rap-Auftritt in einer Radiostation und beteten in einem Krankenhaus für krebskranke Kinder, die nahe an einem russischen Atomkraftwerk gelebt hatten. Überall trafen wir auf eine große Offenheit für den christlichen Glauben. Wir hatten das Gefühl, dass der Kommunismus es nicht geschafft hatte, den Hunger der Menschen nach einer Antwort auf die Frage nach dem Sinn des Lebens zu stillen. Wo wir auch waren, man lud uns freundlich ein, alles, was wir von Jesus wussten, zu erzählen.

Als wir wieder in Amsterdam gelandet waren, erzählte das Team überall von unserem Einsatz in Russland und welch gigantische Möglichkeiten Gott uns dort gegeben hatte. Der russische Manager war an einer festen Zusammenarbeit mit dem Steigerteam interessiert, obwohl er selbst gar kein Christ war. Er wusste, dass die Band ihre Musik nur machte, um den Leuten von ihrem Glauben an Jesus zu erzählen. Aber genau das war es, was ihm besonders gut gefallen hat. »Wir brauchen eure Botschaft hier bei uns. Die Jugend weiß nicht, wofür sie leben soll.«

Ein Buch und eine Vision

Eines Abends hatte ich etwas Zeit und stöberte in der alten Bibliothek im Keller der Arche. Dort stapelten sich in langen Regalen alte, christliche Bücher in holländischer, englischer, aber auch in deutscher Sprache. Mehr oder minder zufällig fiel mir dabei ein buntes Buch in die Hände, das in großen Lettern die Aufschrift »Jesus« trug. Unter diese Lettern war eine schwarzgelbe Fotocollage gelegt, auf der man einige Hippies sowie eine gemaltes Gesicht erkennen konnte, das wohl Jesus darstellen sollte. Ich blätterte durch die ersten Seiten und las von einer Jesusbewegung, die Ende der Sechziger-, Anfang der Siebzigerjahre aus den USA nach Europa gekommen war. Auf den Fotos im Innenteil waren Hippies abgebildet, die mit großen Jesus-Schildern auf einer Art Demonstration durch die Stadt liefen. Es wurde von Tausenden Jugendlichen berichtet, die in wenigen Monaten Christen geworden waren. Ich las von Rockbands, die sich hatten taufen lassen und von da an nur noch christliche Lieder sangen. Ich konnte gar nicht aufhören zu lesen und verschlang das Buch an nur einem Tag. Meine anschließende Recherche ergab, dass diese Jesusbewegung, von der hier die Rede war, der letzte große Aufbruch unter den Christen in der westlichen Welt gewesen ist. Damals hatten sich Tausende junger Menschen den sogenannten *Jesus People* angeschlossen. Sie beeinflussten in der Folgezeit viele große christliche Organisationen wie *Christ for all Nations,* die Studentenmission *SMD* und sogar die Organisation *Youth with a mission,* bei der ich in Amsterdam angestellt war. Auch einige damals sehr bekannte und wichtige Musiker wie Bob Dylan und Janis Joplin waren in diesen Jahren zum Glauben an Jesus gekommen.

Beim Lesen wurde mir aber auch klar, dass die Sechzigerjahre schon ewig lange her waren. Was damals entstanden war, hatte mittlerweile an Frische und Dynamik verloren. Mir wurde bewusst, dass die Welt eine neue Jesusbewegung brauchte, eine Jesusbewegung der Neunzigerjahre, die ins neue Jahrtausend rüberschwappen und wieder viele Tausende Jugendliche für den Glauben an Jesus begeistern würde.

Auf einmal kniete ich mich mitten in der Bibliothek auf den nackten Kellerboden und betete laut: »Jesus! So etwas will ich auch erleben! Ich werde für dich eine Arbeit in Hamburg anfangen, wo genau solche Leute hinkommen können. Menschen, die nie in einen normalen Gottesdienst gehen würden, sollen dort willkommen sein. Es soll ein Ort werden, wo Freaks, Punks, Hippies und Szeneleute sich wohl fühlen, weil ihre Musik gespielt wird und auch der Raum so gestaltet ist, wie es ihnen gefällt. Und es soll eine radikale Arbeit werden, wo junge Menschen leidenschaftlich mit dir leben, nicht nur religiös oder theoretisch! Wenn du das auch willst, dann wird es bestimmt passieren! Amen!«

8 JESUS FREAKS

Eine neue Kirche

In Hamburg hatte sich in der Zwischenzeit einiges getan. Pastor Kopfermann war schon vor unserem Amsterdam-Aufenthalt mit einem großen Gefolge aus der Landeskirche ausgetreten und hatte eine eigene freie Gemeinde gegründet. Damals war dies ein Eklat, denn es kam nicht alle Tage vor, dass ein landeskirchlicher Pfarrer seine Sicherheiten aufgibt und eine neue Kirche gründet. Sowohl sein Grundkurs des Glaubens als auch der charismatische Gottesdienst hatten im Laufe der Jahre zunehmend große öffentliche Aufmerksamkeit erregt. Der letzte Sonntagabend-Gottesdienst in der Petri-Kirche kam einer Demonstration gleich. Die Besucher mussten zwischen den Reihen stehen, weil alle Plätze auf den Kirchenbänken und Stuhlreihen belegt waren. Ich schätze, es waren über zweitausend Besucher zum Abschied gekommen, das war absoluter Rekord.

Von diesen dreitausend Besuchern sind Kopfermann dann aber nur um die sieben Leute in seine neue Kirche gefolgt. Schnell wurde eine Halle in der Nähe des Blumengroßmarktes in Hamburg gemietet, und ab diesem Zeitpunkt fanden dort die charismatischen Gottesdienste am Sonntagabend statt.

Im Rahmen eines solchen Abendgottesdienstes der neuen Kopfermann-Gemeinde, die sich nun Anskar-Kirche nannte, wollte ich von unserer Zeit im Steigerteam berichten. Immerhin kam ein Großteil unserer Spender aus die-

ser Gemeinde, und diese Menschen hatten ein Recht, zu erfahren, was wir mit ihrem Geld angestellt hatten.
Der Raum war, wie jeden Sonntag, sehr gut gefüllt. Ulrike und ich hatten uns in die erste Reihe gesetzt und warteten auf unseren Einsatz. Nach einer kurzen Einführung von Pastor Kopfermann standen wir dann vor der Gemeinde und erzählten begeistert von der Zeit in Amsterdam. Ich berichtete von dem *Biblestudy* auf dem Boot, unserem Einsatz in Sibirien, meinem »Matthäus-Berufungserlebnis«, der Notwendigkeit einer neuen Jesusbewegung und auch von meiner Vision, die Gott mir gegeben hatte. »Ich glaube, Gott möchte von mir, dass wir ab sofort eine Veranstaltung für Leute starten, die in diesen Gottesdienst nie gehen würden«, schloss ich den Bericht. »Es soll eine Veranstaltung sein, wo sich Jugendliche, Leute aus der Szene, Punks und Freaks treffen, um Jesus zu erleben. Sie sollen so kommen können, wie sie sind: betrunken, breit, dreckig, versifft, das ist egal, es soll nur jedem klar sein, dass es an diesem Abend ausschließlich um einen geht, nämlich um Jesus! Wir wollen damit sehr bald beginnen!«
Diese Ansage im Gottesdienst bewirkte zunächst nur zwei Dinge, aber die hatten es in sich. Zum einen kam direkt danach ein langhaariger junger Mann auf mich zu. »Ey, kann ich mal mit dir reden?«, fragte er mich. »Ich fand sehr interessant, was du da gerade erzählt hast!« In einem kurzen Gespräch erfuhr ich, dass er im Rahmen einer Veranstaltung der Anskar-Kirche vor einiger Zeit Christ geworden war. Er war Schlagzeuger einer damals ziemlich angesagten Hamburger Band, spielte aber auch noch andere Instrumente. »Ich heiße übrigens Kuky!«, stellte er sich mir vor. »Können wir uns vielleicht nächste Woche einmal bei mir treffen und zusammen beten?« Das taten wir, und nicht nur einmal. In den folgenden Monaten trafen Kuky und ich uns regelmäßig im Haus seiner Eltern. Kuky hatte dort im Keller ein eigenes Zimmer bezogen, wo wir genug

Platz und Ruhe hatten. Da er noch nicht so lange Christ war, stellte er mir anfangs tausend Fragen, und ich beantwortete alles, so gut ich irgendwie konnte. Manchmal hatte ich das Gefühl, Kuky nur wenige Meter in meinem Christsein voraus zu sein, aber das reichte gerade, um ihn ein Stück weiter zu führen. Das Wichtigste an unseren Treffen war aber, neben den Gesprächen, immer die anschließende Gebetszeit. Diese Zeiten wurden oft ziemlich emotional. Wir beteten füreinander, schrien gemeinsam zu Jesus, und es flossen auch öfter die Tränen. Immer wenn ich beim Beten meine Hände auf Kukys Kopf legte, passierten erstaunliche Dinge. Sein Körper fing wie wild an zu zucken, als hätte ich elektrische Energie in mir. Seine Augen begannen zu flackern, er zitterte, bewegte sich hin und her und bebte am ganzen Körper. Vermutlich ist er von seiner ganzen Persönlichkeit her sehr offen und empfänglich für übernatürliche Dinge. Aber auch mich spornte das im Glauben unheimlich an, denn ich bildete mir durchaus etwas darauf ein, nach dem Motto: »Wow, was hab ich denn jetzt auf einmal für eine göttliche Kraft in meinen Händen, wenn Kuky von meinem Gebet so zittert?!«

Als zweite Reaktion auf diesen Gottesdienst kam eine besorgte Mutter von vier Kindern auf mich zu. Ihr ältester Sohn Tobi war zwar christlich aufgewachsen, hatte sich aber in der Pubertät von seinem Elternhaus und vom Glauben entfernt. Seit einiger Zeit war er jetzt in politisch linksorientierten Gruppen in Hamburg aktiv, ging abends viel auf Partys, nahm Drogen und wollte von Jesus gar nichts wissen. Noch am selben Abend erzählte sie ihrem Sohn von diesem Typen aus dem Gottesdienst, der gerade aus Amsterdam gekommen war und dort etwas Besonderes erlebt hatte. Schließlich vermittelte sie ein Treffen zwischen ihm und mir. Tobi hatte aber eigentlich kein Interesse, über Glaubensthemen zu sprechen. Er dachte,

ich könnte mit meiner Amsterdamvergangenheit vielleicht eine gute Haschconnection sein. Seine Mutter gab ihm meine Telefonnummer, er rief mich eines Tages an, und wir trafen uns bei mir in der Wohnung. Ich hatte allerdings kein Hasch für ihn, sondern nur Jesus … Wir setzten uns mit einem Tee ins Wohnzimmer auf die Sofaecke. Dort fragte ich ihn etwas aus. Ich erfuhr, dass er keine Lust mehr hatte, in die Schule zu gehen, dass ihn das Leben gerade etwas annervte, und wir kamen auch auf das Thema Drogen zu sprechen. Schließlich wollte ich von ihm noch wissen, wie es um ihn und Jesus stehe. »Ich leb so ein bisschen mit Gott«, sagte er, »meine Eltern haben mich so erzogen. Aber so richtig erlebt hab ich Jesus noch nie!«
»Tobi, wenn du Jesus erleben willst, dann musst du dich auch ganz auf ihn einlassen!«, forderte ich ihn auf. Ich erklärte ihm alles, was ich vom Glauben bis dahin verstanden hatte, und meinte zum Schluss: »Jesus will mit dir zusammen sein, aber ein schlaffes Christentum ist hohl und dumm. Christsein ist etwas Radikales, das Radikalste, das du dir vorstellen kannst! Es gibt nichts Heftigeres, als den Macher des Universums zum Freund zu haben. Wenn du das willst, dann musst du auch ganze Sache mit ihm machen. So ein bisschen mit Gott bringt es nicht. Willst du das? Willst du mit dem ganzen alten Scheiß Schluss machen und wirklich mit Jesus leben?«
Tobi überlegte kurz, dann sagte er: »Ja, das will ich!«
»Gut, dann lass uns zusammen jetzt hier auf den Boden knien und beten, dass Jesus dich annimmt!«
Zusammen gingen wir vor dem Sofa auf die Knie, schlossen unsere Augen und beteten gemeinsam : »Jesus, ich will ab sofort mit dir leben! Ich geb dir jetzt alles, was mir gehört! Bitte, Jesus, vergibt mir die ganze Scheiße, die ich gebaut habe! Amen!«
Als ich wieder aufblickte, konnte ich Tränen in seinen Augen erkennen. Aber es waren keine Tränen der Trauer,

Tobi war überglücklich! Voller Freude umarmten wir uns mehrfach und jubelten gemeinsam laut: »Yeeeessss!«
Tobi war vielleicht nicht der erste Junge, den ich zu Jesus führen durfte, aber es gab mit Sicherheit nach ihm keinen zweiten, der für die neue Vision so wichtig gewesen ist wie er. Die Talente, die Tobi mitbrachte, passten so hundertprozentig zu dem, was jetzt noch kommen sollte. Das Besondere an ihm war aber, neben seinen unterschiedlichen Gaben, seine durch und durch dienende und treue Einstellung. Er wollte nie im Mittelpunkt stehen, sah, wo es etwas zu tun gab, und packte dort zuverlässig mit an. Gott hatte uns ganz eindeutig zusammengebracht.

Die ersten »Jesusabhängabende«

Bald darauf lud ich Tobi und Kuky ein, ob sie nicht Lust auf ein gemeinsames Treffen bei mir zu Hause hätten. Meine Idee war, ob wir nicht zu dritt anfangen sollten, die Vision umzusetzen, die Gott mir in Amsterdam gegeben hatte. Freitag schien ein guter Tag zu sein, weil an diesem Tag die meisten Leute aus der Szene sowieso auf Partys unterwegs sind. Man könnte das Treffen so legen, dass es spät genug für eine entspannte Zeit war, aber auch früh genug, um anschließend noch Partys besuchen und um die Häuser ziehen zu können. Unser erster Abend fand dann am 20. September 1991 statt. Wir trafen uns zu dritt in unserem Wohnzimmer in Hamburg-Winterhude. Da Ulrike in der Zeit oft Spätdienst im Krankenhaus hatte, war sie anfangs selten dabei. Zuerst wollten wir uns vor allem treffen, um gemeinsam zu beten. Aber es sollte schon eine hef-

tige, ehrliche, radikale Form des Betens sein, anders, als wir es sonst aus der Gemeinde kannten. Darum bekam unser Treffen auch zuerst den Namen »Hardcorebeten«. Wir wollten gemeinsam herumexperimentieren, wie man einen Gottesdienst anders gestalten könnte. Dabei war mir wichtig, dass es immer einige feste Bestandteile bei jedem Treffen geben musste. Zum einem gehörte eine Predigt dazu und zum anderen auch eine Gebetszeit, also eine Zeit, in der wir gemeinsam zu Gott singen und dazwischen beten. Diese »Lobpreiszeit« gab es damals nicht in allzu vielen anderen Gemeinden in Deutschland. Allerdings war klar, dass wir den Schlager-Abba-und-Liedermacher-Musikstil, wie ich ihn aus den Gemeinden kannte, nicht wollten. Wir wollten Lieder singen, die auch unserem Lebensstil entsprachen, mit Worten, wie wir sie auch im Alltag benutzten. Die Musik sollte so sein, wie wir sie auch hörten, wenn wir nicht gerade in einem Gottesdienst waren.
Was die Predigt anging, verfolgte ich einen ähnlichen Gedanken. Viele Predigten, die ich in herkömmlichen Gottesdiensten gehört hatte, wurden mit so einem Pathos gehalten, dass man es als junger Mensch schon gar nicht mehr ernst nehmen konnte. Viele Pastoren verstellten in ihren Predigten oftmals ganz seltsam salbungsvoll ihre Stimme und redeten anders als im täglichen Umgang miteinander. Eine Predigt sollte bei uns in derselben Sprache sein, die man auch im normalen zwischenmenschlichen Gespräch benutzt, zum Beispiel abends in einer Kneipe. Mir war klar, dass ich für diesen Part zuständig war und Kuky den sehr wichtigen Musikteil übernehmen sollte. Kukys Kreativität explodierte in den folgenden Monaten förmlich. Er schrieb in kürzester Zeit Dutzende Lieder, die noch heute in Gottesdiensten überall in Deutschland gesungen werden. Diese Songs spiegelten dabei oft zwei Sachen wider. Zum einen war es eine ehrliche Situations-

beschreibung, nichts Abgehobenes, Religiöses oder Weltfremdes. Es ging in seinen Texten um das, was wir wirklich im Leben empfanden und was wir vor Gott bringen wollten. Zum andern drückten sie aber auch immer ganz viel Sehnsucht aus. Sehnsucht nach mehr von Gott, nach Heilung, nach Liebe, nach leidenschaftlicher Hingabe. Seine Lieder inspirierten uns, Jesus alles zu geben und ihn mit allem, was man hat, anzubeten.

Nach meiner Erinnerung ging das erste Lied, das Kuky jemals geschrieben hatte, vom Text her so:

> When I am down, you are allways there!
> When I cry, I know you care.
> When I hit the ground, you hold me with your hands.
> When I lie you understand.
> YOU ARE GOD!
> Even if I fail, you are at my side.
> And if I kill my mom, I don't have to hide.
> Your mercy is higher than the empire state.
> And what I know is just a shade.
> YOU ARE GOD!

Den Zwischenteil YOU ARE GOD haben wir dann immer aus vollem Herzen wie ein Bekenntnis mehrfach hintereinander herausgeschrien, so dass es jeder in der Nachbarschaft hören konnte. »YOU ARE GOD! YOU ARE GOD!« Egal was passiert, egal was wir tun, egal ob alles um uns herum zerbricht. Gott ist Gott, er hat die Macht, er steht über den Dingen.

Tobi bekam aber einen mindestens genauso wichtigen Job wie Kuky und ich. Er sollte Flyer und ein Logo entwerfen, mit denen man Leute zu unserem Hardcoregebet einladen könnte. Und er machte einen genial guten Job! Tobi war grafisch und designermäßig sehr begabt. Er zeichnete auf die eine Seite des Flyers einen Totenkopf, der von zwei Knochen durchkreuzt wurde. Aber auf der anderen Seite sollte das Zeichen stehen, das später auch unser Logo wurde: ein griechisches Alpha und Omega, die ähnlich wie beim Anarchiezeichen übereinandergelegt waren. Diese beiden Buchstaben kommen im letzten Buch der Bibel, der Offenbarung des Johannes, vor. Dort sagt Jesus: »Ich bin Anfang und Ende, Alpha und Omega.« Ich hatte dieses abgewandelte Anarchie-»A« einmal bei ein paar Christenpunks in Holland gesehen und es Tobi als Vorlage empfohlen. Unsere gefühlte Nähe zur alternativen Anarchoszene wurde dadurch gut dargestellt. Außerdem wollte ich ein Zeichen mit einem hohen Wiedererkennungswert haben, das man auch in öffentlichen WCs, auf Mauern und in U-Bahn-Schächten an die Wände sprühen konnte.

Was mich bei den Einladungsflyern von anderen Gemeinden immer aufgeregt hatte, war, dass auf diesen eigentlich gelogen wurde. Dort konnte man lesen, dass es »kostenlosen Kaffee« gibt oder »Live-Musik«. Aber was man vor allen Dingen wollte, stand nicht auf dem Zettel, nämlich, dass die Leute missioniert und Christen werden sollten. Darum stand auf unseren Einladungszetteln eine ganz deutliche Warnung: »Komme nur, wenn du wirklich willst! Es könnte dich dein Leben kosten!«

Mit dem von Tobi entworfenen Flyer gingen wir dann zu dritt auf den Kiez nach St. Pauli. Wir machten dabei die Einsätze genauso, wie ich es im Steigerteam gelernt und dann in Hamburg schon allein praktiziert hatte. Zuerst ließen wir uns von Jesus den Club oder die Kneipe zeigen, wo wir hingehen sollten. Dann setzten wir uns in den Laden in eine Ecke und beteten im Stillen für die Leute. Anschließend gingen wir herum, verteilten die Flyer und luden zu unserem Gottesdienst ein, den wir »Jesusabhängabend« nannten.

Tobi war es schließlich, der eines Freitags mit ein paar

Leuten ankam, die er auf einer Party in Harburg getroffen hatte. Ich ließ mir natürlich nichts anmerken, war aber schon ganz schön aufgeregt: Endlich die ersten Gäste! Es handelte sich um ein bildhübsches, schlankes Mädchen mit roten Haaren sowie um drei junge Männer, die Tobi irgendwo kennengelernt hatte. Mit mir waren wir also zu siebt. Nachdem wir eine Zeit rumgesessen und Kaffee und Tee getrunken hatten, fingen wir mit dem »Hardcorebeten« an. »Es ist egal, was du sagst, wie du es sagst, wie laut oder leise du es sagst«, rief ich den Besuchern zu, »jeder soll nur das Eine wissen: Jesus ist jetzt hier! Er hört jedes unserer Gebete! Und er kann Wunder tun!«
Dann fing Kuky an, eins von seinen Liedern zu singen; die Texte lagen in Kopien auf dem Boden, so dass jeder mitsingen konnte. Zwischen den Songs wurde gebetet. »Danke, Jesus, dass du da bist!«, sagte ich nach dem zweiten Lied. »Es ist so geil, deine Gegenwart zu spüren! Bitte zeig uns, was du draufhast!« Es folgte ein langes Schweigen. Kuky murmelte etwas von »Jaaaa, hmmm«, dann wieder langes Schweigen. Aber plötzlich, nach dem dritten oder vierten Lied, hörte ich, wie einer der Jungs leise sagte: »Jesus, ich brauch dich! Ich fühl mich so leer!« Da war der Damm gebrochen. Auf einmal schüttete jeder vor Jesus sein Herz aus. Man hörte Gebete wie »Jesus, ich will mit dir leben!« oder »Bitte hilf mir!«. Vollkommen ehrlich und aus ganzem Herzen sagten die Freaks Gott, wo sie Mist gebaut hatten und was sie von ihm brauchten. Es ging um Einsamkeit, Verletzungen, Lügen, aber auch um Drogen oder finanzielle Probleme. Das Ganze dauerte ungefähr eine halbe Stunde. Irgendwann merkte ich, dass jeder das gesagt hatte, was er sagen wollte. Ich bat alle Leute, noch einmal aufzustehen, um gemeinsam das »Vaterunser« zu beten. Dazu stellten wir uns in einem Kreis auf. »Lasst es uns so machen, wie man es vom American Football her kennt!«, sagte ich schmunzelnd. Also legte jeder

die Arme auf die Schultern des Nachbarn, und gemeinsam beteten wir: »Unser Vater im Himmel! Geheiligt werde dein Name!« Dann wurde es immer lauter: »Dein Reich komme. Dein Wille geschehe wie im Himmel so auf Erden. Unser tägliches Brot gib uns heute. Und vergib uns unsere Schuld, wie auch wir vergeben unseren Schuldigern.« Mittlerweile brüllten wir fast: »Und führe uns nicht in Versuchung, sondern erlöse uns von dem Bösen!« Und am Ende schrien wir so laut, dass unsere Nachbarn vermutlich aus dem Bett gefallen sind: »Denn dein ist das Reich, und die Kraft, und die Herrlichkeit, in Ewigkeit. AMEEEEN!«

Nachdem der Letzte unsere Wohnung verlassen hatte, lief ich laut jubelnd durch alle Zimmer. »Yesssss! Danke, Jesus!!! Suuuper! Wie geil war das denn?! Wuuuuh! Das hast du saugeil gemacht! Danke, Jesus, danke, dass du diesen Abend so fett gesegnet hast!!!!« Als Ulrike vom Spätdienst nach Hause kam, erzählte ich ihr aufgeregt von diesem Treffen, und wir redeten noch bis tief in die Nacht hinein.

Alle Leute, die bei diesem Hardcoregebet dabei gewesen waren, kamen beim nächsten Mal wieder. Und fast jeder brachte noch einen Freund mit. Wieder hatten wir eine heftige Gebetszeit, wieder war es super ehrlich, und immer mehr Leute trauten sich auch, laut zu beten. Am Ende erzählte einer der Jungen, dass er während der Gebetszeit Jesus am ganzen Körper gespürt hatte, so etwas hätte er noch nie zuvor erlebt. Ein anderer sagte, Gott hätte mit ihm geredet und er wüsste jetzt, was er alles in seinem Leben ändern muss. Tobi reichte einen Stapel mit Flyern rum und sagte: »Hey, Leute, ladet eure Freunde zu unserem Treffen ein! Es sollen noch mehr Leute so ein Jesuserlebnis haben können!« Zu diesem Zeitpunkt trafen wir uns noch alle vierzehn Tage.

Beim nächsten Hardcoregebet war dann bereits das eine

Zimmer so voller Menschen, dass wir die Zwischentür zum Nebenraum aufmachen mussten. In der Szene in Harburg hatte sich mittlerweile rumgesprochen, dass es dort diese »Freaks« gibt, die sich wegen »Jesus« treffen. Diese Bezeichnung gefiel uns, und ab sofort nannten wir die Gruppe offiziell *Jesus Freaks*.

Irgendwann sagte Kuky zu mir: »Martin, wir brauchen auch eine anständige Predigt, wenn wir so weitermachen wollen!« Er hatte vollkommen recht. Da ich am längsten von allen ein Christ war, lag diese Aufgabe bei mir. In der Woche vor dem Treffen fragte ich beim Beten immer wieder: »Jesus, worum soll es gehen? Was soll ich predigen?« Dann hatte ich plötzlich einen Gedanken im Kopf, und für mich war dieser Gedanke wie seine Antwort: »Predige über denselben Text wie damals auf dem Boot! Predige über das Feuer! Du bist jetzt reif dafür, ich werde dir die Autorität geben, ich werde dir dabei helfen! Ich sehe dich wie einen Matthäus, das sind deine Leute, und du sollst ihnen das Evangelium in ihrer Sprache bringen!«

Am nächsten Freitag war es dann so weit. Kuky hatte das letzte Lied gespielt und die Gebetszeit mit einem »Amen« beendet. Aufgeregt schlug ich die Bibel im Lukasevangelium auf, las im zwölften Kapitel den 49. Vers und begann mit meiner Predigt: »›Jesus spricht: Ich bin gekommen, ein Feuer auf die Erde zu werfen, und wie sehr wünschte ich, es würde schon brennen!‹ Diesen Satz hat Jesus damals zu seinen Freunden, zu seinen Jüngern gesagt. Ich hab mich ehrlich gefragt: Welches Feuer meinte er? Ich denke, dass jeder Feuer kennt und schon Erfahrungen damit gemacht hat. Wenn wir jetzt einmal die Augen schließen würden, dann hätte jeder von euch vermutlich ein anderes Feuer in seiner Vorstellung. Einige würden vielleicht ein Lagerfeuer sehen, ein schönes Feuer, das uns in der kalten Nacht wärmt, das es gemütlich macht. Andere würden das Feuer der Sonne sehen, ohne das das Leben gar nicht existieren könnte. Dann könnte jemand aber auch daran erinnert werden, wie er sich einmal eine schmerzhafte Brandblase im Feuer geholt hat, ein Feuer, das weh tut. Oder er würde einen Waldbrand sehen, oder ein brennendes Haus, wo Feuer ganz viel zerstören kann. Das eine Feuer ist gut, das andere ist gefährlich. Welches Feuer meint Jesus nun, wenn er sagt: ›Ich bin gekommen, ein Feuer auf die Erde zu werfen, und wie sehr wünschte ich, es würde schon brennen‹? Feuer hat zwei Seiten. Einmal formt es Dinge, es schafft etwas, es wirkt kreativ. Metall wird erst formbar, wenn es durchs Feuer gegangen ist. Du kannst davon ausgehen, dass fast alles in diesem Raum einmal indirekt mit Feuer in Berührung gekommen ist, sogar der Stuhl, auf dem du sitzt, oder der Teppich, auf dem du liegst! Auf der anderen Seite verbrennt Feuer auch Dinge, es kann weh tun. Welches Feuer meint Jesus? Ich will das mal konkreter machen. Was wäre, wenn Jesus sein Feuer in unsere Hände geben würde? Wenn er das täte, dann könnten wir Kranken die Hände auflegen, und sie würden geheilt werden! Das hat er ja seinen Leuten in der Bibel versprochen. Wäre das nicht geil? Ich habe mal von jemandem gehört, der so ein krasses Feuer des Heiligen Geistes in sich hatte; wenn der durch eine Menschenmenge ging, wurden die Leute nur durch eine Berührung von ihm geheilt. Wer will dieses Feuer haben?«

»Ich!«, rief einer sofort. Andere nickten zustimmend.

»Okay, aber könnte es nicht sein, wenn wir dieses Feuer von Jesus in unseren Händen haben, dass wir dann bestimmte Dinge nicht mehr anfassen können? Könnte es sein, dass dann die Flasche Korn oder der Joint nicht mehr in unseren Händen sein kann, dass solche Dinge verbrennen müssen? Was denkst du? Oder mal etwas anderes: Was wäre, wenn Jesus sein Feuer in unsere Gedanken geben würde. Ich glaube, wir hätten dann vermutlich ständig Visionen von ihm, wir könnten Träume von ihm bekommen und wir würden Dinge aus seiner Perspektive beurteilen. Ich schätze, das würden die meisten von uns gern wollen. Aber wenn er dieses Feuer dort reingeben würde, könnte es dann sein, dass bestimmte Gedanken bei uns keinen Platz mehr hätten? Dass Neid, Eifersucht oder Zorn dort nicht mehr sein könnten? Was ich mir auch echt wünsche, ist Gottes Feuer in meinen Ohren. Wenn Gottes Feuer in meinen Ohren wäre, dann könnte ich viel besser seine Stimme hören. Ich brauch das so oft, dass ich weiß, was ich machen soll, wie ich mich entscheiden soll. Geht euch das nicht auch so?«

»Ja, rede weiter!«, spornte mich Tobi an.

»Okay, wenn Gott uns sein Feuer in unsere Ohren gibt, könnte es da nicht sein, dass wir bestimmte Sachen nicht mehr hören können? Dass wir bestimmte Musik, deren Text Gott verarscht, die sogar Satan anbetet, dass wir diese Musik nicht mehr in der Anlage haben können, dass sie am besten in der Mülltonne landet? Oder wie ist das mit Gottes Feuer in unseren Augen? Ich war mal in Bilbao auf einem Konzert mit *No Longer Music.* Zuerst hab ich die Leute dort nur mit meinen eigenen Augen gesehen, und ich war sehr beeindruckt und hatte sogar vor einigen Punks richtig Angst. Aber dann hab ich zu Jesus gesagt: ›Ich will die Menschen so sehen, wie du sie siehst, gib mir dein Feuer auf meine Augen!‹ Und plötzlich hab ich nicht mehr den coolen Iro oder den Nietengürtel oder die Springerstiefel gesehen, ich sah in das Herz der Leute. Und dann sah ich ganz einsame Jungs, die sich ungeliebt fühlten und die ganz dringend Gott brauchten. Aber ich frage euch, könnte es sein, wenn Jesus uns sein Feuer in die Augen gibt, dass wir uns bestimmte Dinge nicht mehr anschauen können? Dass Pornos oder Gewaltvideos dieses Feuer von Jesus verdrängen? Ich frage euch jetzt: Wollt ihr dieses Feuer wirklich haben? Das ist eine radikale Sache, es ist vermutlich das Radikalste, was du jemals gemacht hast.

Wenn dieses Feuer kommt, ist nichts mehr so, wie es vorher war. Alles wird dann anders. Es gibt einen Preis, den du bezahlen musst! Du musst dich Jesus ganz zur Verfügung stellen, du musst ihm ganz gehören! Will das jemand von euch? Wer will das Feuer von Jesus haben? Dann soll er jetzt auf die Knie gehen und Jesus um dieses Feuer bitten! Ich bin der Erste, ich brauche dieses Feuer unbedingt, ich will es haben!«

Nach diesem letzten Satz kniete ich mich auf den Boden und vergrub meinen Kopf in meinen Händen. Es war für einen kurzen Moment still, dann hörte ich, wie sich im ganzen Raum die Freaks auf den Boden schmissen und leidenschaftlich zu beten anfingen: »Jesus! Gib mir dein Feuer!« – »Ich will dein Feuer in meinen Augen! Vergib mir, dass ich mir ständig Pornos anschaue!« Jemand anders schrie: »Ja, ich will auch dein Feuer! Ich hab keinen Bock mehr auf dieses ständige Lügen! Mein ganzes Leben ist eine Lüge! Ich will nicht mehr lügen! Gib mir dein Feuer in meinen Mund!« Spätestens von dem Zeitpunkt an beteten alle durcheinander. Überall lagen oder knieten die Freaks, baten Jesus um Vergebung, luden ihn neu ein, in das eigene Leben zu kommen, beteten um das Feuer, von dem er gesprochen hatte. Und dann passierte etwas, was ich bis zu dem Zeitpunkt noch nie erlebt hatte. Plötzlich war Jesus selbst ganz spürbar anwesend! Ich meine, er war ja auf jeden Fall auch schon vorher da. Aber das war etwas anderes, er war auf eine andere Art und Weise da, und jeder merkte das. Er kam mit dem Feuer, mit seinem Heiligen Geist in mein Wohnzimmer und steckte die *Jesus Freaks* in Brand. Alle lagen verstreut auf dem Fußboden. Es war ganz still. Hier und da murmelte jemand ein Gebet, ansonsten schwiegen alle. Die Gegenwart Gottes legte sich wie eine Wolke über den Raum. Jesus war so real anwesend, dass wir alle das Gefühl hatten, man könnte ihn buchstäblich mit den Händen berühren! Ich hab keine

Ahnung, wie lange dieses Erlebnis anhielt, ob es Stunden oder nur Minuten waren, aber nach einer Weile verschwand diese Wolke wieder. Nacheinander machten wir die Augen auf und schauten uns an, strahlten und lachten. So ein Erlebnis hatte ich noch nie zuvor gehabt. Es ist schwer, jemandem so etwas zu beschreiben, wenn er selbst noch keine Gotteserfahrung gemacht hat. Kuky meinte später zu mir: »Der Heilige Geist war so massiv da, ich wusste nicht mehr, was ich machen sollte. Überall lagen die Leute auf dem Boden, baten Gott um Vergebung, heulten und wandten sich von ihrem Mist ab. Ich bin dann zu Fuß nach Hause und hab eineinhalb Stunden geheult. Mir war einfach nicht klar, ob ich mit diesem heiligen Gott leben kann. Aber im Rückblick war das für mich die Geburtsstunde der *Jesus Freaks*. Von dem Zeitpunkt an war die Kraft in den Gottesdiensten eine andere. Es schien, als hätte Gott dir mit dieser Predigt einen Startknopf in die Hand gegeben. Vorher haben wir uns nur so getroffen, wir hatten Jesus lieb, das war es. Aber ab diesem Erlebnis war es auf einmal ernst.«

Breit im Heiligen Geist

Solch eine intensive Gotteserfahrung hatten wir nicht bei jedem Treffen, aber es gab von den intensiven Abenden noch einige mehr. Zum Beispiel hatten wir einen Jesusabhängabend, an dem Mike zu Besuch war. Mike stammte ebenfalls aus Harburg und hatte von seinen besten Freunden den Spitznamen »die Droge« bekommen. Alles, was es an Drogen auf dem Markt zu kaufen gab, hatte er bereits genommen. Speed, LSD, Ecstasy, Kokain, Morphium, Heroin, Trompeten (eine halluzinogen wirkende Pflanze); egal was, Mike kannte alles. Jeder wusste, dass er täglich vierundzwanzig Stunden etwas drin hatte, er war chronisch breit. Irgendjemand hatte ihn dann zu einem Abend bei uns eingeladen, und er war gekommen. Es gab wieder so eine ganz besondere Gebetszeit, in der das Feuer da war, wo jeder Gott und den Heiligen Geist spüren konnte. Auch Mike hatte es voll erwischt. Als er schließlich vom Boden hochkam, hatte er extrem glasige Augen. Ich fragte mich noch, ob er sich zu viele Drogen eingeworfen hatte, aber bevor ich den Gedanken weiterdenken konnte, rief er laut: »Hey, Leute, ich hab gerade die heftigste Dröhnung erlebt, die ich jemals gehabt habe! Ha, ha, ich bin so was von breit! Das gibt es gar nicht!« Dann erzählte er uns mit einem Grinsen, dass er sich vor diesem Treffen alles an Drogen »reingepfiffen« hatte, was noch bei ihm zu Hause in der Wohnung rumlag. Und weil er so aufgeregt war, besorgte er sich auf dem Weg sogar noch ein halbes Gramm Heroin. »Als ihr mit dem Beten angefangen habt, ist mir etwas Seltsames passiert«, erzählte er weiter, »von einer Sekunde auf die andere war ich völlig clean! Keine der Drogen hat mehr gewirkt! Ich war ganz plötzlich total klar in der Birne, so als hätte ich nichts genommen. Das war eigentlich gar nicht möglich! Ich bin dann noch mal aufs Klo und hab mir den Rest vom Heroin gezogen, aber ich war immer noch nicht breit! Nach ein paar Minuten bin ich dann zurück ins Zimmer und hab zu Jesus gebetet: ›Okay, wenn du nicht willst, dass ich Drogen nehme, dann will ich dein Feuer in mir haben!‹ Als ich das gebetet habe, kam auf einmal so eine Energie in mich rein. Ich wurde total abgefüllt mit dem Heiligen Geist! Und ich sag euch eins: So breit wie jetzt war ich noch nie zuvor in meinem ganzen Leben! Es ist eine andere Art von Breitsein, es ist total befreiend!« Mike saß da mit einem ansteckenden Grinsen, und wir mussten alle laut loslachen! Es mag vielleicht schräg klingen, aber Jesus war ihm tatsächlich auf die eine Art begegnet, die Mike am besten verstanden hat. Mike lief dann in den nächsten Wochen überall in der Szene rum, er ging sogar zu seinem Dealer und sagte: »Ich brauch deine Drogen nicht mehr! Jetzt hab ich die beste Droge überhaupt gefunden, und das ist der Heilige Geist! Und die kostet noch nicht mal etwas!« Natürlich hat Mike später auch verstanden, dass es beim Christsein nicht um eine Dröhnung, sondern um ganz andere Sachen geht. Aber allein diese Story machte in der Szene die Runde, und es kamen immer mehr Leute zu unseren Abhängabenden.

Taufe in der Alster

Im Juli 1992 kamen mittlerweile dreißig Gäste regelmäßig zu unserem »Jesusabhängabend«. Von diesen dreißig Leuten waren über die Hälfte erst durch unsere Veranstaltung zu gläubigen Christen geworden. Der Rest bestand aus Christen, die sich bei uns einfach wohl fühlten. Mir war bewusst, dass damit auch die Verantwortung wuchs. Ich wollte auf jeden Fall, dass ein neuer Jesus-Freak alles bekam, was er als Christ brauchte. Das war neben einer Bibel, der Gemeinschaft und dem Gebet eben auch so ein altes Ritual, das man Taufe nennt. Da ich von Wolfram Kopfermann stark geprägt worden war, kam auch für mich die Anerkennung der Babytaufe nicht in Frage. Ihm war in den ersten Jahren als Anskar-Pastor klargeworden, dass sich nach der Bibel ein Gläubiger immer selbst entscheiden muss, ob er getauft werden will oder nicht. Babys können diese Entscheidung noch nicht treffen, und die

Eltern können das auch nicht stellvertretend für einen tun, so war seine Überzeugung. Ich hatte mich selbst auch eingehend mit dem Thema beschäftigt und in einem Buch gelesen, dass die Babytaufe in der Zeit eingeführt worden war, als die Pest in Europa wütete. Man hatte damals Angst, ein an der Pest erkranktes Baby würde in die Hölle kommen, solange es noch nicht getauft war. Daher führte man in den Kirchen die Babytaufe ein. Aber was für ein brutales Gottesbild steckt dahinter? Als würde Gott einem süßen Baby die Einzug in den Himmel verweigern, nur weil es dieses Ritual nicht hatte machen können. Wenn jemand sich aber für den Glauben an Jesus entschieden hat, dann sollte er auch getauft werden, so wie man es in der Apostelgeschichte im Neuen Testament lesen kann. Ich fragte an einem Abhängabend einmal in die Runde, wer sich gerne taufen lassen würde, und sofort waren einige Hände oben. Da die Leute laut Bibel in einem Fluss getauft wurden, war für uns klar, wo die Taufe der *Jesus Freaks* stattfinden sollte. Natürlich in der Alster, dem kleinen Fluss, der durch Hamburg läuft. Ich hatte es in der Anskar-Gemeinde so gelernt, dass jeder Täufling zuvor ein Taufseminar besuchen muss. So habe ich es auch gehalten: In diesem Seminar erklärte ich noch mal anhand der Bibel, was Taufe bedeutet und warum man sich taufen lassen sollte. Taufe bedeutet auch, dass das alte Leben sterben soll. Mit dem Untertauchen im Wasser wird symbolisiert, dass der alte Mensch, also das alte Leben, gestorben ist. Wenn der Täufling wieder aus dem Wasser herauskommt, hat etwas Neues angefangen, ein neues Leben. Zusätzlich bot ich jedem Täufling an, ihm eine Art Lebensbeichte abzunehmen, wie man es auch aus der katholischen Kirche kennt. Allerdings sollte dies kein leeres, totes Ritual sein, wir füllten es mit Ernsthaftigkeit und Leben. Für diese Beichtaktion wurde extra ein ganzer Abend in unserer Wohnung reserviert. Ulrike nahm die Beichte bei den Frauen ab und ich bei den Männern. Dieses Angebot war wie gesagt freiwillig. Nicht alle, aber einige kamen einzeln in mein Zimmer und bekannten im Gebet, wo sie in ihrem Leben Mist gebaut hatten. Was ich im Laufe der Monate alles zu hören bekam, hätte für viele Jahre Gefängnis gereicht. Diebstahl, Totschlag, Betrug, alles war dabei. Wenn der Täufling vor mir seine Sünden bekannt hatte, sprach ich ihm, so wie es im 1. Johannesbrief im Neuen Testament vorgeschlagen wird, Gottes Vergebung zu und dass sich Gott sogar nun bereits gar nicht mehr dran erinnern kann. Ich sehe noch heute die strahlenden und zum Teil tränenüberströmten Gesichter nach diesen Treffen vor mir.

Dann war es so weit: Der große Tauftag stand an. Der Himmel hatte uns prächtiges Wetter geschenkt, was für Anfang Juni in Hamburg nicht unbedingt selbstverständlich ist. Es war warm, und die Sonne strahlte über der kleinen Wiese, die wir uns an der Alster ausgesucht hatten. Nachdem die Freaks, oft mit Familie und alten Freunden, eingetroffen waren, fing Kuky an, ein paar Lieder zu spielen und zu beten. Dann hielt ich die Predigt. Thematisch ging es noch einmal um die Taufe und was dort genau passiert. In der Mitte des Platzes hatten wir ein großes Lagerfeuer angezündet. Jetzt lud ich die Täuflinge ein, Dinge, die sie mit ihrem alten Leben verbanden, in diesem Feuer zu verbrennen. Einer schmiss einen Stapel alter Liebesbriefe hinein, die ihn mit seiner verflossenen Freundin verbanden. Diese Briefe waren eine Belastung für ihn geworden, die er jetzt los sein wollte. Jemand anders schmiss ein kleines Buch ins Feuer. Auf die Frage, was das war, sagte er: »Es ist ein altes Tagebuch aus einer sehr dunklen Zeit in meinem Leben. Ich will diese Zeit hinter mir lassen!« Schließlich folgte einer dem anderen und warf weitere Dinge ins Feuer. Vom Geruch her zu urteilen müssen dort auch Drogen gelandet sein, denn es roch auf einmal für eine kurze Zeit nach Haschisch. Ein Täufling drückte mir einen Koffer in die Hand und bat mich, ihn wegzuwerfen. In dem Koffer würden sich Waffen befinden, die er jetzt nicht mehr brauchen würde. Tatsächlich befanden sich in dem Koffer eine Automatikpistole und ein sehr langes Messer. Beides landete in der Müllpresse.

Schließlich gingen wir an das Ufer, und ich bat Timo, als Erster ins Wasser zu kommen. Er war in seinem alten Leben ein stadtbekannter Schläger gewesen und hatte mehrere Menschen krankenhausreif geprügelt. Dazu war er wegen irgendeiner anderen Sache auch vorbestraft. Gemeinsam gingen wir Schritt für Schritt in das eiskalte Wasser. Als wir bis zur Hüfte im Fluss standen, fragte ich so laut, dass jeder es hören konnte: »Timo, willst du mit Jesus leben? Willst du alles Alte hinter dir lassen und Jesus zu deinem Chef machen?«

»Ja, das will ich!«, rief er zurück.

»Okay, dann sollst du getauft werden!«

Zu dieser ersten Taufe hatten wir uns als Unterstützung einen Pastor aus der Anskar-Kirche dazugeholt. Wir stellten uns beide neben Timo auf. Dann packten wir ihn an einer Schulter, und er ließ sich von uns mit dem Rücken nach unten und dem Gesicht nach oben dreimal unter Wasser drücken. »Wir taufen dich auf den Namen des Vaters …«, jetzt ging er das erste Mal unter, »… und des Sohnes …«, dann das zweite Mal. Als er wieder hochkam, musste er erst mal etwas nach Luft schnappen. Aber auf ein Zeichen von ihm, sagte ich laut: »… und im Namen des Heiligen Geistes!«, und drückte ihn ein drittes Mal unter Wasser. In dem Augenblick passierte etwas Unerwartetes. Wir drei konnten deutlich eine Kraft spüren, die aus einer anderen Dimension auf uns herunterkam. Dieses Gefühl ist schwer zu beschreiben, es ist vielleicht vergleichbar mit dem Spüren von warmen Sonnenstrahlen, die plötzlich zwischen den Wolken hervorbrechen. Und dann war plötzlich ein Leuchten auf Timos Gesicht, wie ich es noch nie zuvor bei einem Menschen gesehen hatte. Buchstäblich »strahlend« stieg er aus dem Wasser und umarmte jeden seiner Freunde, die mitgekommen waren. Darunter war auch sein Bruder, der mit Tränen im Gesicht das ganze Geschehen vom Ufer aus verfolgt hatte. Wenn Timos Gesicht zuvor noch einen harten Ausdruck hatte, so bekam es jetzt auf einmal ganz weiche und freundliche Züge. Zum Abschluss kniete sich der Täufling noch einmal auf den Boden, die *Jesus Freaks* versammelten sich um ihn, legten, so wie es in der Bibel steht, ihre Hände auf seinen Kopf und beteten für ihn.

Auch Mike, »die Droge«, ließ sich an diesem Tag taufen. Als er zum dritten Mal untergetaucht wurde, hörten Kuky und ich unabhängig voneinander einen lauten Knall im Himmel, als wäre gerade ein Überschallflugzeug über uns hinweggeflogen. Im wahrsten Sinne des Wortes war dies eine sehr wundersame Veranstaltung. Insgesamt ließen sich beim ersten Mal siebzehn Leute taufen. Anschließend grillten wir noch ein paar Würstchen, tranken Bier und feierten bis spät in die Nacht. Mein Körper war nach der langen Taufsession vollkommen durchgefroren. Das Wasser in der Alster hatte vielleicht gerade mal zehn Grad. Aber in mir brannte ein Feuer, ich spürte eine innere Wärme von Glück und großer Zufriedenheit. Gott hatte mich tatsächlich dazu gebraucht, eine Arbeit zu starten, die buchstäblich Menschen rettet! Mike war vor seiner Bekehrung immer kurz vor dem Drogenexitus gestanden, und Timo wäre früher oder später im Knast gelandet.

Die *Jesus Freaks* waren einfach genau mein Ding. Hier konnte ich mich mit allen meinen Gaben voll ausleben. Ich hatte das Gefühl, der richtige Mann am richtigen Ort und zum richtigen Zeitpunkt zu sein. Und es machte mir obendrein auch noch unheimlich Spaß.

Im August hatten wir unsere zweite Taufe, und anschließend beschlossen wir, uns ab sofort jede Woche und nicht mehr vierzehntägig zu treffen. Inzwischen kamen zu unserem Treffen so viele Leute, dass unsere kleine Wohnung sie nicht mehr fassen konnte. Nachdem wir mit vierzig Leuten nachts um eins in einer Lautstärke das »Vaterunser« beteten, dass die Nachbarn von allen Seiten mit Besenstilen an die Wand klopften, mussten wir uns etwas einfallen lassen. In der Zwischenzeit hatte die große Anskar-Gemeinde drei kleinere Ableger in Hamburg gegründet, und ich fragte den Pastor von Anskar-Winterhude, ob wir nicht in deren Räumen den Jesusabhängabend feiern könnten. Dieser Versuch ging aber gründlich daneben, der Pastor war etwas spießig und verbot uns, nicht nur in, sondern auch vor den Räumen zu rauchen. Solche Einschränkungen wollte ich aber nicht hinnehmen; bei mir sollten sich die Leute so verhalten wie im Rest ihres Lebens. Darum brauchten wir eine neue Location. Ich glaube, es war meine Schwester Corinna, die auf die Idee kam: »Frag doch mal im *JesusCenter* im Schanzenviertel! Die haben dort das Café *Augenblicke,* das Freitagabend sowieso immer geschlossen ist!« Nach einem kurzen Telefonat war ein Termin im *JesusCenter* mit dem Leiter der Einrichtung sowie Kuky, Tobi und mir ausgemacht.

Kurz nachdem ich Christ geworden war, hatte ich schon einmal vom Café *Augenblicke* gehört. Es war in der Zeit der Jesusbewegung in den Siebzigerjahren entstanden und lag mitten in einem Viertel, das damals noch überwiegend in der Hand der alternativen Szene war. Zwei Häuser weiter befand sich die berühmt-berüchtigte »Rote Flora«, ein von Autonomen besetztes ehemaliges Stadtteil-Theater, in dem regelmäßige Punkkonzerte veranstaltet wurden. Wir klingelten und wurden von einem Mitarbeiter durch die Räume geführt. Wenn man von der Straße aus das Café betrat, musste man zuerst durch einen langen Flur, um zum Hauptraum zu gelangen. Dort standen überall klei-

nere runde Holztische mit Teelichtern drauf. Auf der linken Seite gab es eine Bühne, und im mittleren Teil befand sich vor der Küche ein U-förmiger, kleiner Tresen. Das ganze Café war mit einem hässlichen, braun-gelben Linoleumfußboden ausgelegt. Die Wände waren vor vielen Jahren in einem kräftigen Gelb gestrichen worden, was auch nicht unbedingt schick wirkte. Generell sahen alle Einrichtungsgegenstände eher so aus, als wären sie letzte Woche vom Sperrmüll geliefert worden. In den Regalen lagen verstreut ein paar alte Spiele und Bücher rum. Aber mit einem visionären Blick war das Café ein genialer Ort, den man sich gemütlich einrichten konnte, wenn man wollte. Vor allem hatten wir hier etwas, das wir am allermeisten brauchten, nämlich Platz! Es passten gut und gerne zwei- bis dreihundert Leute in den Raum, wenn man die Tische und Stühle vorher rausstellte. Der Mitarbeiter führte uns dann noch über eine kleine Wendeltreppe in einen Hinterraum, wo man sich prima zum Beten vor jedem Abhängabend treffen konnte. »Ihr könnt das Café für hundertfünfzig Mark im Monat nutzen. Alle Einnahmen am Tresen gehören uns. Dafür stellen wir eine Tresenkraft sowie Geschirr und Thermoskannen zur Verfügung. Seid ihr damit einverstanden?« Wir drei schauten uns nur kurz an und sagten sofort: »Ja, abgemacht! Können wir nächsten Freitag loslegen?«
Unsere letzte Veranstaltung in Winterhude war die erste »Jesus-Geburtstagsparty« der *Jesus Freaks*, die wir jemals gefeiert haben, an Weihnachten 1992. Aber es sollte bei weitem nicht die letzte Party dieser Art gewesen sein. Alle Freaks waren eingeladen, ihrem öden oder stressigen Familienweihnachten zu entfliehen und dort gemeinsam den Geburtstag von Jesus zu feiern. Wir fanden es sowieso äußerst pervers, was aus diesem Tag in der ganzen westlichen Welt gemacht worden war. Überall werden Konsumorgien bis zum Erbrechen gefeiert, und oft endet das Ganze in

einem großen Familienstreit. Wir richteten uns den Raum in den Gemeinderäumen so schön wie nur möglich ein. Girlanden, Kerzen, Poster, ein kaltes Buffet, schwarze *Jesus Freaks*-Fahnen, alles war an Ort und Stelle. Am Ende des Raumes wurde ein großer Geburtstagstisch mit einer Torte nur für Jesus aufgestellt. Über dem Tisch hatte Tobi ein großes selbstgemaltes Poster aufgehängt. Dort stand auf dunkelroter Pappe mit einem dicken schwarzen Edding geschrieben: »Happy Birthday, Jesus!« Jeder, der Lust hatte, konnte auf dem Tisch etwas ablegen, was er Jesus zum Geburtstag schenken wollte. Überwiegend konnte man dort Briefe finden, die geheim blieben und am Ende verbrannt wurden. Aber ich kann mich auch dran erinnern, dass jemand symbolisch ein Plektrum abgelegt hatte, um Jesus damit zu sagen: »Ich schenke dir meine Gabe, Gitarre zu spielen!«

Ab Anfang 1993 fanden unsere Veranstaltungen nur noch im *JesusCenter* statt. Keiner von uns konnte ahnen, was wir dort in den nächsten Jahren erleben würden. Wir stießen als *Jesus Freaks* in eine neue Dimension vor. Dinge, die ich mir vorher nicht mal erträumt hatte und nur aus Büchern von irgendwelchen großen christlichen Helden kannte, wurden in diesen Räumen Wirklichkeit. Streckenweise kam ich mir vor wie in einem spannenden Hollywoodstreifen, mit dem Unterschied, dass alles real war. Ich kann im Rückblick sagen, dass wir in diesen Räumen im Schanzenviertel als *Jesus Freaks* unsere beste Zeit hatten.

9 NEUE WEGE

Suchtberatung

Da ich neben der Arbeit mit den *Jesus Freaks* irgendetwas Handfestes machen wollte, war die Frage, welcher Ausbildungsgang dafür geeignet wäre. Meine Eltern waren nicht so von der Idee begeistert, dass ich für den Rest meines Lebens als *Jesus Freak*-Pastor von Spenden abhängig sein würde, und Ulrike war derselben Meinung. An einem Abend fand ich in einer Zeitung eine Anzeige vom »IWPH«, dem Institut für angewandte Weiterbildung und Psychotherapie, in dem eine Ausbildung zum »Therapeutischen Berater im Suchtbereich« angeboten wurde. Der Kurs sollte nur ein Jahr dauern, wovon für die letzten drei Monate ein Praktikum in einer Suchteinrichtung vorgesehen war. Das Besondere an dieser Ausbildung war, dass sie sich speziell an »Ex-User«, also an ehemalige Drogenabhängige, richtete. Die Leiterin des Instituts ging davon aus, dass ein Süchtiger immer der beste Experte ist, wenn es um das Thema Sucht geht. Da ich mit meinem jugendlichen Drogenkonsum eine kleine Suchtkarriere nachweisen konnte, bekam ich einen Platz und verbrachte dort im folgenden Jahr meine Vormittage. Die Nachmittage und Abende waren aber nach wie vor ganz mit meiner Arbeit bei den *Jesus Freaks* ausgefüllt. Nur während des dreimonatigen Vollzeitpraktikums verbrachte ich jeden Tag acht Stunden auf der Drogenentzugsstation im Allgemeinen Krankenhaus Ochsenzoll.

Radio Freaks at the Cross und die Striptease-Predigt

In Hamburg gab es bis vor wenigen Jahren eine Sendestation, in der jeder Bürger kostenlos Radio- und TV-Sendungen produzieren und senden konnte. Dieser sogenannte Offene Kanal strahlte die Sendungen entweder live oder als Aufzeichnung aus. Finanziert wurde dieses Angebot über das Landesmediengesetz von der Stadt Hamburg. Als dieses Angebot eingerichtet wurde, hatte die Radiowerbung auch bei den öffentlich-rechtlichen Sendern drastisch zugenommen, denn trotz der nervigen Werbeunterbrechungen konnten die neuen privaten Radiosender immer mehr Zuhörer gewinnen. Das bedeutete, dass der Offene Kanal in Hamburg die einzige Rundfunkstation war, die ganz auf Werbung verzichten konnte. Neben Beiträgen vom Meerschweinchenzüchterverein oder von der Kleingarten-Kolonie Barsbüttel wurden auch immer wieder Sendungen ausgestrahlt, die geradezu Kultcharakter besaßen und eine große Zuhörerschaft gewinnen konnten. Kuky und ich organisierten uns kurzerhand einen Aufzeichnungstermin und produzierten Anfang 1993 unsere erste Sendung mit dem Titel *Radio Freaks at the Cross*. Ich hatte aus Amsterdam ein paar Schallplatten mit guter christlicher Musik mitgebracht, die man in Deutschland nicht bekam, darunter sogar zwei Scheiben von christlichen Punkbands. Unsere Sendung war immer sehr chaotisch, wir spielten Musik und dazwischen redeten wir locker über Jesus und unseren Glauben. Eine besondere Eigenheit des Offenen Kanals war, dass es direkt im Studio auch ein Telefon gab, über das man mit den Hörern während jeder Sendung live sprechen konnte.
Nach der Anzahl der Anrufer zu urteilen, war unsere Sendung ein voller Erfolg, und wir beschlossen, diesen neuen

Arbeitszweig bei den *Jesus Freaks* fest zu etablieren. *Radio Freaks at the Cross* war immer spaßig und doch gleichzeitig auch ernst. Den Schluss und Höhepunkt jeder Sendung stellte eine Predigt dar, in der ich die Zuhörer einlud, ihr Leben Jesus anzuvertrauen. Manchmal bekamen wir Anrufe von Leuten, die uns am Telefon laut beschimpften, um dann wütend aufzulegen. Aber viele der Anrufer hatten ehrliche Fragen über den Glauben, und es kam öfter vor, dass wir am Telefon für Leute beteten.

Etwas später haben wir dann über Mirko, einen jungen Mann, zu dem wir über die Jugend der Anskar-Kirche Kontakt hatten, mitbekommen, dass es auch nicht so schwer sei, Fernsehsendungen im Offenen Kanal zu produzieren. Man müsse nur ein größeres Team zusammenbekommen, denn so eine TV-Sendung brauche Kameraleute, Mitarbeiter für den Ton und den Schnitt. Mirko hatte im Offenen Kanal bereits eine sehr kultige, lustige und auch christliche Sendung mit dem Namen *Sunday Morning Show* etabliert. Wir nannten unsere Sendung natürlich *Jesus Freaks TV*, denn es war eine Sendung unserer Gemeinde. Auch hier war es uns wichtig, neben all dem Spaß, den Talkrunden und den Musikbeiträgen immer auch eine Predigt in der Sendung zu haben. Zum Abschluss luden wir alle Zuschauer ein, einmal bei unserem Jesusabhängabend im Café *Augenblicke* vorbeizukommen.

Bei einer meiner ersten TV-Predigten habe ich länger überlegt, worüber ich reden sollte. Da ich mein eigenes Fernsehverhalten kannte, war mir klar, dass ein hoher Prozentsatz von Zuschauern über das Zappen mit der Fernbedienung zufällig in die Sendung reinschaltet. Darum wollte ich versuchen, irgendetwas zu tun, um die »Zapper« dazu zu bringen, bis zum Schluss auf dem Kanal zu bleiben. So kam ich auf die Idee, eine Striptease-Predigt zu halten. Nach einer kurzen Ansage zeigte mich die

Kamera in Nahaufnahme. Am Anfang erzählte ich von meinem eigenen Leben und wie ich immer versucht hatte, so zu sein, dass mich jeder gut findet: »Ich glaube, dass sehr viele Menschen auf dieser Welt in dieser Falle stecken. Jeder versucht im Grunde, diese unsichtbare Leiter nach oben zu steigen. Es geht dabei um Ansehen, Coolness, Aussehen, Macht und letztendlich darum, geliebt zu werden.« Jetzt zog ich langsam meine Jeans aus. »Je höher du auf der Leiter stehst, je höher deine berufliche Stellung ist oder deine Stellung in der Szene, desto besser fühlst du dich. Je mehr Macht du hast oder umso größer das Auto ist, das du fährst, desto mehr glaubst du, dass du wertvoll bist.« Jetzt waren mein Pulli und meine Socken dran. »Aber kann das denn alles sein? Sind wir wirklich so abhängig davon, wie andere Leute uns finden, damit wir uns gut fühlen?« Mein T-Shirt flog in Richtung Kamera, obenrum war ich jetzt nackt. »Seht mich an! Ich mach mich hier zum Affen! Aber ich kann das nur, weil mir klargeworden ist, dass Jesus mich liebt! Und wenn er mich liebt, dann bin ich wirklich frei!« Als Nächstes war die lange Badehose dran, jetzt stand ich nur noch in meiner Unterhose da. »Wenn du mit Jesus lebst, dann bist du mit der ultimativen Liebe verbunden! Dann bist du frei davon, was andere über dich denken. Wer mit mir beten will, dass er diese Liebe von Jesus kennenlernt, soll jetzt vor seinem Fernseher mit mir auf die Knie gehen. Knie dich hin, und bete dieses Gebet nach: ›Jesus! Ich will ab sofort mit dir leben! Danke, dass du mich liebst, ohne Bedingungen! Vergib mir den Mist, den ich gebaut habe! Danke, dass du mich annimmst, wie ich bin! Amen!‹« Dann schwenkte die Kamera wieder auf Mirko und André, kurze Blende, und die Sendung war vorbei. Aber das Zuhörertelefon lief auf Hochtouren. Meine Striptease-Predigt hatten sehr viele Leute gesehen. Einer der Anrufer erzählte folgende Geschichte, die auch mir schon fast zu abgedreht erscheint, um sie glauben zu können: »Ich wollte mir das Leben nehmen. Hatte die Tabletten schon besorgt, alles lag bereit. Irgendwie dachte ich dann, schalte doch noch mal die Glotze an. Und da war eure Sendung mit dieser seltsamen Predigt. Ich konnte nicht anders und hab bis zum Schluss zugehört. Am Ende bin auch ich auf die Knie gegangen und hab mein Leben Jesus gegeben! Die Tabletten sind jetzt im Klo, und ich will versuchen, mit Gott ein neues Leben zu starten!« Als wir später von diesem Anruf erzählt bekamen, ging ein großer Jubel durch die Gemeinde. Es hatte sich gelohnt, Jesus konnte unsere Sendung gebrauchen, um wenigstens einen Menschen buchstäblich zu retten. Wie geil! Halleluja!

Futter für die Medien

Im August 1993 hörte ein Reporter der *taz* eine unserer Radiosendungen und rief einen Tag später bei mir an. »Ich habe gestern im Auto gesessen und zufällig eure Sendung gehört. Nachdem ich bis zum Ende drangeblieben bin, kam ich zu dem Schluss, dass es nur zwei Möglichkeiten gibt. Entweder ihr seid alle psychisch krank und braucht dringend eine Behandlung. Oder das, was ihr sagt, ist wahr, dann muss man sich damit beschäftigen. Darf ich nächste Woche einmal bei euch vorbeikommen?« Der Reporter kam nicht nur einmal, sondern er nahm sich sogar die Zeit, dreimal unseren Gottesdienst zu besuchen. Nach den Abhängabenden redete er noch mit vielen Leuten und machte sich laufend Notizen. Als dann der Artikel rauskam, war der Inhalt fast eine Sensation. In der linken *taz*, die normalerweise alles Christliche kritisiert, stand ein

HAMBURG 1985, AUF EINER SCHULPARTY

AMSTERDAM 1990,
IM TEAM VON STEIGER 14

AMSTERDAM 1990,
DAS BOOT »STEIGER 14«

HAMBURG, SCHANZENVIERTEL 1992,
DRANGVOLLE ENGE
AM JESUSABHÄNGABEND

DRESDEN 1996,
ÜBERFÜLLTER GOTTESDIENST
IN EINER KIRCHENRUINE
ANLÄSSLICH DES CHRISTIVALS

GOTHA 1997, KONZERT MIT DEN *LAZYLOVETOOLS* (OBEN);
GOTHA 1997, PREDIGT
AUF DEM FREAKSTOCK (RECHTS)

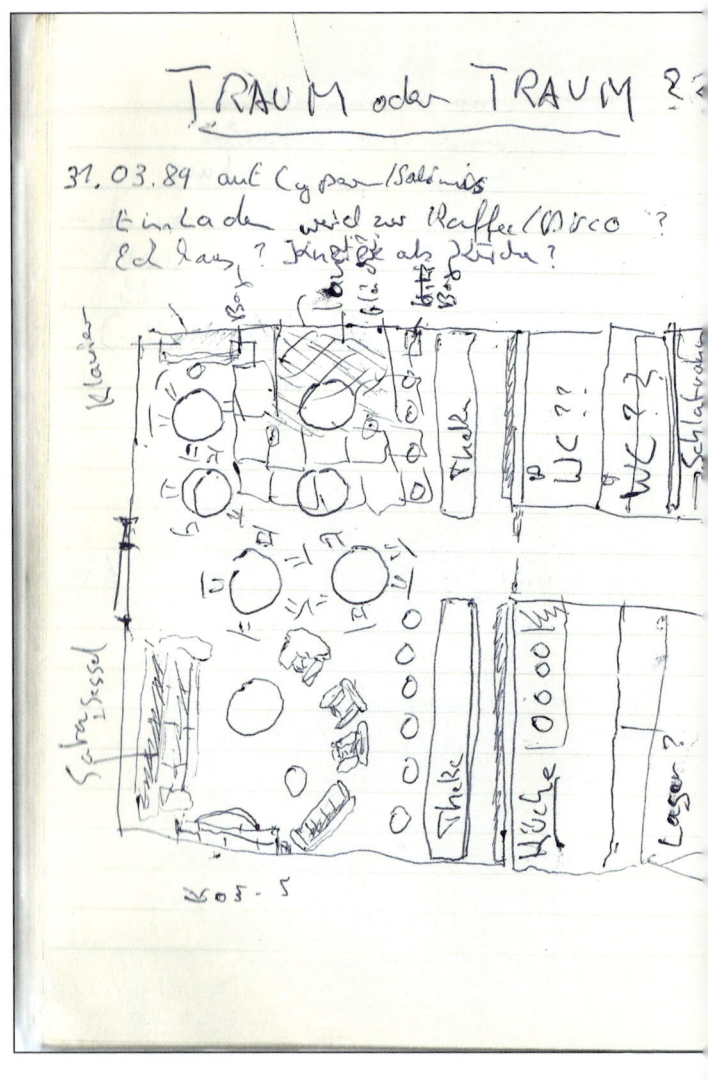

SKIZZE DES »KNEIPENTRAUMS« (OBEN)
UND TATSÄCHLICHER GRUNDRISS (RECHTS):
FORM, LAGE DES GARTENS, DER KÜCHE, DES
EINGANGS, DES TRESENS UND DES FLURS
STIMMEN ÜBEREIN.

van TORN

Tags später Team Stegentra

in Garten

FRIEDRICHSTR 29
KELLERTREN
WC
GARTEN
Theke KÜCHE

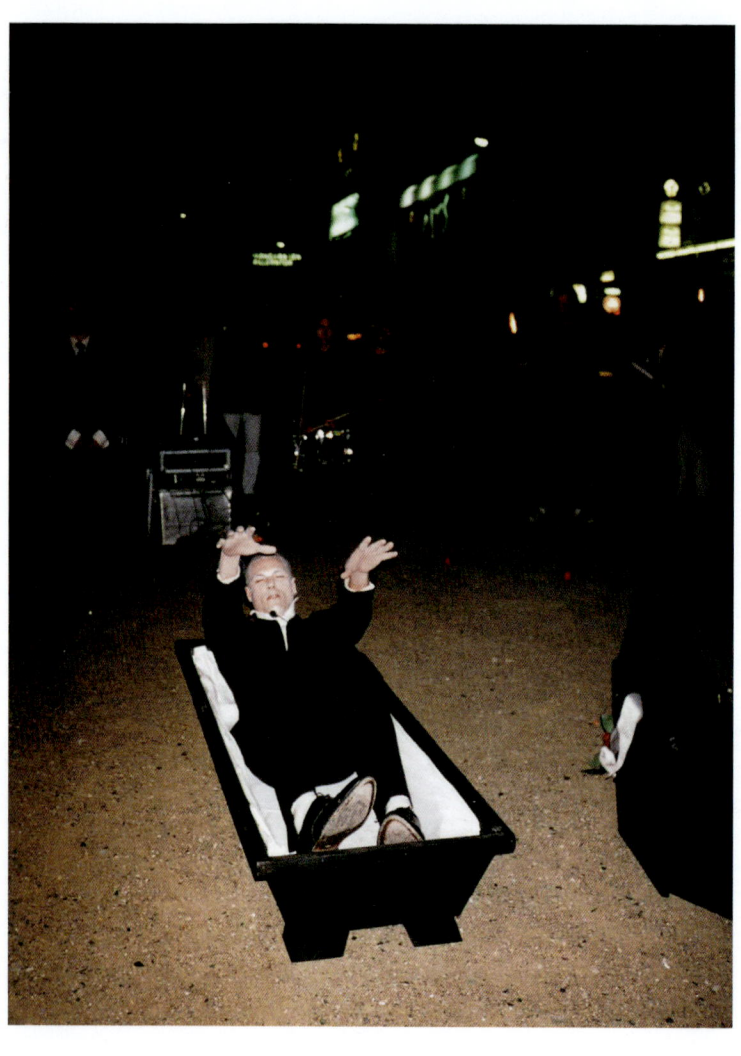

HAMBURG 1994, SARGAKTION
AUF ST. PAULI (OBEN LINKS);
DAS *MARQUEE* (OBEN RECHTS);
PREDIGT AUF EINEM
JESUSABHÄNGABEND (UNTEN RECHTS)

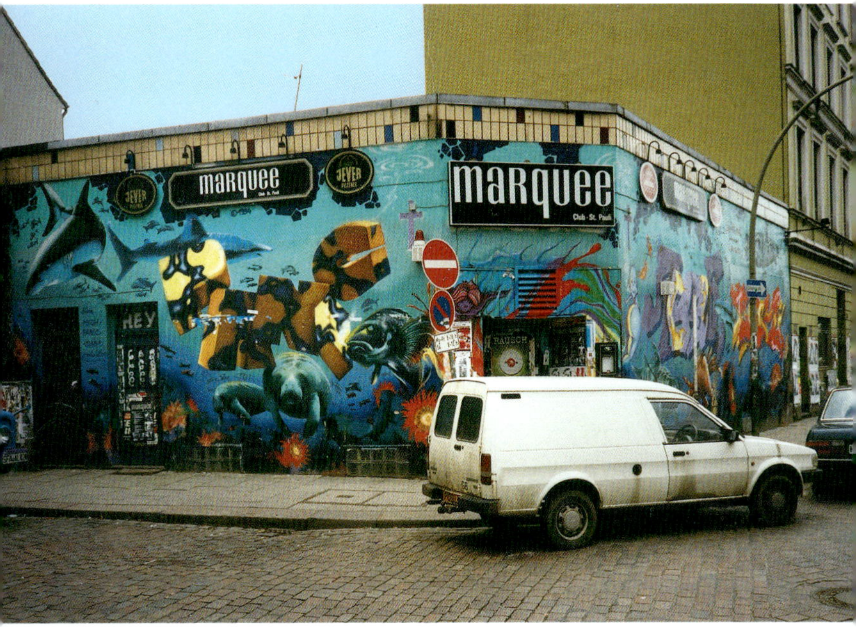
marquee
JEVER
marquee
Club · St. Pauli
HEY
RAUSCH

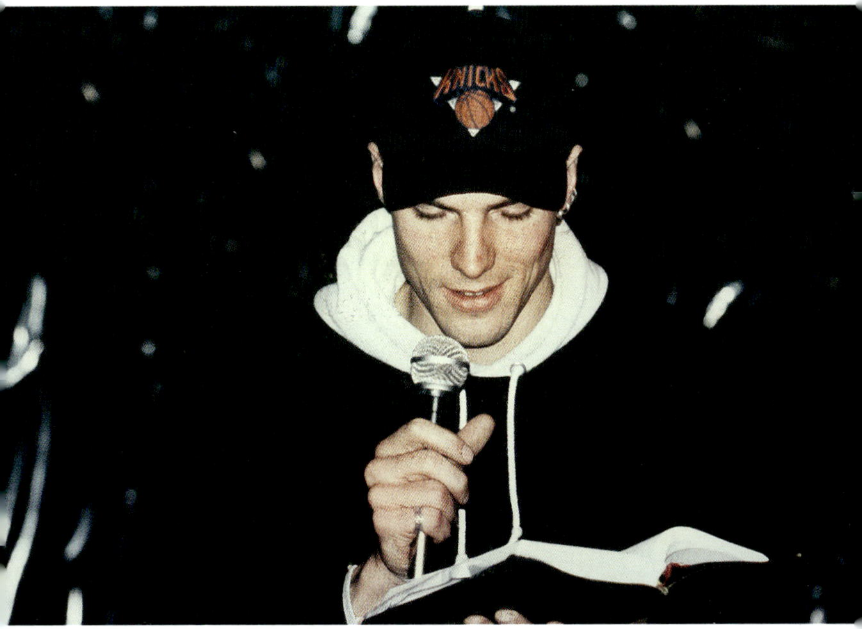
KNICKS

4.9.99 FD

Thema	Notizen	OK
	MARTIN, überleg bitte mal, welche Folgen hatte Dein Drogenkonsum in Deinem Leben? (EGAL wie oft Du gejunkt hast!) → Beruf + Berufung bei den Freaks verloren. → Ehefrau verloren, verspielt. → Gedächtnis + 2-3 Tage verloren. Fast Dein eigenes Leben...?!	
Statistik	Hör bitte auf das Drogennehmen klein zu reden. Einmal ist zuviel.	OK

🕐	Spät-Termine	OK
19	Selbstmord auf Raten.	
20	ICH HABE KEINE LUST MEHR,	
21	UM DEIN LEBEN ZU BANGEN.	
22	NICHT NOCH EINMAL MEHR !!	

1999, AUS DEN NOTIZEN MEINER SCHWESTER FRANZISKA (OBEN); DER BRIEF VOM LEITUNGSKREIS DER *JESUS FREAKS* (RECHTS)

United Freaks Organisation
Interne Stellungnahme

Hamburg, den 28. September 1999

Zu unserem großen Bedauern müssen wir euch mitteilen, dass Martin Dreyer kürzlich mit einer Überdosis Drogen in ein Krankenhaus eingeliefert wurde.

Als seine Freunde und Geschwister waren wir geschockt und überrascht. Um Martin zu helfen, haben wir uns bemüht, die Hintergründe für diesen Absturz herauszufinden.

Wie sich herausstellte, war dies der bisherige Endpunkt eines mehrjährigen Drogenkonsums, verbunden mit großen Schwierigkeiten in Bereichen wie wechselnden sexuellen Beziehungen (vor und nach der Scheidung) und geistlichem Missbrauch, sowie negativer Beeinflussung anderer in Bereichen wo Martin selber Probleme hatte, ohne dass er entsprechende Konsequenzen daraus gezogen hatte.

Aus diesem Grund erinnert die Leitung der United Freaks Organisation (U.F.O.) daran, dass Martin seit Ende 1997 nicht mehr Mitglied irgendeines Leitungsgremiums der Jesus Freaks ist, weder in Hamburg noch deutschlandweit, und bittet, bis auf weiteres davon abzusehen, ihn zu Predigten und anderen geistlichen Diensten einzuladen.

Wir bitten um Verständnis dafür, dass Äußerungen, die Martin privat macht, keine offizielle Linie der Jesus Freaks sind.

Wir stehen mit Martin fortwährend in Kontakt und hoffen, dass er so bald wie möglich in der Lage sein wird, sein Leben wieder auf die Reihe zu kriegen und wollen ihm hierbei als seine Freunde und Geschwister helfend und unterstützend zur Seite stehen.

Älteste Hamburg　　　**Älteste UFO**

Kontakt bitte nur schriftlich:
JesusFreaks.z.Hd. 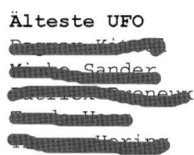 truensestr.37.22767Hamburg.

BAD OEYNHAUSEN 2002,
HOCHZEIT MIT RAHEL

KÖLN 2002, IM JUZI (OBEN)

BERLIN 2011, MIT MEINER TOCHTER
ZOÉ MARIE (NÄCHSTE SEITE)

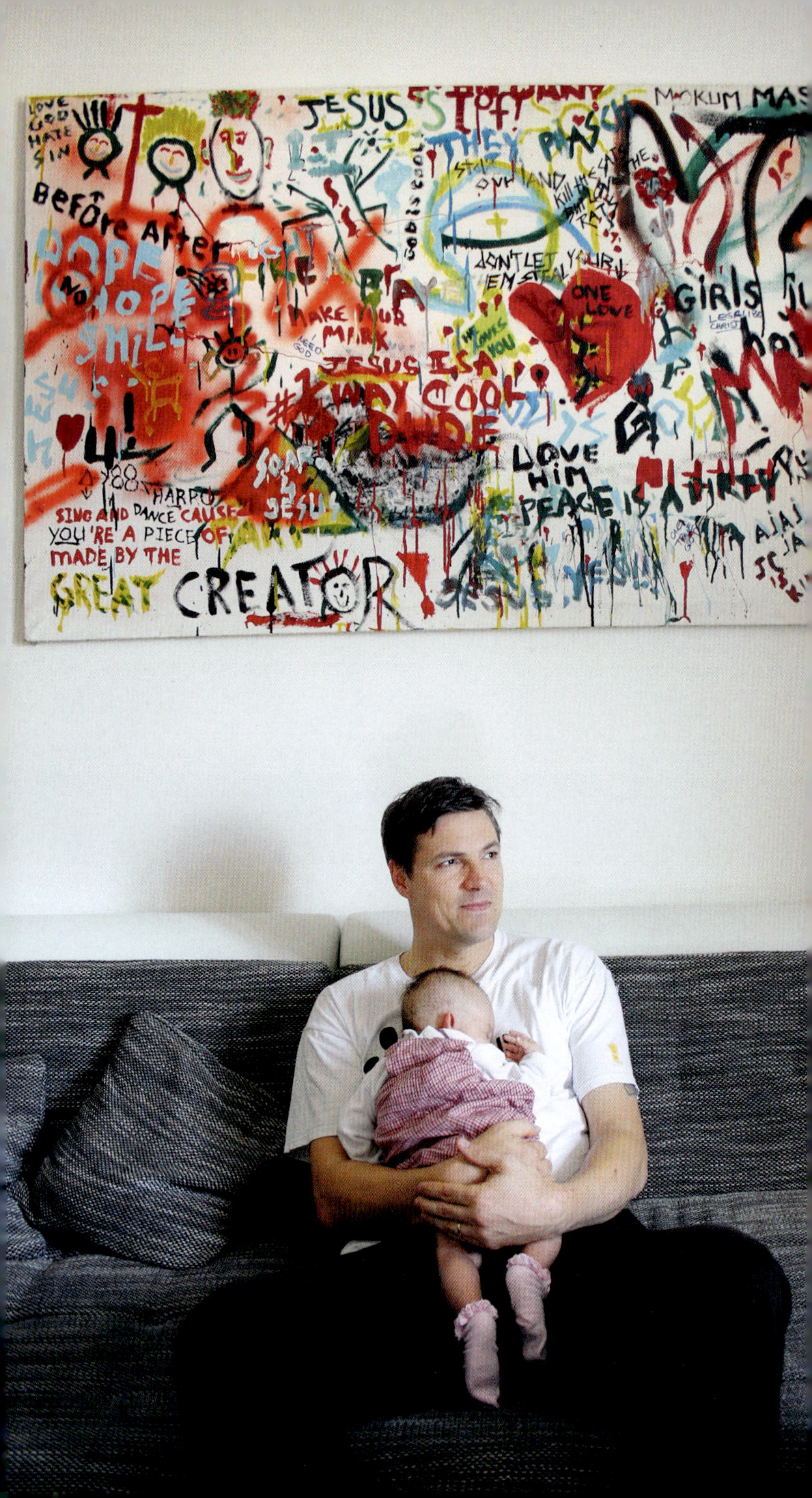
LOVE GOD HATE SIN
JESUS
MOKUM
THEY
Before After
HOPE
NO HOPE
SMILE
MAKE YOUR MARK
JESUS IS A WAY COOL DUDE
ONE LOVE
GIRLS
LOVE HIM
SING AND DANCE CAUSE YOU'RE A PIECE OF MADE BY THE GREAT CREATOR

durch und durch positiver Artikel über die *Jesus Freaks*. Unter der Überschrift *Jesus, das ist dein Abend. Mach, dass er gut wird!* beschrieb der Reporter, was er in unserem Gottesdienst erlebt hatte, und es hatte ihm anscheinend gefallen.

Dieser Artikel löste eine wahre Medienwelle aus, die viele Monate, eigentlich sogar Jahre anhielt. Alle wollten sie kommen und einen Bericht von dieser seltsamen christlichen Gruppe bringen, über die sogar die *taz* positiv berichtet hatte. Zuerst kamen nur die Zeitungen, Zeitschriften und Magazine: *Hamburger Abendblatt, Die Welt, Morgenpost, Die Zeit, FAZ, Stern* und natürlich *Bravo* und *Bravo Girl*. Aber auch nichtdeutsche Zeitungen wie der *European* druckten einen Bericht, der auf der Titelseite mit der Überschrift angekündigt wurden *Das Christentum bringt neue Hoffnung zu den deutschen Jugendlichen.* Dann folgten auch rasch die Radio- und vor allem TV-Sender: *ARD, Sat. 1, Pro 7, Arte, SDR, ORF, RTL, Premiere;* alle brachten etwas über unsere Arbeit. Auf dem regionalen TV-Sender *N3* lief sogar eine einstündige Reportage mit dem Titel *Jesus Freaks, die schrillen Jünger vom Kiez,* und der damals sehr angesagte deutsche Filmemacher Henrik Peschel drehte einen richtigen Kinostreifen, der in ganz Deutschland in alternativen Filmtheatern lief. Der Film hieß vielversprechend *Breit im Heiligen Geist!*

Kurz zuvor war im selben Jahr auch ein Taschenbuch von Michael Ackermann über unsere Arbeit erschienen. Die erste Auflage von sechstausend Stück soll bereits nach drei Monaten ausverkauft gewesen sein.

Die *Jesus Freaks* waren jetzt deutschlandweit bekannt.

Lange bevor diese Medienwelle ihren Höhepunkt erreicht hatte, wurde es in unserer Hauptveranstaltung am Freitagabend immer voller. Ich weiß noch, wie ich eines Tages mit meinem alten Daimler zum *JesusCenter* gefahren bin, und bereits eine Stunde bevor es losgehen sollte, die Leute draußen Schlange standen, nur um unseren Gottesdienst zu besuchen. Der Raum im *JesusCenter* fasste, wie gesagt, zwei- bis dreihundert Leute, mehr ging einfach nicht. Bei einem Gottesdienst waren einmal so viele Besucher da, dass die Polizei kam und den Laden wegen Überfüllung schließen wollte. Als dann die ersten Presseberichte erschienen, kamen die Besucher von immer weiter her. Wir machten es uns zur Gewohnheit, am Anfang des Abends die Leute zu fragen, wer wie viele Kilometer angereist war. Und nicht selten gab es Besucher, die sechs oder acht Stunden im Auto gesessen hatten, nur um unseren Jesusabhängabend im Café *Augenblicke* zu erleben. Teilweise kamen sogar ganze Busse aus München, Stuttgart oder Nürnberg angefahren.

Ich war inzwischen meist schon ein bis zwei Stunden vorher im Café. Meistens wartete dort schon jemand auf mich. Dann bauten wir gemeinsam die Anlage mit den Mikros auf, schleppten die Stühle in einen anderen Raum und legten die gesamte Fläche mit alten Teppichen aus, die wir gespendet bekommen hatten. So konnten sich die Besucher gemütlich auf den Boden setzen. Dann wurden überall Kerzen aufgestellt, ein großer fünfarmiger Leuchter stand in der Mitte des Raumes. Bevor wir mit dem Gottesdienst begannen, beteten wir mit dem engeren Mitarbeiterkreis in dem kleinen Raum hinter der Wendeltreppe. Kuky und ich waren immer da. Obwohl ich schon einige Jahre länger Christ war als er und auch etwas mehr Erfahrungen im geistlichen Dienst hatte, fühlte ich mich oft genauso unbedarft und unfähig wie er. Je nachdem, wie die Woche vorher gelaufen war, bekannten wir erst einmal voreinander unsere Sünden und schrien dann mehr oder minder: »Jesus! Wir brauchen dich jetzt! Da unten sitzen eine Menge Leute, die dich erleben wollen! Wir fühlen uns unfähig und viel zu schwach, um diesen Abend zu leiten. Wir brauchen deine Hilfe!«

Dann gingen wir nach unten, und der Abend begann. Ich trat nach vorn ans Mikro und begrüßte die Besucher. »Herzlich willkommen beim Abhängabend der *Jesus Freaks!* Bitte macht es euch bequem! Wer ist heute zum ersten Mal hier?« Es gab immer ein paar Leute, die neu waren. Sie hoben die Hand und wurden freundlich mit einem kleinen Applaus begrüßt. »Ihr sollt eine Sache wissen: Jeder kann zu unserem Gottesdienst so kommen, wie er ist, und er kann auch den Raum jederzeit verlassen, wenn er keinen Bock mehr hat. Wir werden jetzt eine Zeit haben, wo wir zusammen beten und dabei Lieder zu Gott singen. Du kannst dich dabei so einbringen und verhalten, wie du das willst. Wenn du stehen möchtest, dann stell dich hin. Wenn du sitzen möchtest, dann setz dich hin. Wenn du tanzen willst, dann kannst du auch tanzen. Wenn du dich auf dem Boden wälzen willst, mit Schaum vor dem Mund, dann kannst du dich auf dem Boden wälzen, mit Schaum vor dem Mund. Du sollst aber wissen, dass es an diesem Abend nur um eine Person geht, nämlich um Jesus!« Nachdem wir ein paar Ansagen gemacht hatten, fing Kuky an, einige seiner Lieder zu spielen. Damit die Besucher die Songs auch mitsingen konnten, lagen überall kopierte Liedzettel auf dem Boden verstreut. Zusätzlich hatte ich Tobi gebeten, alle Liedtexte mit guten Bildern zu hinterlegen und dann zu fotografieren. Diese Fotocollagen wurden dann als Dia in einem Projektor an die Wand geworfen, immer passend zum jeweiligen Lied. Auch hier überschlug sich Tobi mit seiner Kreativität; er stellte im Laufe der Jahre über hundert geniale Dias her, die in jedem Gottesdienst eingesetzt wurden.

Diese Idee, Liedtexte mit Bildern zu kombinieren, hat man später in vielen Gemeinden nachgemacht. Kuky wiederum hatte eine besondere Gabe darin, diese musikalischen Gebetszeiten zu leiten. Seine natürliche, entwaffnende, ehrliche Art zu beten und vor allem seine geistlichen Lieder sorgten dafür, dass innerhalb kürzester Zeit fast alle im Raum wirklich mit Gott im Gespräch waren. Manchmal hielt ich zwischendurch inne und schaute mich im Raum um. Überall standen oder saßen die Besucher mit geschlossenen oder offenen Augen und sangen die Texte als Gebete zu Gott. Mit jedem Song steigerte sich die Stimmung, mit jedem Gebet schien die Atmosphäre dichter zu werden. Das hatte ich in dieser Form noch nicht einmal damals in den Gottesdiensten der Petri-Kirche erlebt. Über den ganzen Raum verteilt beteten die Freaks ehrlich und von ganzem Herzen zu Jesus. In der einen Ecke schrie jemand laut: »Jesus! Danke dass du mich aus meiner Drogenscheiße gerettet hast!« Aus der anderen Ecke kam ein »Ja, und du bist mir immer so sautreu gewesen!«. Diese Gebetszeiten dauerten an manchen Abenden zwanzig, an anderen bis zu fünfundvierzig Minuten. Irgendwann hatte Kuky das Gefühl, das es genug sei. Dann hörte er auf zu spielen oder sagte laut »Amen«. Damit begann mein Part. Zumindest im ersten Jahr war ich immer derjenige, der die Predigt hielt. Und egal wie oft ich das tat, ich war jedes Mal unheimlich aufgeregt. Immer rannte ich, bevor es losging, mindestens einmal auf die Toilette, die am anderen Ende des Raumes lag. An schlimmen Tagen musste ich sogar zweimal gehen, oft mit schmerzhaften Magenkrämpfen. Bis heute weiß ich nicht genau, woher das kam. Ob das Versagensangst war oder ob es etwas mit Angst vor Menschen zu tun hatte? Diese Aufregung konnte sich bis ins Unermessliche steigern, manchmal hatte ich kurz vor der Predigt so viel Adrenalin im Körper, dass mein Kehlkopf gelähmt schien und ich nicht mehr sprechen konnte. Man kann auf einigen Pressefotos die hektischen Flecken an meinem Hals gut erkennen. Dieser Zustand hielt so lange an, bis es irgendeine positive Reaktion während der Predigt gab, also einen Lacher, ein bestätigendes Lächeln, einen Aufschrei, einen

Applaus. Blieb die Gemeinde aber stumm, litt ich bis zum Schluss der Ansprache Höllenqualen.

Meine Predigten aus den ersten Jahren hatten eine ganz besondere Kraft, so wird mir immer wieder erzählt. Wir haben oft gerätselt, warum das so war. An mir und meiner Begabung kann es nicht gelegen haben. Jedes Mal machte ich den Besuchern das Angebot, einen Anfang mit Gott zu wagen. In den ersten fünf Jahren kann ich mich eigentlich an keinen Gottesdienst erinnern, in dem nicht mindestens ein Mensch dieser Aufforderung gefolgt ist. Meistens waren es mehr, oft auch zehn oder fünfzehn Personen, die ihre Hand hoben und ein Gebet mitgesprochen haben, indem sie Jesus sagten, dass sie von jetzt an mit ihm leben wollten.

Viele der Leute, die bei uns einen Anfang mit Gott gewagt hatten, stammten genau aus dem Personenkreis, den wir mit den *Jesus Freaks* erreichen wollten. Es ging uns vor allen Dingen um Leute, die nie in eine normale Kirche gehen würden.

Einmal sprach mich nach einem Abhängabend ein junger Mann mit langen schwarzen Haaren, weißem T-Shirt, Goldkette und schwarzer Lederhose an. Sein Gesicht war solariumgebräunt, aber man konnte noch erkennen, dass er in der Pubertät wohl viel mit Pickeln gekämpft hatte. Als er mir die Hand gab, blitzte eine goldene Rolex an seinem rechten Arm auf. »Martin, kann ich kurz mit dir reden?«, fragte er leicht nervös.

»Klar, was ist los?«

»Ich bin jetzt zum dritten Mal bei eurem Gottesdienst und hab beim letzten Abend mein Leben Jesus gegeben. Gestern ist mir etwas klargeworden: Alle meine Probleme kommen daher, dass ich gesündigt habe. Ich leide seit vielen Jahren unter Angstzuständen. Du musst wissen, dass ich einige Mädels auf dem Strich in St. Pauli am Laufen hab. Aber mir ist klargeworden, dass ich das jetzt nicht mehr machen kann. Hier hast du die Einnahmen der letzten Wochen. Es müssten zwanzigtausend Mark drin sein!« Hastig drückte der Zuhälter mir eine Plastiktüte in die Hand. Ich schaute in die Tüte und traute meinen Augen kaum. Sie war voller Hundert-, Fünfzig- und Zwanzigmarkscheine. Zuerst war ich leicht perplex und zögerte für einige Sekunden. Das Geld hätten wir gut gebrauchen können. Schließlich war klar, dass wir nicht ewig im *Jesus-Center* bleiben würden. Aber als er sich gerade umdrehen und gehen wollte, rief ich ihm hinterher: »Moment! Hier, nimm das Geld zurück. Spende es jemand anderem, ich hab das Gefühl, dass ich es nicht annehmen soll. Es ist dreckiges Geld, auf dem man nichts Gutes aufbauen kann. Jesus hat gesehen, dass du umkehren willst, und er freut sich sehr da drüber. Also such dir einen Job, und leb ein neues Leben!« Der Zuhälter schaute etwas verdattert drein, als ich ihm die Plastiktüte wieder in die Hand drückte. Später hab ich mich schon gefragt, ob ich das Geld nicht doch hätte annehmen sollen. Aber ich hatte einfach kein gutes Gefühl dabei, ich denke, für Jesus wäre es nicht okay gewesen.

Wer war bei den *Jesus Freaks*?

Die Besucher unseres Gottesdienstes waren sehr unterschiedlich. Ich würde sagen, dass man sie in drei Gruppen untergliedern könnte. Zum einen kamen ganz normal gekleidete Menschen, die noch nie in irgendeiner Szene gelebt hatten, sich aber bei den *Jesus Freaks* wohl fühlten. Sie trugen normale Kleidung, Cordhose, dunkelblauer Wollpulli und sogar Oberhemden. Das zweite Drittel bestand aus christlich aufgewachsenen Jugendlichen, die aber erst durch die *Freaks* einen eigenen Glauben entwickelt hatten. Für diese Gruppe war es wichtig, sich von ihrem oft spießigen Elternhaus abzugrenzen, mit Tattoos und Piercings rumzulaufen, aber eben doch radikal mit Jesus zu leben. Für mich war das immer ein guter Grund, bei den *Jesus Freaks* dabei zu sein. Ich vermute, dass viele dieser Leute spätestens in der Pubertät vom Glauben abgefallen wären. Und das letzte Drittel bestand aus Punks, Hippies, Rockern, Gruftis, Hip-Hoppern, Drogis und Szeneleuten, die bei uns erst Christen geworden sind und vermutlich auch in keiner anderen Gemeinde den Schritt auf Gott zu gemacht hätten.

Die erste und zweite Gruppe waren besonders wichtig, weil sie das Rückgrat der *Jesus Freaks* darstellten. Sie wussten, wie man mit Finanzen umgeht, hatten Erfahrungen mit Behördengängen, waren in der Lage, einen Verein zu organisieren und eine Überweisung zu tätigen. Die dritte Gruppe war aber das Zentrum der Bewegung, von ihnen gingen die Impulse aus, wie die ganze Arbeit letztendlich laufen sollte. Es war mir wichtig, dass es immer ein Gleichgewicht zwischen diesen drei Gruppen gab. Hätten die Leute aus den christlichen Familien die *Jesus Freaks* übernommen, wäre am Ende doch nur noch eine weitere Freikirche dabei entstanden. Hätten wir aber nur Drogis oder kaputte Leute bei den *Freaks* gehabt, dann wäre alles letztendlich im Chaos versunken, wir hätten nichts auf die Reihe gekriegt. Daher war die Mischung unheimlich wichtig.

Der Kreis der »letzten Ärsche«

Ich hatte auf einem Gemeindegründungsseminar gelernt, dass man bei einem Projekt wie dem unseren möglichst schnell einen Leitungskreis ins Leben rufen sollte. Es war wichtig, eine Struktur zu schaffen, damit die Arbeit weiter wachsen konnte. Viele Gründungsprojekte scheitern daran, dass der Gründer alles selber machen will. Er leitet den Gottesdienst, hält die Predigt, spielt Gitarre, macht den Lobpreisteil, putzt die Klos und zählt die Kollekte. Fällt dieser Leiter dann aus, stirbt das ganze Projekt. Auf diesem Seminar erwähnte der Redner das »Ownership-Prinzip«. Dieses Prinzip sagt, dass die Mitarbeiter in einer Gemeinde sich mit der Arbeit voll identifizieren sollten, dass es nicht die Gemeinde von einem Menschen, sondern von vielen sein musste. Der Redner meinte, es ist unverzichtbar, das Gefühl zu vermitteln, dass jeder mit Stolz sagen kann: »Das ist meine Gemeinde!« Dieser Punkt leuchtete mir ein. Deswegen berief ich bald schon nach der Gründung ein paar Jugendliche in den Leitungskreis der *Jesus Freaks*. Ulrike, Kuky und Tobi gehörten dazu, weil sie sowieso von Anfang an dabei gewesen waren und Verantwortung übernommen hatten. Zusätzlich holte ich dann noch vier andere Jungs und zwei Frauen dazu.

Was mich an vielen freien Gemeinden immer extrem geärgert hat, ist die Tatsache, dass selbst dort so eine Art Karrieredenken vorhanden ist. Unten ist das »normale Fußvolk« und oben stehen die Leiter. Der Job des Leiters hat immer auch etwas mit Macht und Ansehen in der Gemeinde zu tun, und das ist nach meinem Gefühl nicht sehr jesusmäßig. Es gibt separate Leiter-Räume, Leiter-Sitzreihen, Leiter-Eingänge, sogar eigene Leiter-Konferenzen und -Seminare. Jesus hatte seinen Freunden auf die Frage, wer im Paradies neben ihm sitzen würde, geantwortet: »Die Ersten werden die Letzten sein!« Und dieser Satz wurde für mich zum neuen *Jesus Freaks*-Leitungsprinzip. Wer bei uns ein Leiter sein wollte, musste der »letzte Arsch« werden. Er musste bereit sein, als Erster zu kommen und als Letzter zu gehen. Er musste bereit sein, die Klos zu putzen und den Abwasch zu machen. Und er musste bereit sein, hintenanzustehen und bis zur Erschöpfung für die anderen da zu sein. Ich überlegte mir sogar neue Bezeichnungen für die einzelnen Verantwortungsbereiche. Der untere Leitungskreis nannte sich bei uns »Die Sklaven«. Die nächste Ebene war »Der Kreis der letzten Ärsche« oder kurz »Ärschekreis«. Und ich war dann als Pastor der »Oberarsch« oder »der letzte Arsch«. Natürlich stand hinter dieser Namensgebung auch ein Augenzwinkern, aber vom Prinzip her war es ernst gemeint.

Freikirchlicher Pastor

Irgendwann hatte ich meine Suchttherapeutenausbildung abgeschlossen, und nun stand die Frage im Raum, ob ich nicht doch noch ein Studium gebrauchen könnte, das meinen geistlichen Dienst schult und fördert. Die neugegründete Anskar-Kirche bot unter Kopfermann eine vierjährige theologische Ausbildung an. Diese sollte zuerst über ein Vollzeitjahr mit vierzig Stunden pro Woche gehen. Die weiteren drei Jahre waren dann praxisbegleitend, mit Wochenendseminaren. Ich bewarb mich um einen Platz und bekam postwendend eine positive Rückmeldung. So studierte ich ein volles Jahr neben der Arbeit bei den *Jesus Freaks* Theologie. Wir lernten die Grundlagen der biblischen Sprachen, hörten Vorträge über unterschiedliche theologische Themen und diskutierten viel. Da ich der Einzige in der Klasse war, der auch ein echtes Gemeindegründungsprojekt am Start hatte, kam mir gewissermaßen eine Sonderrolle zu. Ich brauchte viele der Hausaufgaben nicht zu machen, weil ich dafür einfach keine Zeit übrig hatte.

Esther

1994 sollte das bis dahin erfolgreichste und abenteuerlichste Jahr in meinem bisherigen Leben werden. Aber es begann mit dem absolut Schlimmsten, was mir jemals passiert ist. Es war eine Katastrophe, deren unmittelbare Folgen ich danach lange Zeit komplett verdrängt habe.
Die zahlreichen Berichte in den Medien lockten immer mehr Besucher aus ganz Deutschland in unsere Gottesdienste. Viele dieser Besucher waren so begeistert von der Vision, dass sie anschließend in ihrem Ort auch eine *Jesus Freaks*-Gruppe starten wollten. Neben Hamburg gründeten sich in kurzer Zeit weitere Gruppen u. a. in Berlin, Stendal, Wetzlar und Frankfurt am Main. Oft luden uns die Leute auch ein, mit einem Team in ihren Ort zu kommen, um dort ein Wochenende zu gestalten. Und aus diesen Wochenendeinsätzen ist dann fast immer eine neue *Jesus Freaks*-Gruppe entstanden. Zuerst hatte man uns nach Leonberg in Baden-Württemberg eingeladen. Wir waren mit zwei Pkws von Hamburg aus mit einem Team gestartet. Eine Band war dabei, Taade, ein Punk aus Harburg, der bei uns zum Glauben gekommen war, sollte die Predigt am Samstagabend halten, ich machte das Seminar am Vormittag. Der Gottesdienst war so gut besucht, wie es

die Gemeinde lange nicht mehr erlebt hatte. Einige der Leute von unserem Seminar waren fest entschlossen, so schnell wie möglich auch in Leonberg eine *Jesus Freaks*-Gruppe zu gründen. Neben Tobi und Mirko waren noch ein paar andere Freaks aus Hamburg mitgekommen. Eine von ihnen war Esther.

Esther kam aus einem christlichen Elternhaus, hatte sich aber mit der Pubertät vom Glauben ihrer Eltern distanziert. Mit fünfzehn Jahren begann sie auf Partys zu gehen, kiffte gelegentlich und lebte in einer Welt ohne Gott. Mit der Art von Christsein, das ihr Elternhaus vorgelebt hatte, wollte sie nichts mehr zu tun haben. Irgendeine Freundin erzählte ihr dann einmal von den *Jesus Freaks,* und nachdem sie lange genug rumgenervt hatte, kam Esther einfach mit. Der erste Abend gefiel ihr bereits so gut, dass sie es auf einen zweiten ankommen ließ. Und während eines weiteren Abends entschied sie sich, ganz mit Jesus leben zu wollen, und war von dem Zeitpunkt an voll dabei. Esther hatte ein total schönes Lachen, was durch ihre verrauchte, dunkle Stimme besonders lustig klang. Schnell war sie bei allen *Freaks* beliebt; ich kenne keinen, der nicht gut mit ihr klarkam.

Sonntagabend war der Einsatz zu Ende. Wir verabschiedeten uns lange und herzlich von den Leuten und machten uns auf den Rückweg. Dann passierte etwas Unerwartetes auf der Autobahn, kurz vor Hamburg. Ohne Vorwarnung schoss von hinten ein Mercedes mit überhöhter Geschwindigkeit auf der linken Spur auf uns zu. Der Fahrer des Mercedes gab wilde Zeichen mit der Lichthupe, und unser Fahrer musste den Wagen auf die rechte Spur lenken. Mitten in der Lenkbewegung sahen wir aber im Rückspiegel, dass auf der rechten Spur ebenfalls ein Auto mit überhöhter Geschwindigkeit angerast kam. Abrupt mussten wir deswegen wieder schnell nach links lenken. Plötzlich verlor unser Wagen seine Straßenlage, er schwankte von

rechts nach links, drehte sich mehrfach um seine eigene Achse und kam, mit der Front zur Gegenrichtung, mitten auf der Autobahn zum Stehen. In Panik sagte ich: »Wir müssen aussteigen!« Das war ein großer Fehler. In jeder Fahrschule lernt man, wie gefährlich es ist, mitten auf der Autobahn auszusteigen, aber mir fiel in dem Augenblick nichts Besseres ein. Also verließen wir alle fluchtartig den Wagen. Der Fahrer und ich retteten uns mit ein paar schnellen Schritten über die Fahrbahn auf den Seitenstreifen. Esther, die hinter mir saß, stieg ebenfalls aus und wollte auch zu uns rüberlaufen. Sie machte ein paar Schritte, kam aber durch ihre Holzschuhe, die sie an dem Tag anhatte, ins Stolpern und stürzte, ungefähr fünf Meter von mir entfernt, mitten auf der rechten Autobahnspur. Ich sah noch, wie sie sich gerade wieder aufrappeln wollte, da kam ein weißer BMW auf sie zugeschossen. Es gab einen lauten Knall, Esther flog mehrere Meter durch die Luft und landete mitten auf dem harten Asphalt. Sofort rannte ich zu ihr. Überall war Blut, man konnte erkennen, wie aus ihrem Brustkorb ein Knochen herausragte. Ihre Beine lagen im rechten Winkel abgebrochen auf der Straße. Dann schaute ich in ihr Gesicht. Und was ich dort sah, kann ich bis heute nicht fassen: Ich konnte keinen Tod erkennen. Esther lag dort und lächelte. Ihre Gesichtszüge waren ganz entspannt, als würde sie nur schlafen und nicht tot sein.
Jemand rief die Polizei und einen Krankenwagen. Die anderen standen dicht beieinander am Straßenrand. Ich ging zu ihnen rüber, und wir nahmen uns alle in die Arme. »Esther ist jetzt bei Jesus!«, sagte ich leise. »Ja, sie ist jetzt bei Gott, und wir werden sie wiedersehen«, antworteten die anderen. Als die Ärzte kurz darauf eintrafen, konnten sie nur noch den Tod unserer Freundin feststellen. Die Polizei nahm noch ein Protokoll auf, dann fuhren wir mit einem Wagen vom ADAC weiter nach Hamburg. Dort

musste ich zu Esthers Eltern gehen und ihnen die traurige Nachricht überbringen, dass ihre einzige Tochter tot ist. Es war die schwerste Aufgabe, die ich jemals zu bewältigen hatte. Wir klingelten an der Tür und warteten, bis der Vater uns öffnete. Er bat uns, ins Wohnzimmer zu kommen. Mit leiser Stimme erzählte ich den beiden, was auf der Autobahn passiert war. Zu meiner Überraschung wirkten die Eltern sehr gefasst. Der Vater sagte zu uns: »Meine Frau und ich haben irgendwie so etwas gespürt. Wir haben sehr viel für Esther gebetet. Dass sie zu Jesus gefunden hat, ist unsere größte Freude. Als Christen haben wir die Hoffnung, dass wir sie irgendwann einmal im Himmel wiedersehen werden.« Ich hatte mit Anklage und berechtigter Wut gerechnet, aber nicht damit, dass Esthers Eltern uns trösten würden. Und tatsächlich war es für mich ein großer Trost, zu wissen, dass Esther wirklich im Himmel bei Jesus war und wir sie eines Tages wiedersehen würden. Trotzdem machte ich mir große Vorwürfe. Mir wurde plötzlich klar, dass ich mit meinen neunundzwanzig Jahren auch die volle Verantwortung für diesen Unfall zu tragen hatte. Ich war der Leiter der Gruppe, es war mein Auto, und ich hatte gesagt, wir sollten aussteigen. Diese Schuld lastete schwer auf mir, auch wenn ich es nach außen nicht zeigen wollte.

Beim nächsten Abhängabend saß die ganze Gemeinde geschockt und unendlich traurig im *JesusCenter*. Ich erzählte noch einmal von dem Einsatz, davon, dass Gott uns dazu benutzt hatte, um eine neue *Jesus Freaks*-Gruppe zu gründen, und dass Esther total glücklich gewesen war, vielleicht das erste Mal in ihrem Leben. Und ich schilderte den Unfall, wie alles passiert war und dass keiner von uns den Tod gesehen hatte. »Leute, eins ist mir jetzt erst ganz klargeworden«, rief ich den *Jesus Freaks* zu. »Was wir hier machen, ist kein Spaß! Es ist kein religiöses Hobby und keine nette Freizeitbeschäftigung! Es geht um nichts Geringeres

als um Leben oder Tod! Jeder von euch weiß, dass Esther erst vor wenigen Wochen eine Christin geworden ist. Ohne diesen Schritt wüsste keiner von uns, wo sie jetzt wäre, im Himmel bei Gott oder an dem Ort der ewigen Finsternis, in der Dunkelheit der Hölle. Aber Esther ist jetzt bei Jesus! Wir werden sie alle irgendwann wiedersehen! Vielleicht eröffnet sie im Paradies gerade eine extra *Jesus Freaks*-Ecke, und hängt irgendwo unsere schwarze Fahne mit dem Alpha und Omega auf. Das ist die Hoffnung, die wir als Christen haben: Mit dem Tod ist es noch nicht vorbei, es fängt gerade erst an. Jesus hat den Tod besiegt, darum brauchen wir keine Angst mehr vor dem Tod zu haben. Ich nehme aus diesen tragischen Unfall das Eine mit: Wenn einer von uns wie im Krieg gefallen ist, dann will ich dafür tausend neue gewinnen. Wenn Esther auch von uns genommen wurde, so sollen Tausende neuer Menschen Jesus und damit das Leben kennenlernen! Jetzt erst recht, Leute! Jetzt erst recht!« Zuerst herrschte ein langes Schweigen im Raum. Dann sagte jemand: »Ja! Genau! Jetzt erst recht!« Und plötzlich riefen alle Leute durcheinander: »Ja, Jesus! Jetzt erst recht! Wir wollen alles für dich geben! Jetzt geben wir Vollgas! Jetzt erst recht!«
Ich glaube, dass alle *Jesus Freaks* sich diese Worte damals wirklich zu Herzen genommen haben. Durch dieses Ereignis waren plötzlich sehr viel mehr Leute bereit mitzuarbeiten. In jedem Bereich verzeichneten wir einen Zulauf an Mitarbeitern, und damit steigerte sich auch unser Potenzial. Wir begannen in unserer Gemeinde auch kleinere Gruppen, sogenannte »Gruftgruppen«, einzurichten, um jeden Einzelnen besser aufbauen zu können. Dazu entstand eine Suchtgruppe für *Jesus Freaks* mit Drogen- und Alkoholproblemen.

Ordination

Da meine theologische Ausbildung am Kolleg der Anskar-Kirche zu Ende ging, stellte sich die Frage, ob ich auch als Anskar-Pastor ordiniert werden sollte. Die *Jesus Freaks* waren aber keine klassische Anskar-Kirche, wir passten nicht so wirklich in das Konzept. Nach Rücksprache mit Pastor Kopfermann war man sich dann aber doch einig, dass ich für die Arbeit bei den *Jesus Freaks* als Pastor ordiniert werden sollte. Diese Ordination sollte in einem Sonntagabendgottesdienst der Anskar-Kirche stattfinden. Zu meiner Freude waren auch sehr viele *Jesus Freaks* gekommen. Als der Musik- und Gebetsteil vorbei war, kam ich mit der Predigt an die Reihe. Wie immer war ich unheimlich nervös und aufgeregt. Schließlich kam ich nach vorn, las die Bibelstelle vor und begann zu predigen: »Stellt euch vor, ihr wärt heute nicht in diesen Gottesdienst gekommen. Ihr hättet stattdessen den Fernseher angemacht und würdet jetzt in eurem Wohnzimmer auf dem Sofa sitzen. Plötzlich kommt eine Ansage: ›Achtung, an alle Bundesbürger. Das reguläre Fernsehprogramm ist unterbrochen. Es kommt eine wichtige Ansprache von unserm Bundeskanzler Helmut Kohl!‹« In diesem Augenblick erschien ein Bild von Helmut Kohl auf der großen Leinwand im Saal. Einige Gottesdienstbesucher lachten laut auf. Ich hatte ein verstecktes Mikrophon an Taade weitergegeben, der in einem Nebenraum saß und auf mein Zeichen wartete. »Und dann würde Helmut Kohl Folgendes sagen.« Jetzt war Taade dran: »Liebe Mitbürger und Mitbürgerinnen, als vom Deutschen Volke gewählter Bundeskanzler gebe ich heute folgende Erklärung ab: Ich bin der einzige Weg zu Gott. Nur durch mich ist man in der Lage, in den Himmel zu kommen!« Man hörte ein entrüstetes Raunen im Saal. »Was, denkt ihr, würde passieren?«, fragte ich in die Runde und fing an, von Jesus zu erzählen und dass er genau das behauptet, wenn er in Johannes 14, Vers 6 sagt: »Ich bin der Weg, die Wahrheit und das Leben, niemand kommt zum Vater, nur durch mich!« In der Predigt versuchte ich klarzumachen, dass sich gemäß der Bibel letztendlich alles nur um Jesus dreht. Dann kam ich zu dem Schluss, dass sich jeder die Frage stellen sollte, ob sich auch in seinem Leben alles um Jesus dreht. Die Predigt war ein voller Erfolg. Die ganze Gemeinde klatschte anschließend laut Beifall, damals eine absolute Seltenheit. Im letzten Teil des Gottesdienstes stellten sich eine Gruppe aus Ältesten der Gemeinde, ein paar *Jesus Freaks,* Ulrike und Pastor Kopfermann um mich herum und segneten mich als Pastor ein. »Hiermit erkläre ich vor Gott und dieser Gemeinde«, sagte Kopfermann, »dass du, Martin Dreyer, in Gottes Dienst als Pastor berufen und eingesetzt bist. Amen!« Und die ganze Gemeinde antwortete »Amen«.

Das *Gnlpswxybd*

Die Besucherzahlen beim Abhängabend hatten sich in den letzten Monaten auf über zweihundert Besucher eingependelt. Damit war das *JesusCenter* eindeutig zu voll, und wir mussten uns dringend auf die Suche nach größeren Räumen machen. Außerdem gab es immer mal wieder Ärger, weil wir den Raum nicht sauber zurückgelassen hatten oder etwas in der Küche kaputt gegangen war. Im »Ärschekreis« überlegten wir, ob Gott uns nicht von dort auf den Kiez nach St. Pauli schicken will, weil sich die Szene vor allem dort traf. Der Gedanke war: Wenn Jesus heute als Mensch nach Hamburg kommen würde, er wäre bestimmt nicht in den Kirchen zu finden. Jesus würde in St. Pauli auf der Reeperbahn wohnen, alle Prostituierten beim Namen kennen und seine Predigten auf dem Hans-Albers-Platz halten.

Der »Ärschekreis« fing also an, Immobilienanzeigen zu studieren, und wir schauten uns ein paar mögliche Läden in Hamburg an. Unter anderem stand die Disco *Trinity* schon einige Monate leer; dort unsere Gottesdienste zu feiern, wäre ein absoluter Traum gewesen. Jahre zuvor hatte diese Disco zu Europas Toplocations gehört, wurde dann aber völlig heruntergewirtschaftet. Wir besichtigten den Laden und waren von der Größe und den Möglichkeiten begeistert. Leider war die Miete sehr hoch: monatlich siebentausend Mark, für uns vollkommen utopisch.

Schließlich stieß ich im *Hamburger Abendblatt* auf eine Anzeige mit folgendem Wortlaut: »Szeneladen in St. Pauli zu vermieten. Küche und Gartennutzung vorhanden. Nähe Hans-Albers-Platz. Provisionsfrei. Brauereikredit.« Ich kann gar nicht genau sagen, warum, aber ich spürte, dass dieser Laden etwas Besonderes sein musste. Es handelte sich um ein Szenerestaurant in der Friedrichstraße 29, einer Seitenstraße der Reeperbahn. Das *Wojtyla* hatte seinen Namen vom damaligen Papst Johannes Paul II. bekommen, der mit bürgerlichem Namen so hieß. Nach einem kurzen Telefonat verabredete ich einen Besichtigungstermin mit dem Betreiber. Tobi, Kuky, Taade und ich stiegen an der U-Bahn-Station St. Pauli aus und gingen die Reeperbahn entlang. Wir passierten zahlreiche Pornoläden, Sex-Kinos und Videoshops. Schließlich kamen wir am Hans-Albers-Platz an, der etwa in der Mitte der Reeperbahn liegt. Von dort bogen wir dann in die kleinere Friedrichstraße ab und standen bald direkt vor dem Laden. Nur wenige Schritte weiter wäre man schon direkt an der berühmten alternativen Hamburger Hausbesetzerszene in der Hafenstraße gelandet. Von der Lage her war der Laden also schon mal optimal, genau da gehörten wir mit den *Jesus Freaks* hin. Als wir das Restaurant betraten, trauten wir unseren Augen kaum. Überall hingen an den Wänden christliche Symbole, Kreuze, Jesusbilder und auch Marienfiguren. Bei einer eher schummrigen Beleuchtung roch es nach Weihrauch und gut gewürztem Essen. Wir wurden von Herrn Mekahn, dem Betreiber des *Wojtyla*, freundlich begrüßt. Er führte uns durch die einzelnen Räume, und wir konnten uns alles in Ruhe anschauen. Wenn man das Restaurant von der Straße aus durch den Haupteingang betrat, stand man bereits direkt im Laden. Durch eine vier mal fünf Meter große Fensterwand an der linken Seite des Raumes konnte man das Treiben auf der Friedrichstraße beobachten. Parallel zu der Fensterfront stand auf der anderen Seite ein großer Tresen mit einer Marmoroberfläche. Über dem Tresen hing eine rechteckige, kunstvoll golden bemalte Kommode, die mit Ornamenten verziert war. Überall im Raum standen kleine runde Tische, jeweils mit einer roten Kerze darauf, wie man sie auf Friedhöfen überall sehen kann. Links neben dem Tresen gab es einen kleinen Flur, der zur Küche und zum Hinterhof führte. Aber neben diesem Flur war noch eine Kellertreppe, über die man zu den Toiletten und weiteren Räumen im Untergeschoss gelangte. Das Verrückte an der Sache war, dass mir diese Räume sehr bekannt vorkamen, obwohl ich diesen Laden noch nie zuvor betreten hatte. Nach der Führung setzten wir uns an einen kleinen runden Tisch und redeten miteinander. Herr Mekahn fragte, was wir mit den Räumen vorhätten, und wir erzählten von den *Jesus Freaks,* unserem Raumproblem und dass wir glaubten, Jesus wolle uns in St. Pauli haben. Er schien nicht abgeneigt, das *Wojtyla* an uns abzutreten. Wir sprachen über die Konditionen, den Brauereikredit und was man noch alles bedenken musste. Nach gut einer Stunde

verließen wir den Laden wieder. Zu Hause angekommen, blätterte ich sofort in meinem alten Tagebuch. Mir kamen die Räume, wie gesagt, sehr bekannt vor, mir war so, als hätte ich davon schon einmal geträumt. Ich blätterte in meinen Unterlagen, und tatsächlich fand ich nach einer Weile die Zeichnung, nach der ich gesucht hatte. Im März 1989, also zwei Jahre vor der Gründung der *Jesus Freaks*, hatte ich eines Nachts von einer Kneipe geträumt. Es war aber keine normale Kneipe, sondern eine Kneipe, die gleichzeitig eine Kirche war. »Eine Kneipe als Kirche, eine Kirche als Kneipe«, hatte ich mir in mein Tagebuch notiert. In dieser Kneipe hatte es während der Woche normalen Publikumsverkehr gegeben, aber am Wochenende waren in denselben Räumen heftige Gottesdienste gefeiert worden. Als ich dann morgens aufgewacht war, nahm ich mir sofort einen Kugelschreiber und fertigte eine Zeichnung an. Jetzt verglich ich also die Bauzeichnung des *Wojtyla* mit der Zeichnung aus meinem Tagebuch. Und ich konnte es kaum fassen, das allermeiste stimmte überein! Die Form, die Lage der Fenster, der Tresen, der Flur, der Garten und sogar die Küche und der Herd waren an genau derselben Stelle, wie ich es damals gezeichnet hatte. Auch die Formen und Ausmaße waren nahezu identisch. Aufgeregt rief ich sofort die anderen an und berichtete von meiner Entdeckung. Als wir uns am nächsten Tag noch einmal mit einigen *Jesus Freaks* trafen, sagte ich: »Leute, ich glaub, das ist unser Laden! Jesus will uns das *Wojtyla* schenken!« Ich erzählte noch einmal ausführlich von meinem Traum und von der Zeichnung. Nachdem ich mein Tagebuch rumgereicht hatte, waren alle total begeistert. Einen eigenen Laden nur für uns, mitten in St. Pauli auf der Reeperbahn? Wäre das wirklich möglich?
Wir hatten mit dem Makler am Telefon eine Deadline vereinbart, bis wann wir uns entscheiden sollten. Es war der 31. März 1994. Schließlich überprüfte ich noch einmal das

Datum, wann ich diesen Traum gehabt hatte; es war am 31. März 1989 gewesen, also exakt auf den Tag genau fünf Jahre vorher! Das konnte kein Zufall sein! Jetzt standen wir aber noch vor einer riesigen Herausforderung: Es ist üblich, dass derartige Läden immer zusammen mit einem Brauereikredit übernommen werden müssen. Von dem Kredit wird der Laden eingerichtet. Er verpflichtet aber auch den Betreiber, das Bier nur in dieser einen Brauerei zu kaufen. Um den Brauereikredit, der auf dem *Wojtyla* lag, auslösen zu können, brauchten wir schlappe hunderttausend Mark. Eine für uns unvorstellbar hohe Summe! Schließlich bestanden die *Jesus Freaks* überwiegend aus Sozialhilfeempfängern, Arbeitslosen, Schülern und Studenten. Keiner von uns hatte jemals auch nur annähernd so viel Geld gesehen. Wo sollten wir einen so hohen Betrag herkriegen?

Trotzdem begann die ganze *Jesus Freaks*-Gemeinde am Donnerstagabend zu beten: »Jesus! Bitte gib uns das Geld! Wir wollen diesen Laden für dich haben!« Am Freitagmorgen rief ein Familienvater, der uns schon öfter unterstützt hatte, bei mir an: »Hallo, Martin, Gott hat letzte Nacht im Traum zu mir gesprochen. Ich soll euch zehntausend Mark überweisen. Wie ist noch mal eure Kontonummer?« Samstag früh kam der nächste Anruf, eine ältere Frau spendete uns sogar dreißigtausend Mark. Gegen Mittag wieder jemand, diesmal kamen zwanzigtausend rein. Das Besondere an den Spendern war, dass das alles keine besonders reichen Menschen waren, sondern eher Leute, die selber lange sparen mussten, um auf solche Summen zu kommen. Auch bei den *Freaks* ging eine Blechdose rum, und sogar da waren einige Hundertmarkscheine drin. Und ein Punk von der Straße drückte mir achtzig Pfennig in die Hand. »Das ist mein letztes Geld, ich wollte mir davon eigentlich eine Dose Bier kaufen!«, meinte er zu mir. »Aber dann dachte ich, es sollte besser für unseren Laden sein.« Bereits nach vier Tagen hatten wir die hunderttausend Mark zusammen. Zwei Wochen später war der Mietvertrag unterschrieben, und wir besaßen unseren eigenen Laden, mitten in St. Pauli! Was für ein Jubel ging durch die Gemeinde, als ich das am Freitagabend allen verkünden konnte. Die Kneipe sollte ab sofort das Zentrum unserer Arbeit sein.

Nach der offiziellen Schlüsselübergabe bauten wir in den folgenden Wochen den ganzen Laden nach unseren Bedürfnissen um. Drei Malergesellen spendeten nicht nur die Farbe, sondern sie strichen auch alle Räume kostenlos für uns an. Wir hatten uns für ein dunkles Rot entschieden, das mit einer damals noch neuen, ganz speziellen Wischtechnik an die Wände gebracht werden sollte. Anschließend versiegelten die Maler den Anstrich mit einem matten Lack, was sehr schick aussah. Im Raum verteilt blieben die runden Tische aufgestellt, an denen man zu viert bequem sitzen konnte. Die Tische waren jetzt aber alle mit vielen Bibelseiten beklebt und dann mit einem Harz überlackiert. Wir stellten ein gespendetes altes Ledersofa an eine Wand und bauten noch eine kleine Bühne an der rechten Seite der Kneipe auf. Für das große Fenster ließen wir uns im Laufe der Zeit etwas Besonderes einfallen. Mit einer Pumpe aus dem Baumarkt, zehn Meter Schlauch und einem großen Eimer sorgten wir dafür, dass an dem Fenster von innen die ganze Zeit das Wasser nach unten lief. Durch spezielle Halogenlichter sah man den Effekt nachts noch viel besser.

Da wir keine kirchliche Kneipe sein wollten, in der am Ende doch nur wieder die frommen Christen sitzen, gab es natürlich Schnaps, Bier und Wein zu kaufen. Auf der Getränkekarte stand aber auch eine große Auswahl von nichtalkoholischen Getränken, und wir waren stolz darauf, das größte Sortiment an alkoholfreiem Bier in ganz Hamburg anbieten zu können. Auf jeder Getränkekarte war dann am

Ende noch ein Satz in nicht allzu kleiner Schrift aufgedruckt: »Unten im Keller befindet sich das Bekehrungszimmer. Es gibt nur einen Grund, dorthin zu gehen: zu beten und ein Christ zu werden! Hol dir den Schlüssel dazu am Tresen!« Wir wollten mit diesem Text die Besucher provozieren, sich einmal den Raum anzuschauen. Neugierig, wie die Menschen nun mal sind, wurden wir sehr oft nach dem Schlüssel gefragt. Das Bekehrungszimmer lag im Keller, rechts neben den Toiletten. Dort hatten wir zwei bequeme Sofas reingestellt, einen flauschigen Teppich ausgerollt und diverse Kissen auf den Boden gelegt. Dazu wurde noch eine gemütliche rotorange Beleuchtung installiert. In der Mitte des Bekehrungszimmers lagen eine große Bibel und ein paar Flyer, die erklärten, wie man Jesus kennenlernen kann. Ich habe erst neulich wieder von jemandem gehört, der dort in diesem Kellerraum einen Anfang mit Gott gewagt hat. Für die Toiletten hatten wir uns auch etwas Schönes einfallen lassen. Mit vielen Plastikblumen und Grünzeug verwandelten wir sie in einen regelrechten Urwald. An die Decke wurden kleine Boxen angebracht. Über diese Boxen hörten die Besucher auf einer Endlosschleife Urwaldgeräusche, Meeresrauschen oder Wassergeplätscher. Diese Idee haben uns später einige Kneipen auf dem Kiez nachgemacht. Vor den Toiletten haben wir noch ein Sofa gestellt. Zwischen den Toilettentüren stand ein kleiner Tisch mit einem TV-Gerät, auf dem wir alte *Star Trek*-Folgen mit Captain Kirk und Co. laufen ließen. Die Damentoilette konnte man daran erkennen, dass ein überlebensgroßes Poster von Deanna Troy an der Tür klebte, an der Herrentoilette lächelte Lieutenant Worf dem Besucher entgegen. Beides waren Besatzungsmitglieder der zweiten *Star Trek*-Generation.

Das Schönste an unserer Kneipe war aber der Garten. Er war etwa fünfmal so groß wie der Hauptraum und eine kleine Oase im Zentrum des Kiezes. Es gab sonst keinen anderen Laden in der Nähe der Reeperbahn, der so einen großen Garten sein Eigen nennen konnte. Wir hatten uns von einer Frau aus der Gemeinde, die mit ihrem Mann eine eigene Gärtnerei besaß, richtig schöne Beete mit unterschiedlichen Blumen anlegen lassen. Maggi, so heißt sie, war Holländerin und fast schon eine Institution bei den *Freaks*. Sie hatte auf sehr sonderbare Weise zu uns gefunden. Eines Abends hatte sie in ihrem Wohnzimmer den TV-Bericht im dritten Programm über die *Jesus Freaks* gesehen. Mitten in der Sendung, es lief gerade ein Ausschnitt von der Predigt, überkam sie plötzlich so eine Art Stromschlag, der von der rechten Hand durch den ganzen Körper bis in den linken Fuß runterging. Maggi war erst einmal geschockt und entschloss sich sofort: »Dat müsse wir uns mal ankugge!« Sie besuchte einen Abhängabend und war seitdem ein treuer Teil der Gemeinde. Der ganze Garten war von einer etwa zwei Meter hohen Steinmauer umgeben, die wir mit Holzbrettern verschönert hatten. Nun kannte ein *Jesus Freak* zufällig jemanden aus der Hamburger Sprayerszene, und wir fragten diesen jungen Mann, ob er uns auf den Zaun ein ganz besonderes Bild sprühen könnte. »Ihr macht diesen Laden für Jesus?«, fragte er uns. »Ja, die Kneipe gehört Gott«, antwortete ich ihm. »Dann sprüh ich euch das Graffito umsonst! Nur die Spraydosen müsst ihr mir bezahlen.« Auf seine Frage, was er dort denn draufsprühen sollte, überlegte ich kurz. »Wie wäre es damit, wenn du den Bibelvers an die Wand sprühst, der die *Jesus Freaks* am meisten geprägt hat? Er steht in Lukas 12, 49 und heißt: ›Ich bin gekommen, ein Feuer auf die Erde zu werfen, und wie sehr wünschte ich, es würde schon brennen!‹« Der Sprayer machte sich sofort an die Arbeit. Über zwei Wochen brauchte er. Er begann an einer Ecke mit Feuerflammen, die in roter und gelber Farbe an der Wand auflorderten. In der Mitte konnte man eine Erdkugel erkennen, auf die dieses Feuer geworfen wurde. An einigen Stellen brach ein Stück

Mauer hervor, dann sah man wieder diese Flammen in unterschiedlicher Größe und Farben. Für mich war es das schönste Graffiti, das ich jemals gesehen habe.

Das Einzige, was uns jetzt noch fehlte, war ein Name für unsere Kneipe. Im erweiterten »Ärschekreis« diskutierten wir lange, und es kamen unterschiedliche Vorschläge zur Abstimmung. Von ganz christlich *(Gottes Laden)* bis ganz weltlich *(Der Rockclub)* war alles dabei. Aber trotz guter Argumente konnten wir in der Diskussion zu keinem Ergebnis kommen. Schließlich hatte ich eine verrückte Idee: »Wie wäre es, wenn wir die Anfangsbuchstaben von jedem Vorschlag nehmen? Dann hätten wir einen ganz verrückten Namen, den niemand aussprechen kann, und jeder würde fragen, was das denn nun bedeutet. Wir werden bestimmt berühmt als die Kneipe mit dem unaussprechlichen Namen! Wenn wir es so machen, hätten wir ein G, N, L, P, S, W, X, Y, B, D. Also Gnlpswxybd! Hey, das ist es! Gnlpswxybd!« Die Leute lachten sich schlapp, und mancher dachte wohl, ich würde Witze machen. Aber es war mein voller Ernst, und je länger wir darüber sprachen, desto besser gefiel uns allen die Idee. Das *Gnlpswxybd* feierte am 10. August 1994 seine Eröffnung. Nun hatten wir zwar eine Kneipe, doch noch keinen ausreichend großen Raum für unsere Gottedienste.

Die *Jesus Freaks* werden eigenständig

Weil unsere Arbeit immer mehr wuchs und wir auch immer noch laufend in allen Medien vertreten waren, sprach man in einem Leitungstreffen der Anskar-Gemeinde über uns.

Immer wieder kamen kritische Anfragen von anderen Hamburger Pastoren und auch aus dem Bundesgebiet im Büro der Anskar rein, aber die Mitarbeiter konnten nie so richtig befriedigende Antworten geben. Da ich in keinem Gremium der Gemeinde saß, in dem ich Informationen über die Arbeit hätte weitergeben können, waren wir relativ autonom. Es gab zwar immer noch eine Delegation der *Jesus Freaks,* die im Abendgottesdienst auftauchte, aber es waren längst nicht mehr so viele wie noch zu Anfang. Im Rest der Republik gingen in der freikirchlichen Szene auch zahlreiche Gerüchte über uns um. So wurde zum Beispiel behauptet, wir würden das Abendmahl mit Bier und Chips anstatt mit Wein und Brot feiern. Wenn ich das auch theologisch hätte vertreten können, so war doch an diesem Gerücht nichts dran. Schließlich wurde ich mit dem »Ärschekreis« zu einem Gespräch in das Büro des Hauptpastors eingeladen. Das Treffen verlief sehr nett und harmonisch, bis wir dann als Leitungskreis vor eine Entscheidung gestellt wurden. Pastor Kopfermann sagte zu uns: »Wir haben uns im Ältestenkreis besprochen und wollen euch folgenden Vorschlag machen: Entweder ihr werdet ein richtiger Arbeitsbereich der Anskargemeinde. Dann bekommt ihr ein eigenes Büro, dürft den Kopierer kostenlos benutzen und hättet den geistlichen Schutz der Gemeinde und der Gemeindeleitung. Oder ihr entscheidet euch, die Gemeinde zu verlassen und eigenständig zu werden. Wir würden euch in beiden Fällen segnen.« Wir baten uns eine kurze Bedenkzeit aus und sprachen in einem Nebenraum über die Sache. Zu meiner Überraschung waren wir uns alle sofort einig. Es war keine Option, dass wir uns unter die Leitung der Anskar-Gemeinde stellen. Denn das hätte bedeutet, dass wir keine spontanen Entscheidungen mehr hätten fällen können. Selbst jeder noch so kleine Einsatz wäre einer langwierigen Genehmigung der Gemeindeleitung unterworfen. Außerdem hatten wir inzwischen eine viel

größere Vision, als nur Teil einer kleinen Freikirche zu sein. Wir planten ja schon eine deutschlandweite Jesusbewegung. Also teilten wir Kopfermann mit, dass wir uns entschlossen hatten, eine eigene Gemeinde zu gründen, mit mir als Pastor. Er ließ uns die Freiheit zu gehen. Auf dem Weg nach draußen schmiedeten wir bereits große Pläne, wo wir unseren Eröffnungsgottesdienst als eigenständige Gemeinde feiern könnten. »Es gibt auf der Reeperbahn eine große Hip-Hop-Disco, den *Rap-Club!* Da müssen wir rein!« In den folgenden Jahren gab es niemals Spannungen zwischen den *Jesus Freaks* und der Anskar-Gemeinde.
Im November 1994 war es endlich so weit. Wir gründeten einen gemeinnützigen Verein mit eigener Satzung und mir als erstem Vorsitzenden. Damit war auch rechtlich eine Basis geschaffen worden. Jetzt mussten wir nur noch unseren ersten offiziellen Gottesdienst als eigene *Jesus Freaks*-Gemeinde feiern. Ich hatte Thomas, den Betreiber des *Rap-Club,* auf einer Party kennengelernt und ihn gefragt, ob man den Laden auch mieten könne. Der *Rap-Club* war zu dieser Zeit die größte Hip-Hop-Disco in Deutschland. Er lag sehr verkehrsgünstig in einer Parallelstraße zur Reeperbahn. Die Wände des Hauptraums waren überall mit richtig schönen Graffitis besprüht. Vor allem mit Gesichtern von Schwarzafrikanern, im Comicstyle mit Weiß auf schwarzem Hintergrund. Auf über achthundert Quadratmetern gab es mehrere Tanzflächen und viele Sitzgelegenheiten. Mitten im Raum waren weiße Sofas und weiße Holzgestelle aufgebaut. Der *Rap-Club* war eine der ersten Discos in Deutschland, die jeden Abend ein *Open Mic* zur Verfügung stellten, an dem die Hip-Hopper zeigen konnte, was sie im Freestyle draufhatten. Da aber keine Party auf dem Kiez vor zehn Uhr abends richtig losging, war es für den Betreiber eine schöne Nebeneinnahme, wenn wir dort von sieben bis halb zehn unseren Gottesdienst feiern würden.

Schließlich war der große Tag unserer Gemeindeeröffnung gekommen; wir öffneten die Türen, und die Leute strömten nur so herein. Ich predigte über einen Text in der Bibel, in dem Gott uns aufruft, in Kontakt mit seiner Kraft zu kommen. Als Einleitung hatte ich den DJ gebeten, den Song *Connected* von *Stereo MC's* aufzulegen. Aus den Boxen dröhnte es laut: »I'm gonna get myself, I'm gonna get myself, I'm gonna get myself connected ...« Dabei stand ich auf der Bühne mit einer Autobatterie und zwei Drähten in meinen Händen. Jetzt führte ich die Drähte so zusammen, dass es beim Kontakt einen Kurzschluss gab und die Funken flogen. In der Predigt ging es dann darum, wie wir mit Gott in Kontakt kommen können, was das verändert, aber auch, was ein Kontakt mit ihm verhindert. Die Stimmung war riesig, viele Besucher tanzten zu der Musik, und in der anschließenden Lobpreiszeit spielte Taade mit seiner Hardcore-Punkband die ganzen harten Nummern. Etwa tausend Leute waren zu unserer Gemeindeeröffnung gekommen. Der Gottesdienst war uns rundum gelungen, und ich fühlte mich am Ende des Tages sehr glücklich.

Schrill und laut

Bei einem meiner abendlichen Spaziergänge von unserer Kneipe aus über den Kiez wurde mir auf einmal etwas sehr bewusst. Es waren zwar jeden Tag viele Leute auf der Reeperbahn unterwegs, aber jeder schien so beschäftigt mit sich selbst zu sein, dass man mit einer Predigt auf einer Apfelsinenkiste in St. Pauli niemanden erreichen würde. Die Menschen würden einfach weiterlaufen. Ich erinner-

te mich an die Worte von David Pierce und stellte fest, dass er wirklich recht hatte. Auch Pantomime hätte dort keinen beeindruckt, das wäre eher peinlich und abschreckend gewesen. Dazu käme, dass die Menschen heute über die Medien mit Informationen dermaßen zugeschüttet würden, dass viele schon völlig immun gegen Worte seien. Überall sehe man Plakate und höre Werbung, die einem zurufe: »Kaufe mich!« oder »Tue dies!« oder »Wähle das!«. Die Leute schalteten einfach auf Durchzug und liefen nur noch mit großen Scheuklappen rum. Deshalb: Wenn du heute jemanden wirklich zum Nachdenken bringen willst, dann musst du dir etwas Radikales, Schrilles, Lautes, etwas Provozierendes einfallen lassen.
Bei einem Treffen mit ein paar Freaks redeten wir über dieses Problem und kamen auf die Idee, die Leute mit missionarischen Straßeneinsätzen aufzurütteln. Und so planten wir die sogenannte Sargaktion und eine öffentliche Kreuzigung.
Für die Sargaktion wandelten wir eine Idee von David Pierce, die er in Amsterdam umgesetzt hatte, für unsere Zwecke ab. Das Ganze ging ungefähr so: Ein paar *Freaks* bauten einen Sarg aus Sperrholz. Dann versammelten sich alle *Jesus Freaks,* verkleidet als Trauergemeinde, auf dem Kiez. Einige hatten schwarze Kleidung an oder kamen mit dunklen Augenringen zu diesem Trauerzug. Vor dem Sarg ging ein junger Mann aus der Gemeinde. Er hatte eine große Trommel an einer langen Kordel um den Hals gebunden und schlug darauf einen sehr langsamen Takt. »Bumm ... Bumm ... Bumm ... Bumm.« Hinter dem Sarg ging ein Pulk von schwarz gekleideten *Jesus Freaks*. Alle setzten ihre beste Trauermiene auf, einige weinten sogar laut. Schritt für Schritt zogen wir langsam die Reeperbahn entlang. Viele Fensterläden öffneten sich, aus den Pornoshops und den Kneipen schauten die Kiezbesucher neugierig auf den Zug. Einige dachten, dort würde irgendein

Drogenboss oder ein berühmter Zuhälter zu Grabe getragen werden. »Bumm ... Bumm ... Bumm ... Bumm.« Der Zug drehte eine große Runde, dann stellten wir die Holzkiste mitten auf dem Spielbudenplatz auf dem Mittelstreifen der Reeperbahn ab und bildeten einen großen Kreis drumherum. Viele Menschen waren neugierig gefolgt, um zu sehen, was dort weiter passieren würde. Nach einer Weile hörte die Trommel auf zu schlagen, und das war das Zeichen für mich. Denn in dem Sarg lag ich, als Leiche verkleidet. Ruckartig öffnete ich den Sargdeckel von innen, sprang heraus und fing wie verrückt an zu schreien: »Ahhhhhhhhhrrrrghhh!« Die Zuschauer erschraken. Dann fing ich an, sozusagen als Untoter oder Zombie, meine Geschichte zu erzählen. Es ging in dieser Geschichte darum, wie ich immer auf der Suche nach Leben gewesen war, es aber nirgends finden konnte. Nicht in der Kirche, nicht im Sport, nicht in der Karriere, nicht in den Drogen, nicht im Sex war Leben zu finden. Dann rief ich den Zuschauern laut zu: »Ich habe es überall gesucht, aber nicht gefunden! Dabei wollte ich doch nur leben! Ich will leben! Ich will leben! ICH WILL LEBEN!« Schließlich sprang ein zweiter Mann aus der Menge und rief mir zu: »Ich kenne jemanden, und der hat gesagt: Ich bin der Weg, die Wahrheit und das Leben, und der heißt Jesus Christus!« Zuerst antwortete ich: »Jesus Christus? Hör mir auf mit Jesus Christus! Das ist doch nur ein toter Gott aus einer toten Religion!« Dann erwiderte der andere aber: »Nein, ich rede nicht von Religion! Ich meine einen Gott, zu dem du eine echte Beziehung haben kannst!« Eine Weile führten wir das Gespräch laut weiter, bis wir an einem Punkt die Zuschauer mit einbezogen und sie fragten, wie sie zu dem Thema Glauben und Gott stehen würden. Die *Jesus Freaks* sprachen dann noch mit den umstehenden Leuten, und wer mochte, wurde zu einem Gottesdienst eingeladen. Tatsächlich kamen dann in den nächsten Wochen einige von den Zuschauern zu unserem Abhängabend.

Die zweite Aktion, die wir auf dem Kiez an der Reeperbahn machten, war noch ein Stück härter und abgefahrener. Und zwar spielten wir hier eine Kreuzigung im zwanzigsten Jahrhundert nach. Wir trafen uns dazu gegen Abend in unserer Kneipe. Jemand von den *Freaks* hatte ein drei Meter großes Holzkreuz gezimmert. Tobi, als Jesus verkleidet, bekam eine Dornenkrone aus echtem Stacheldraht auf den Kopf. Er wurde von oben bis unten mit Blut beschmiert und schleppte dann das Kreuz über die Reeperbahn. Hinter ihm ging eine grölende Menge mit Schlagstöcken und Fahrradketten. »Kreuzigt ihn! Macht das Arschloch fertig! Tötet ihn! Tötet ihn!«, riefen die Menschen hinter ihm her. Der Zug hielt schließlich mitten auf dem Hans-Albers-Platz. Dort wurde »Jesus« dann von mehreren *Freaks* geschlagen, bis man ihn blutüberströmt an das Kreuz nagelte. Nachdem das Kreuz in eine Halterung gesteckt worden war, hing er dort noch eine Weile, bis er »starb«. Schließlich öffnete Tobi aber die Augen und begann, von dort oben zu den Menschen zu predigen. Er fragte mit einem lauten, fast aggressiven Ton: »Was denkst du, warum hat Jesus das getan? War das ein Spaß? Hat er das nur für sich getan? Nein, er tat es für dich und mich! Jesus ist für unsere Scheiße gestorben! Er ist gestorben, damit wir leben können! Wenn du mit deinem Mist Schluss machen und ein neues Leben haben willst, dann geh heute zu Jesus und rede mit ihm. Tausche dein altes Leben gegen ein neues Leben ein!«

Später haben wir erfahren, dass es bei unserer ersten Kreuzigung auf dem Kiez einen Anruf auf der Davidswache, der berühmten Polizeistation in Hamburg, gegeben hatte. »Sie müssen sofort mit einer Hundertschaft Beamten herkommen! Die kreuzigen da jemanden auf dem Hans-Albers-Platz! Es ist alles voller Blut!« Die Polizei rückte sofort aus, rief aber parallel auch noch bei der Heilsarmee an, ob die wüssten, was da los sei. Zum Glück hatten wir denen aber von unserer Aktion erzählt. »Keine Sorge«, meinte der Offizier der Heilsarmee am Telefon, »das sind doch nur die *Jesus Freaks!*«

In einem Interview erzählte Tobi später einmal, wie er diese Kreuzigungen erlebt hat: »Wenn Leute anfangen, dich anzuspucken oder mit Gläsern nach dir zu schmeißen, ist das nicht gerade lustig. Aber das ist mir egal, weil Jesus auch nicht der große Held war. Die haben ihn auch in den Dreck gestoßen.«

Bei diesen Kreuzigungen waren die Zuschauer oft so betroffen, dass keiner mehr etwas sagen konnte oder wollte. Schweigend gingen die Leute weiter, und vermutlich haben wir auch manchem Kiezgänger seinen Abend verdorben. Ich habe erst vor kurzem von einem jungen Mann gehört, der eigentlich in irgendeinen Pornoladen gehen wollte, aber dann dieses Bild von Jesus am Kreuz nicht mehr aus seinem Kopf bekommen hatte. Er wandte sich in der folgenden Woche an einen Pastor und ist auf diese Weise gläubig geworden.

Wir hatten aber auch Kreuzigungen, bei denen Tobi beschimpft und mit Flaschen beworfen wurde und man ihm und uns Schläge androhte. Tobi ist für mich einer der großen Helden bei den *Jesus Freaks*. Er war sich für solche Aktionen nie zu schade und hatte immer eine jesusmäßige, dienende Einstellung. Es gibt wenige Leute, die mit so viel Einsatz in der Bewegung aktiv waren wie er.

Brot verteilen an Obdachlose

Über einen Kontakt aus der Gemeinde entstand irgendwann die Idee, freitags nach dem Abhängabend Brot an Obdachlose in St. Pauli zu verteilen. Es gab eine Bäckerei in Hamburg, deren Besitzer ein Christ war. Jeden Freitagabend wurden dort sämtliche nicht verkauften Kuchen, Brötchen und Brotreste in den Müll geworfen, obwohl sie noch genießbar waren. Jemand fragte den Bäcker, ob wir die Brote nicht in der Nacht an Obdachlose unter den Brücken auf St. Pauli verteilen könnten, und er willigte ein. Für ihn entstand dadurch kein Verlust, denn die Menschen, an die wir die Ware verschenkten, hätten sowieso nicht bei ihm eingekauft. Schnell bildete sich ein Team von etwa zehn *Freaks,* die regelmäßig diese Aufgabe übernahmen. Sie gingen überall in St. Pauli unter die Brücken, in Keller und Bunkereingänge, verschenkten das Brot an Obdachlose und unterhielten sich mit ihnen. Diese Aktion war für alle gut. Zum einen hatten natürlich die Obdachlosen etwas von dem Brot und der Gemeinschaft. Zum anderen war es aber auch gut für die *Jesus Freaks,* den Fokus auf die ganz Armen in der Gesellschaft zu richten und zu sehen, wie man mit einfachen Mitteln Not lindern kann. An einem Abend gingen Verena und Susanne unter die Landungsbrücken und fanden dort eine Frau, die körperlich fast ausgetrocknet war. Die beiden riefen sofort einen Krankenwagen. Der Arzt sagte, einige Stunden später wäre die Frau gestorben. Auf die Art konnten wir sogar Menschen vor dem Sterben retten.

All diese Aktionen blieben nicht ohne Wirkung. Dass zu unserem Abhängabend immer viele Besucher aus ganz Deutschland kamen, war für uns nichts Neues mehr. Sie hatten durch die Medien von den *Freaks* gehört und wollten sich das Ganze jetzt einmal mit eigenen Augen anschauen. Wir wurden aber auch zunehmend eingeladen, in andere Städte zu fahren und dort vor Ort bei der Gründung einer neuen *Jesus Freaks*-Gruppe zu helfen. Allein im Jahr 1994 unternahmen wir jeden Monat ein bis zwei solcher Einsätze. Und fast immer entstand aus so einer Aktion eine neue *Jesus Freaks*-Gruppe. Mit dazu beigetragen hat auch ein Buch von Michael Ackermann, das 1994 im R. Brockhaus Verlag erschienen ist. Alleine durch dieses Buch sind in den folgenden Jahren weitere neue *Jesus Freaks*-Gruppen entstanden.

Es gab aber auch schmerzhafte Erlebnisse in dieser Zeit. In der Septemberausgabe des *Spiegel* erschien im selben Jahr ein vierseitiger Artikel über die *Jesus Freaks,* der eine weitere Medienwelle auslöste. Dieser Bericht bezeichnete mich als »Möchtegern-Pastor« und unterstellte uns eine negative Einstellung zu Homosexuellen, obwohl ich mit dem Reporter gar nicht über das Thema geredet hatte. Generell gibt es dazu keine offizielle Lehrmeinung bei den *Freaks,* jeder sieht es anders. Sogar die *Tagesthemen* der *ARD* wollten etwas über uns bringen.

Selbst obdachlos

Im August 1994 fand unser letzter Gottesdienst im *Jesus-Center* statt. Ich habe vergessen, ob wir rausgeschmissen wurden oder uns selbst entschieden hatten zu gehen. Das bedeutete für uns als Gemeinde, plötzlich selbst obdachlos zu sein. Das *Gnlpswxybd* fasste, wie bereits gesagt, höchstens fünfzig bis sechzig Leute und war damit für unsere Gottesdienste viel zu klein. Es gab sowohl im Schanzenviertel als auch in St. Pauli keine Location, die uns aufneh-

men wollte oder die wir hätten bezahlen können. Jemand aus dem »Ärschekreis« kam auf die Idee, unseren Abhängabend auf öffentlichen Plätzen zu veranstalten, um öffentlich dafür zu demonstrieren, dass man uns einen neuen Gottesdienstraum zur Verfügung stellte. Der erste Vorschlag war, den alten Elbtunnel als Ort zu nehmen. Dieser Tunnel war schon seit vielen Jahren stillgelegt, kann aber immer noch mit dem Fahrrad oder zu Fuß genutzt werden. Kurzerhand ging eine Telefonkette in der Gemeinde rum, und am Freitagabend versammelten sich alle *Jesus Freaks* am Tunneleingang. Mit dabei war ein Reporterteam von *N3*, dem dritten Fernsehprogramm in Norddeutschland. Der Bericht lief dann einige Wochen später als fünfundvierzigminütige Reportage unter dem Titel *Jesus Freaks, die schrillen Jünger vom Kiez*. Dort konnte man sehen, wie wir singend durch den Elbtunnel spazierten (»Jeeesus, Jesus im alten Elbtunnel ...«), wie Taade mit mobilem Verstärker, Schlagzeug und E-Gitarre Lobpreis spielte und ich eine Predigt hielt. Unsere Obdachlosigkeit dauerte danach nicht mehr lange an.
In der Friedrichstraße lagen neben unserer Kneipe noch zwei andere, kleinere Läden und an der Ecke zur Hafenstraße noch ein Musikclub, der früher einmal in der ganzen Welt bekannt gewesen war. Das *Marquee* hatte in den Achtzigerjahren Bands wie *Nirvana* oder *The Ramones* im Programm, lange bevor sie berühmt waren. Es bestand aus einem etwa hundertachtzig Quadratmeter großen Hauptraum mit einem Tresen und einer kleinen Bühne. Die fensterlosen Wände waren überall mit schwarzer Farbe übermalt. An der Decke hingen nur ein paar kleine Halogenstrahler, so dass es nie richtig hell im Raum wurde. Nur die Bühne wurde ausreichend mit großen Strahlern beleuchtet. An und für sich war der Laden ziemlich ranzig, dreckig und versifft, und trotzdem hatte er sich im Laufe der Jahre zu einem alternativen Kultschuppen in Hamburg

entwickelt. Wir hatten dort mit den *Jesus Freaks* bereits ein Jahr zuvor ein Konzert mit *No Longer Music* veranstaltet und kannten den Laden bereits gut. Die letzten Betreiber mussten den Club ganz schön runtergewirtschaftet haben, es spielten dort nur noch drittklassige Bands, und am Wochenende wurden die Räume für Technopartys vermietet. Allerdings war die Miete auch astronomisch hoch: Der Besitzer wollte jeden Monat zehntausend Mark sehen!

In unserer Notsituation hatten wir für einige Freitage das *Marquee* für unseren Abhängabend angemietet, aber es war nie sicher, ob wir in der nächsten Woche wiederkommen könnten. Im Oktober hörten wir dann die Nachricht: »Das *Marquee* ist pleite!«, und damit hatten wir jetzt gar keinen Raum mehr, wo wir uns treffen konnten.

An einem Morgen stand ich vor dem *Gnlpswxybd* und putzte die Fenster. Ich war gerade fertig, als ein eher unbekannter DJ vom Kiez vorbeikam und mich auf einmal fragte: »Sag mal, warum übernehmen die *Jesus Freaks* eigentlich nicht das *Marquee*?«

»Äh, ich weiß nicht, ist der Club denn bezahlbar? Wir sind noch nicht auf die Idee gekommen«, antwortete ich.

»Ich denke, über den Preis kann man bestimmt verhandeln. Ruf doch mal bei dem Vermieter an!« Der DJ kramte einen Zettel aus seiner Tasche hervor, kritzelte eine Telefonnummer darauf und ging weiter. Dreißig Minuten später klopfte jemand bei uns an die Bürotür. Es war Gustav, der für den Besitzer des *Marquee* arbeitete. Ohne dass wir das Thema angeschnitten hatten, sagte er: »Ich hab übrigens gestern mit dem Besitzer vom *Marquee* über euch gesprochen und hab ihn gefragt, warum nicht die *Jesus Freaks* den Laden übernehmen!« Und weitere dreißig Minuten später klingelte das Telefon im Büro. Ein Typ aus dem Büro des Besitzers rief an und fragte uns, ob wir nicht den Laden haben wollten! Das konnte alles kein Zufall mehr sein. Aufgeregt träumten wir bereits davon, in den

Club ziehen zu können, bis Kai, unser Buchhalter aus der Gemeinde, Zettel und Stift zur Hand nahm. »Also, wenn wir den Laden übernehmen wollen, dann könnten wir höchstens fünftausend Mark dafür bezahlen. Ich habe ausgerechnet, dass das ungefähr wieder reinkommen müsste, wenn wir dort am Wochenende weiter normale Konzerte veranstalten oder den Laden für Partys vermieten. Außerdem brauchen wir noch die Kaution von zwanzigtausend Mark!« Ich hörte ein lautes »Peng!« in unseren Köpfen. Damit war dieser Traum geplatzt. Unser Verein hatte, seitdem wir im *Gnlpswxybd* waren, nie mehr als tausend Mark Spenden auf unser Konto erhalten. Aber da wir im Träumen schon immer ganz gut gewesen waren, fingen die *Jesus Freaks* im Büro gleich an zu beten: »Jesus! Wenn du uns diesen Laden schenken willst, dann musst du auch für das Geld sorgen! Und wir bitten dich um ein Zeichen, dass der Besitzer die Miete auf die Hälfte reduziert, damit wir wissen, dass du das wirklich willst. Bitte, Jesus, hilf uns jetzt! Wir wollen nicht länger obdachlos sein!!!«
Zwei Tage später öffnete ich unseren Briefkasten und fand einen Umschlag mit einem Scheck über dreitausend Mark. Am nächsten Tag übergab mir ein junger Mann eine Barspende von tausend Mark. Und wiederum einen Tag später fand ich eine Überweisung von zwanzigtausend Mark auf unserem Kontoauszug. All das passierte ohne einen öffentlichen Spendenaufruf, eine Bekanntmachung oder etwas Ähnliches! Schließlich verhandelten wir mehrere Tage lang mit dem Besitzer über die Miete. Am Ende saßen wir mal wieder in seinem Büro, und er sagte: »Was mir an euch gefällt, ist, dass ihr ehrlich seid und mich nicht belügt. Von mir aus könnt ihr das *Marquee* die ersten sechs Monate für fünftausend Mark haben!« Später haben wir erfahren, dass es noch drei andere Bewerber gab, die zum Teil tausend Mark mehr bezahlt hätten. Jesus hatte uns den Laden geschenkt, das war für uns ganz sicher!

Im *Marquee* gab es neben dem Hauptraum im Erdgeschoss noch einen großen Keller. Wenn man die Treppe nach unten ging, stieß man auf einen langen Gang. Von diesem Gang gingen fünf kleinere Räume ab, die wir nutzen konnten. Früher soll hier einmal ein Bordell mit russischen Prostituierten gewesen sein, jetzt wurde es die Zentrale von *Jesus Freaks International*. Mirko, unser Organisationstalent, brauchte nur wenige Tage, um die zwei größten Räume zu einem gut funktionierenden Büro auszubauen. Es roch zwar immer feucht und etwas schimmelig, trotzdem richteten wir uns gemütlich ein. Telefon, Computer, Drucker und Kopiergeräte, alles von Spendern geschenkt oder billig erworben, standen bald in unserem neuen Büro.

Christ des Jahres

Ende 1994 bekamen wir im *Jesus Freaks*-Büro Post von der evangelischen Nachrichtenagentur *Idea*. Der Inhalt hat uns überrascht. Man teilte uns mit, dass ich, neben dem sächsischen Ministerpräsidenten Kurt Biedenkopf, der Berliner Christin Dorothea Eiselt und dem Landesbischof der Evangelischen Kirche Hannover Horst Hirschler, zum »Christ des Jahres 1994« gewählt worden war! Wir haben alle darüber gelacht, und es war mir auch eher peinlich, diesen Titel zu erhalten. Aber dennoch zeigte diese Geschichte, dass wir mit den *Jesus Freaks* zu einer großen Nummer in Deutschland geworden waren, dass man unsere Arbeit respektiert hat. Dass aus dem »Christ des Jahres« wenige Jahre später ein »Loser des Jahres« werden sollte, habe ich damals nicht für möglich gehalten.

10 BURN-OUT, ECSTASY UND DAS FREAKSTOCK

Schattenseiten

1994 war das mit Abstand erfolgreichste und aufregendste Jahr meines bisherigen Lebens. Mein Traum war zur Realität geworden, etwas richtig Großes war entstanden, etwas, das Bestand haben würde und nicht mehr wegzudenken war. Aus einer kleinen Gruppe von drei Leuten in meinem Wohnzimmer war eine eigenständige deutschlandweite Jugendbewegung herangewachsen. Auf einmal besaßen wir als *Jesus Freaks* sogar zwei Läden mitten in St. Pauli auf der Reeperbahn! Das war genial, bedeutete aber auch einiges an Arbeit und Verantwortung. Ich wurde mittlerweile deutschlandweit eingeladen, um in Gemeinden, auf Konferenzen und bei Seminaren zu sprechen. Es gab so viele Anfragen, dass ich die meisten sogar absagen musste, weil es die Arbeit vor Ort einfach nicht zuließ. Einige der *Freaks* kamen jetzt auch regelmäßig zu Seelsorgegesprächen in unsere Wohnung. Dabei war Seelsorge etwas, das mir gar nicht leicht von der Hand ging. Ich war kein guter Seelsorger und musste mich immer unheimlich konzentrieren, um den Leuten wenigstens zuhören zu können. Diese Stunden haben mich viel Kraft gekostet.

Dazu kam, dass unsere Kneipe mit dem unaussprechlichen Namen unter wirtschaftlichen Gesichtspunkten leider nicht besonders gut lief. Also versuchte ich, sooft es ging, auch dort einige Nachtschichten zu übernehmen. Schließlich waren da noch die vielen Einsätze am Wochenende, die Predigtvorbereitung und Aufgaben in der Verwaltung des Vereins. Ich hatte keinerlei Zeit mehr für Sport, Sauna, Kino oder andere entspannte Beschäftigungen.

Ende des Jahres merkte ich auf einmal eine beunruhigende Veränderung in meiner Psyche. Ich stellte fest, dass ich die letzten Monate täglich fast vierundzwanzig Stunden durchgehend mit einem sehr hohen Adrenalinspiegel gelebt hatte und es mir nicht mehr gelang, davon runterzukommen. Es gingen so viele Sachen in meinem Kopf herum, dass ich nicht mehr in der Lage war, diese Gedanken abzuschalten. Was mich vor allem zermürbte, war eine andauernde Schlaflosigkeit. Jede Nacht lag ich stundenlang wach in meinem Bett und dachte über *Jesus Freaks*-Projekte nach. Die Arbeit machte mir immer noch riesig Spaß. Aber sie sorgte auch dafür, dass ich immer am Anschlag lief. Meine Schlaflosigkeit war wie Folter und hat mich richtig fertiggemacht. Schließlich begann ich, abends wieder Bier zu trinken, um vom Alkohol müde zu werden. Das funktionierte, hatte aber den Nachteil, dass ich nach drei Stunden Schlaf wieder aufwachte, weil ich zur Toilette musste. Und dann konnte ich erst recht nicht wieder einschlafen und fühlte mich am nächsten Morgen wie gerädert.

Irgendwann bekam ich vor lauter Müdigkeit tagsüber Probleme, einen klaren Gedanken zu fassen, und sagte schließlich zu Ulrike: »Ich glaub, ich hab die ersten Anzeichen von einem Burn-out! Ich muss ganz dringend raus hier, ich brauch Urlaub!«

Einige Tage später erhielt ich per E-Mail eine Einladung von Mike aus New York. Mike war dort Pastor einer *Vineyard*-Gemeinde. Wir hatten uns 1993 über einen Freund kennengelernt und uns angefreundet. Er war bereits einmal mit seinem Mitarbeiterteam in Hamburg gewesen, um uns in der Arbeit zu unterstützen. »Martin, warum kommst du nicht nach New York und besuchst uns?«, fragte er an. Kurzerhand besorgte ich ein Ticket und flog in der ersten Januarwoche 1995 nach New York.

Ein Rave in New York

Nach meiner Landung am JFK-Airport fuhr ich mit der Bahn zu Mikes Haus in Brooklyn. »Hey, Martin, super, dass du bei uns bist!«, begrüßte er mich freundlich an der Tür! Wir umarmten uns lange, dann zeigte mir Mike das Zimmer, das für die nächsten zehn Tage mein Zuhause sein sollte. Es lag im zweiten Stock, hatte ein recht großes Fenster und war mit einer braunen Couch, einem kleinen Holztisch und einem frisch bezogenen Bett großzügig möbliert. Ich freute mich sehr auf die Tage in den USA, da ich endlich ausspannen und auf andere Gedanken kommen konnte.

Zu der Zeit befand sich die Raverszene in Deutschland noch in den Kinderschuhen. Techno kam ursprünglich aus England, wurde dann aber recht schnell über New York in die USA importiert. Ich hatte bis dahin nur aus der Zeitung davon gehört, aber sonst keinerlei Berührungspunkte mit dieser stark wachsenden Szene gehabt. Alles, was ich wusste, war, dass dabei sehr laute und beatbetonte Musik gespielt wird und viele Menschen Techno als eine neue Massenbewegung einschätzten. Außerdem hatte ich gelesen, dass in der Szene eine Droge konsumiert wurde, die Ecstasy hieß. Einige Leute behaupten, dass Techno ohne

Ecstasy nie so groß geworden wäre. Die Kombination der Droge mit der Musik machte einen erheblichen Teil der Attraktivität von Technoveranstaltungen aus.

Mikes älterer Sohn Matt erzählte mir beim Abendessen, dass er auf so einen Rave in einem New Yorker Industriegebiet eingeladen worden sei, und wenn ich Lust hätte, könnte ich mitkommen. Ich hatte Lust, große Lust sogar. Nach dem ganzen Stress der letzten Monate war das eine gelungene Abwechslung. Außerdem war ich sehr neugierig, was auf diesen Partys passiert, was für Leute dorthin gehen und wie die ganze Atmosphäre ist. Wir fuhren also Freitagnacht gegen zehn los und kamen nach einer wahren Irrfahrt endlich mitten in einem Industriegebiet an, wo in irgendeinem Gebäude die Party stattfinden sollte. Es war mittlerweile stockdunkel, und die Straßen wurden nur von einigen wenigen Laternen schwach beleuchtet. Matt erzählte mir, dass die Locations sich immer wieder ändern würden, es existiere aber eine geheime Telefonnummer, die über eine Ansage vom Band den Ort verraten würde, an dem die nächste Party stattfinden sollte. Jede dieser Partys war eine illegale Veranstaltung an einem illegalen Ort – mich interessierte das aber alles viel zu sehr, um mir darüber Gedanken zu machen. Dieses Prinzip der Geheimhaltung funktionierte also sehr gut, kaum eine Party war wenig besucht, meistens kamen viel zu viele Leute.

Wir parkten unser Auto an der Straße und überquerten eine größere, asphaltierte Fläche, bis wir zu einem mehrstöckigen alten Fabrikgebäude kamen, das vermutlich schon viele Monate leer stand. Im Erdgeschoss gab es eine große Halle, aus der schon von weitem die hämmernden Bässe nach draußen drangen. »Buuum, buuum, bumm, bumm, bumm, buuumm, buuumm …« Wir betraten die Halle durch ein großes Metalltor und schauten uns etwas um. Von den Wänden aus warfen mehrere große Halogenstrahler blaue Lichtkegel auf den Boden, die sich langsam

hin und her bewegten. Von der Decke hingen zwei große Kugeln, die mit vielen kleinen Spiegeln beklebt waren. Tausende kleiner, blauer Lichtpunkte wurden durch die Spiegel überall an die Wände und Decken projiziert. In der Mitte des Raumes stand ein erhöhtes Podest, auf dem der DJ mit seinen Plattentellern für Musik sorgte. Überall im Gebäude tanzten junge Menschen wie in Trance zu dem immer wiederkehrenden Beat. Kaum einer stand herum oder unterhielt sich, weil das bei der Lautstärke auch gar nicht möglich gewesen wäre. Die Tanzbewegungen waren dabei immer die gleichen, es gab kaum Variationen. Wie in Ekstase bewegten sich die Körper gleichförmig über die gesamte Fläche der Halle. »Buum, buum, bumm, bumm, bumm, bumm, bumm …« Schließlich ging ich weiter auf Erkundungstour. Im Obergeschoss wurde auf einem zweiten Floor ebenfalls Techno gespielt, allerdings war die Halle etwas kleiner. Die Beats waren hier etwas langsamer. Und im dritten Floor befand sich die sogenannte Chill-out-Area, in der im dunklen, matten Phosphorlicht Sofas, Matratzen und Sessel standen, auf denen sich die Besucher entspannten. Die Musik in diesem Bereich war sehr langsam und tragend, begleitet von psychedelischen Geräuschen. Ich setzte mich auf eines der Sofas und beobachtete die ganze Szenerie. Die Frage, die mich beschäftigte, war, warum so viele Leute zu diesen Partys kamen. In dem Fabrikgebäude befanden sich bestimmt zweitausend junge Menschen, die alle nur über Mundpropaganda und über eine Telefonnummer von der Location gehört hatten. War es nur eine Mode, die wieder vergehen würde, oder war es mehr? Welche Rolle spielten die Drogen? Kamen die Leute wegen der Musik oder wegen dem Tanzen? Oder wurde in dieser Szene nur das Gefühl vermittelt, in der Masse nicht mehr so allein zu sein, wie das auf anderen Partys oft der Fall war?
Irgendwann im Verlauf des Abends suchte ich die Toilette

auf. Als ich mir die Hände waschen wollte, stand in der Schlange vor mir ein junger Mann, der mich leicht verstrahlt anlächelte. »Wo kommst du her?«, fragte er mich freundlich. »Aus Deutschland«, antwortete ich ebenso freundlich. Ich erzählte ihm, dass ich zu Besuch bei Freunden war und dies meine erste Technoparty sei. »Das ist deine erste Techno-Erfahrung? Hey, dann hab ich ein Geschenk für dich! Du musst eine von diesen hier probieren!«, sagte er, kramte aus seiner Hosentasche eine kleine Plastiktüte hervor und drückte sie mir in die Hand. Von außen konnte ich zwei kleine Pillen erkennen, die in der Tüte lagen. Kaum hatte ich kapiert, was mir da gerade geschenkt worden war, hatte sich der junge Mann auch schon wieder umgedreht und war verschwunden. Verdattert stand ich immer noch in der Toilette und wusste gar nicht, was ich damit jetzt machen sollte. Aber anstatt die Teile wegzuschmeißen, steckte ich die Tüte in meine Hosentasche.

Am anderen Tag wurde ich gegen Mittag von der Sonne geweckt, die durch das große Fenster auf mein Bett schien. Wir waren erst gegen sechs Uhr morgens nach Hause gekommen. Nach einer Weile stand ich auf, duschte und machte mir ein ausgiebiges Frühstück in der Küche. Die ganze Familie war außer Haus, und ich konnte mir in Ruhe überlegen, was ich an dem Tag noch alles anstellen könnte. In der Hosentasche spürte ich die kleine Plastiktüte mit den zwei Pillen. Ich ging noch mal in mein Zimmer, holte die Tüte heraus und legte die Teile nebeneinander auf den Schreibtisch. Die Pillen hatten eine leicht rosa Färbung, und auf beiden Seiten war ein kleines Herz eingraviert. Was sollte ich jetzt mit diesem Geschenk anstellen? Ich war sehr neugierig, wie diese Droge wirkt. Schließlich hatte ich schon viele Jahre lang keinen künstlichen Rausch mehr erlebt. Aus meiner Erinnerung mit den Trips und den psychogenen Pilzen war mir bewusst, dass es eine gute Idee ist, sich einen besonderen Ort auszusuchen, um die Pillen zu nehmen. Ich beschloss, nachmittags das Naturkundemuseum von New York zu besuchen und dort eine von den Ecstasys auszuprobieren. Dabei redete ich mir ein, es wäre nur ein Experiment, so eine Art Selbstversuch, weiter nichts. »Wenn ich Ecstasy einmal ausprobiert habe, dann kann ich die ganze Technoszene viel besser verstehen und sie dann für Jesus erreichen! Gott hat bestimmt nichts dagegen. Außerdem tue ich es ja nur dieses eine Mal«, sagte ich zu mir selbst. Dass ich damit einer Selbsttäuschung aufsaß, war mir damals nicht bewusst. Also fuhr ich mit der Bahn zum Central Park in das Naturkundemuseum. Ich bezahlte an der Kasse den Eintritt und betrat die große Eingangshalle. Das Museum war riesig. Unter bestimmt sechs Meter hohen Decken, in unendlich vielen Gängen, Fluren und Räumen wurde alles ausgestellt, was man unter der Überschrift »Natur« zusammenfassen kann. Es gab eine ganze Halle zum Thema Meeresbiologie, die in einem dunklen Blau gehalten war. In der Mitte dieser Halle hing von der Decke eine zehn Meter lange Wal-Attrappe, die sehr realistisch aussah. Eine andere Halle war nur den Dinosauriern gewidmet. Dort stand unter anderem ein lebensgroßes Gerippe des *Tyrannosaurus rex*. Nachdem ich durch einige der Hallen geschlendert war, zog ich mich auf die Toilette zurück. Ich hatte schon eine Ahnung, dass meine geplante Aktion nicht das ist, was Jesus gut findet. Aber ich wollte es auch nicht ohne Gott machen, darum redete ich vorher noch mal mit ihm. »Jesus, ich will jetzt diese Pille nehmen. Ich weiß, dass du das vermutlich nicht okay findest, aber ich will einfach wissen, wie die Szene drauf ist, und warum die Leute diese Drogen nehmen. Es ist mir ein Anliegen, den Technoleuten von dir zu erzählen«, sagte ich. »Bitte bleib bei mir! Amen!« Ich holte die kleine Plastiktüte aus meiner Hosentasche und legte die Pille in meine linke Hand.

Dann schloss ich die Augen, nahm die Ecstasy in den Mund und schluckte sie runter. Ich trank noch einen Schluck Wasser, dann verließ ich wieder die Toilette und führte meinen Rundgang im Museum fort. Als ich in der »Urwaldhalle« anlangte, waren bestimmt schon über dreißig Minuten vergangen, aber es hatte noch keinerlei Wirkung eingesetzt. Auch in der Afrikahalle merkte ich immer noch nichts. »Hm, Gott wollte wohl nicht, dass ich eine gute Pille erwische«, sagte ich zu mir selbst. »Dann sollte es wohl nicht sein. Ich geh jetzt noch mal ins *IMAX,* und dann fahr ich zu Mike nach Hause!« Mitten im Naturkundemuseum befand sich ein *IMAX*-Kino mit einer riesengroßen Leinwand. Dort wurden im ständigen Wechsel unterschiedliche Naturfilme, zum Beispiel Unterwasserfilme von Walen und Delphinen oder Filme aus den großen Naturschutzgebieten in Afrika oder den USA gezeigt. Als ich das Kino betrat, sollte als Nächstes ein Film laufen, der Tiere im Nationalpark bei Nairobi zeigte. Ich suchte mir einen guten Platz und setzte mich bequem in den großen Kinostuhl. Nach einigen Minuten blendete das Licht langsam aus, und die Projektion des Filmes begann. Als die ersten Bilder auf der Leinwand flimmerten, spürte ich plötzlich, wie Wellen von unbeschreiblichen Glücksgefühlen aus meinem Herz sprudelten. Es war wie ein unaufhaltsamer Strom von Glück, der mich von innen heraus überflutete. Ich saß dort, im Sessel des *IMAX* in New York, und war von einer Sekunde auf die nächste der glücklichste Mensch der Welt. Der ganze Ärger der letzten Monate war wie weggespült, der Stress fiel von mir ab wie ein alter Mantel. Ich fühlte mich einfach gut, vollkommen, geliebt, über alle Maßen glücklich und zufrieden. Fassungslos versank ich in meinem Stuhl. Mit dieser Wirkung hatte ich nicht gerechnet. Ich strich mit meiner Hand über meinen Arm und spürte, wie samtweich und angenehm sich meine Haut anfühlte. Wenn ich auf die Leinwand sah, verschwammen die Bilder in meinem Geist, als wäre es eine 3-D-Projektion, ohne dass ich eine 3-D-Brille aufhatte. Ich sah die Natur, die vielen Tiere, alles war zum Greifen nahe. Immer wieder rollte eine neue Welle des Glücks über mich, es war überwältigend. Nach gefühlten Stunden, in Wirklichkeit hatte sich das Ganze in nur fünfundvierzig Minuten abgespielt, war die Vorführung vorbei. Das Licht blendete langsam auf, und ich saß noch völlig high in meinem Kinosessel. Nach einer Weile stand ich schwankend auf und schwebte förmlich zum Ausgang. Die folgenden Stunden schlenderte ich langsam durch die Gänge des Naturkundemuseums und genoss dieses Gefühl. Als gegen Abend das Signal ertönte, die Türen des Museums würden schließen und alle Besucher müssten das Museum verlassen, waren bereits fünf Stunden vergangen.

Nachdenklich stieg ich in die U-Bahn und fuhr zurück nach Hause. Am Abend lag ich noch lange wach in meinem Bett und dachte über diesen Tag nach. Über viele Stunden konnte ich noch so eine Art Nachglühen der Droge in meinem Körper spüren.

Als ich am nächsten Morgen aufwachte, fühlte ich mich frisch und erholt. Es war lange her, dass ich so zufrieden und glücklich gewesen war. Ich versuchte mit Gott über die Sache zu reden, konnte aber nichts Negatives an der ganzen Aktion feststellen. Schließlich hatte ich ja niemanden verletzt oder belogen und war auch meiner Frau treu geblieben. Außerdem konnte man mich noch nicht mal bezichtigen, ein schlechtes Vorbild gewesen zu sein, denn es hatte niemand mitbekommen, redete ich mir ein. Das Eindrücklichste war aber, dass ich mich nach diesem Erlebnis so erholt gefühlt hatte, wie ich es sonst nur von einem dreiwöchigen Strandurlaub kannte. »Du kannst doch nichts dagegen haben, Jesus! Wenn ich es keinem erzähle, wäre es ja nur mein ganz eigenes Geheimnis, etwas,

das ich allein mit dir teile!«, betete ich. Am Ende der Woche flog ich zufrieden wieder nach Hause.
Ich erzählte niemandem von der ganzen Aktion, auch nicht meiner Frau. Dass ich mit dieser ersten Ecstasy-Pille aber wieder eine Tür in die tödliche Welt der Drogen aufgestoßen hatte, die besser geschlossen geblieben wäre, wurde mir erst sehr viel später bewusst. Und in meiner Hosentasche befand sich immer noch die Tüte mit der zweiten Pille.

Ein Rückzug, der kein Rückzug war

Kaum war ich zu Hause angekommen, wollte ich Kontakt mit der hiesigen Technoszene aufnehmen. Ich begründete das vor den *Freaks* und meiner Frau damit, dass ich diese Szene auch für Jesus erreichen wollte, und das war auch nicht gelogen. Aber ich ging auch dorthin, um Menschen zu finden, die die gleiche Ecstasyerfahrung gemacht hatten wie ich. Diese Erfahrung war so heftig, sie hatte mich derart umgehauen, dass ich auf der Suche nach Austausch und mehr Informationen über diese Droge war. In diversen Buchläden besorgte ich mir alle Bücher, die ich zu diesem Thema kriegen konnte. Ich fand heraus, dass der Stoff in der Droge eigentlich MDMA heißt. Der Erfinder von MDMA ist ein deutscher Chemiker, der für die Pharmafirma Merck ein neues Medikament herstellen sollte. Später wurde daran weiter als »Wahrheitsserum« gearbeitet, und es wurde nach meinen Informationen sogar für therapeutische Zwecke im medizinischen und psychologischen Bereich verwendet. Erst 1985 wurde es dann als Droge

klassifiziert und in den USA und ein Jahr später auch in Europa verboten. Dieses Verbot machte Ecstasy aber erst berühmt, und in der Technoszene wurde die Pille Mitte der Neunzigerjahre zu einer Massendroge. Diese Information bestätigte meinen Selbstbetrug, dass es sich bei MDMA eben nicht um eine normale Droge handelte, sondern auch um ein Medikament. Ich redete mir ein, dass es für mich ja auch nur so eine Art Selbsttherapie gewesen sei, weiter nichts. Es dauerte gerade mal zwei Wochen, da nahm ich an einem freien Tag die zweite Pille bei einem Konzert in der Markthalle. Die Wirkung setzte wieder erst nach einer ganzen Zeit ein, aber von der Stärke her spürte ich vielleicht gerade mal zwanzig Prozent dessen, was ich im Naturkundemuseum in New York erlebt hatte. Ich war riesig enttäuscht und fragte mich, woran das gelegen haben mochte. Also las ich weitere Bücher zu dem Thema und fand heraus, dass man vor der Einnahme mehrere Stunden nichts essen sollte. Das hatte ich bei meinem zweiten Versuch übersehen. Jetzt war aber die Pille weg. »Ich will es doch unbedingt noch ein zweites Mal erleben, nur einmal noch!«, sagte ich mir immer wieder. Um dies möglich zu machen, blieb mir nichts anderes übrig, als in der Hamburger Technoszene eine Ecstasy-Pille aufzutreiben.
In der folgenden Woche ging ich eines Nachts in einen Technoclub auf St. Pauli. Dort drückte ich mich eine Weile auf der Toilette rum, bis jemand kam, den ich fragen konnte, wer hier Ecstasy verkauft. Es dauerte vielleicht fünfzehn Minuten, da hatte ich den Nachschub in meiner Hosentasche. Der ganze Drogenkauf ging an dem Abend wie von selbst, als hätte ich nie etwas anderes gemacht. Es war im Grunde genau wie damals, als ich noch ohne Gott gelebt hatte. »Drogenkaufen ist wie Fahrradfahren, so etwas verlernt man nicht«, dachte ich noch beim Verlassen des Clubs.

Ich wartete ein paar Tage ab und nahm diesmal gleich zwei Pillen auf einmal an einem freien Tag bei mir zu Hause. Wieder war die Wirkung enttäuschend, es war nur ein Bruchteil dessen zu spüren, was ich in New York erlebt hatte. Aber diesmal waren die Nachwirkungen anders. Ich bekam am nächsten Morgen heftige Depressionen, den sogenannten E-Kater. Stundenlang saß ich traurig in unserem Wohnzimmer, dunkle Wolken zogen über meine Gedanken, und ich war außerstande, sie abzuwerfen.
Gegen sechs Uhr abends drehte sich der Schlüssel in der Tür; Ulrike kam von der Arbeit nach Hause. »Ulrike, ich muss mit dir reden!«, sagte ich zu ihr mit Tränen in den Augen. Wir setzten uns in die Küche, und ich erzählte ihr die ganze Geschichte. Von meinem Burn-out, das ich schon seit vielen Monaten hatte, von meiner Schlaflosigkeit und dem vielen abendlichen Biertrinken, von der großen Traurigkeit, die ich manchmal spürte, und dann auch von der Ecstasyerfahrung in New York und dem, was ich in Hamburg seitdem getan hatte. Ulrike reagierte gefasst, liebevoll und entschlossen. »Du musst über die Sache mit den *Jesus Freaks* reden!«, sagte sie sofort. »Es ist wichtig, dass du jetzt erst einmal eine Auszeit nimmst und deine Aufgaben auf mehrere Schultern verteilt werden! Du hast einfach zu viel gemacht und bist ausgebrannt!«
Wir beriefen ein Treffen mit dem »Ärschekreis« ein, und als alle da waren, begann ich ihnen von meiner Situation zu erzählen. Ich sprach noch einmal von dem Autounfall und meinen Schuldgefühlen, die ich deswegen hatte. Dann erzählte ich von den vielen schlaflosen Nächten, in denen ich nicht mehr abschalten konnte, und dem Versuch, mit Bier dagegen anzugehen. Schließlich berichtete ich auch von meinem Urlaub in New York, der Ecstasyerfahrung im Naturkundemuseum und dass ich von diesem Trip im Grunde nicht mehr runtergekommen bin. »Ich habe richtig großen Mist gebaut, bitte, verzeiht mir! Es fühlt sich

an, als wäre meine alte Suchtstruktur wieder voll da! Es wäre gut, wenn ich erst mal eine Pause von meinem Dienst machen würde. Könnt ihr vielleicht meine Aufgaben übernehmen?« Der Leitungskreis reagierte sofort. Alle konnten meine Situation verstehen, es wurde überlegt, wer welche Bereiche übernehmen könnte, die ich in den letzten Jahren betreut hatte. Innerhalb von wenigen Minuten war ich alle Verantwortung los. Nur den ersten Vorsitz des Vereins behielt ich weiterhin inne. Wir besprachen, dass ich mich in Seelsorge begeben sollte, um dann in einigen Monaten wieder in den Dienst zurückzukehren. Ich nahm mir diese Pause aber nur halbherzig, warum, kann ich gar nicht mehr sagen, und stieg wieder in die Arbeit bei den *Jesus Freaks* ein, sobald ich die größte Erschöpfung überwunden hatte.

Das erste Freakstock

Im Büro der *Freaks* waren in jenen Wochen immer häufiger Nachrichten eingetroffen, dass sich irgendwo in Deutschland wieder eine neue *Jesus Freaks*-Gruppe gegründet hatte. Mirko hängte über seinem Schreibtisch eine große Deutschlandkarte auf, und jede Stadt, in der es bereits eine Gruppe gab, bekam eine rote Nadel mit einem weißen Fähnchen dran. Mittlerweile waren in über fünfzig Städten weitere Gruppen entstanden! Mirko erzählte uns, was er an Informationen über die einzelnen Gruppen hatte, und die Geschichten begeisterten mich. »In Berlin treffen sich die *Jesus Freaks* in einem besetzten Haus. In Bayreuth haben sie ihre Gottesdienste in einem bekannten Club. Die Celler *Freaks* bestehen fast nur aus Punks, sie

haben sogar eine eigene christliche Punkband, die sich *Christcore* nennt.« Es war kaum zu fassen, aber mittlerweile war aus einer Idee, die 1991 in meinem Wohnzimmer begonnen hatte, tatsächlich eine eigenständige, schnell wachsende Jugendbewegung entstanden. »Ich bekomme fast jede Woche eine Anfrage rein, von Leuten, die eine neue Gruppe gründen wollen oder bereits gegründet haben«, sagte Mirko. »Wir müssten die mal alle zusammenbringen«, antwortete ich. »Es sollte so eine Art Woodstock für die *Jesus Freaks* werden, ein Festival, nur dass nicht die Bands, sondern Jesus im Mittelpunkt steht!«
»Ja, genau! Wir machen jeden Tag einen fetten Gottesdienst, und abends spielen noch ein paar Bands!«
Auf einmal war so eine visionäre Atmosphäre im Raum, wir schmiedeten Pläne, träumten vor uns hin, und am Ende kam etwas dabei raus, was es bis heute noch gibt: das Freakstock!
Mirko übernahm den Hauptteil der Organisation, und im November 1995 war es dann so weit: Wir hatten unser erstes deutschlandweites *Jesus Freaks*-Treffen. Als Ort wurde Wiesbaden ausgewählt, weil es zentral liegt und die *Jesus Freaks* vor Ort auch fit genug waren, wenigstens einen Teil der Organisation zu übernehmen. Als Sprecher für das Hauptseminar luden wir Mike aus NY ein, weil wir es uns selbst nicht zutrauten, den Input zu übernehmen. Mike sprach über die Liebe Gottes zu den Menschen, und was er sagte, kam gut an. Für den Abend hatten wir den ersten christlichen Rave in Deutschland geplant, der in einer großen Halle stattfinden sollte. Der Ort war für über tausend Besucher ausgelegt. Vor der Tür hatten wir sogar einen riesengroßen Halogenstrahler aufgestellt, der, wie bei Großevents üblich, die Wolken mit einem Spot anleuchtet. Alles war gut vorbereitet. Nur in der Halle war niemand. Aus Wiesbaden besuchten uns vielleicht fünf Jugendliche, die dann aber nach einer Stunde wieder

gingen, weil eben nichts los war. Die *Jesus Freaks* saßen alle draußen vor der Halle auf dem Fußboden und unterhielten sich. Der Rave war also ein Reinfall, vielleicht war Deutschland auch noch nicht so weit. Trotzdem haben wir das Freakstock als einen großen Erfolg verbucht. Über 400 Leute waren gekommen, hatten den Predigten zugehört und mit unserer eigenen *Jesus Freaks*-Musik zu Gott gesungen.

Rückenwind und Gegenwind

1996 war dann wieder ein sehr erfolgreiches Jahr für die Bewegung. Bei unseren Veranstaltungen wurden noch einmal alle Besucherrekorde gebrochen. Da unsere Kneipe und das *Marquee* für die Gottesdienste inzwischen zu klein geworden waren, fragte ich noch einmal beim Besitzer des *Rap-Clubs* nach, ob wir den Laden nicht auch jeden Freitag mieten könnten. Der normale Besucherverkehr setzte dort sowieso erst gegen elf Uhr abends ein, und wir brauchten für unseren Gottesdienst mit Auf- und Abbau nur drei Stunden. Der Besitzer willigte ein, und ab sofort konnten wir dort von acht bis zehn unseren Abhängabend feiern. Mitte 1996 kamen jeden Freitag regelmäßig über achthundert Besucher zu unserem Gottesdienst in den *Rap-Club*.
Dieser Zuwachs hatte mit einer weiteren Pressewelle zu tun, die über uns in diesem Jahr hereinbrach. Sowohl der *Focus* als auch der *Stern* brachten mehrseitige Berichte über die *Freaks*. Im Herbst erschien in der *Bravo*, dem größten Jugendmagazin Europas, ein zweiseitiger Artikel. Kuky hatte von einigen seiner besten Lieder eine erste

eigene CD-Produktion auf den Markt gebracht, die den Titel *Praise and Punk* trug. Das *Marquee* lief unter neuer Leitung immer besser, viele Konzerte waren ausverkauft, und der Laden hatte sich in der Szene wieder einen Ruf mit Kultstatus erkämpft.

Im August veranstalteten wir ein Treffen mit allen Leitern von *Jesus Freaks*-Gruppen in Deutschland. Es fand in einem kleinen Ort vor Hamburg mit dem Namen Hanstedt statt, und es war genial, zu hören, wie die Bewegung in Deutschland weiter wuchs. In diesem Jahr gab es bereits über hundert Gruppen und Gemeinden in Deutschland, Österreich, der Schweiz und Holland.

Im Sommer 1996 wurden wir angefragt, bei einem großen deutschlandweiten Event, dem *Christival* in Dresden, einen Gottesdienst zu übernehmen. Dieser Gottesdienst fand in der alten Ruine einer Kirche im Randbezirk von Dresden statt. Bereits eine Stunde vor Beginn war die Kirche überfüllt. Über dreitausend Jugendliche standen auf der Wiese vor der Kirche, weil sie nicht mehr rein kamen. Daraufhin bauten wir eine zweite Bühne vor der Kirche auf und veranstalteten dort spontan einen weiteren Gottesdienst. Diese beiden Events auf dem *Christival* haben große Wellen geschlagen und Auswirkungen auf die christliche Jugendarbeit in ganz Deutschland gehabt. Überall in Deutschland fingen Jugendliche an, ihren Gottesdienst in der heimischen Gemeinde anders zu gestalten als noch zuvor. Schlagzeug, E-Gitarre, Bass wurden mehr und mehr zum Standard in der christlichen Jugendarbeit.

Im selben Jahr hatten wir auch unser zweites Freakstock. Es fand diesmal als Open Air auf einem Fußballplatz in Neudrossenfeld in der Nähe von Bayreuth statt. Beim ersten Freakstock hatte noch Mike aus New York beim Hauptseminar gesprochen, aber diesmal wurde beschlossen, dass der Input von mir kommen sollte. Ich hatte die Idee, das Festival könnte unter dem Motto »Seinen Lauf vollenden« stehen, in Bezug auf eine Bibelstelle aus dem Hebräerbrief. Alle waren einverstanden, und damit stand das Thema fest. Als ich mit meiner Predigt loslegen wollte, war das Feld voller *Jesus Freaks,* die mich alle gebannt anschauten. Dreadlocks, Irokesenhaarschnitte, Ohrringe, Tattoos und schwarze Lederjacken waren ebenso vertreten wie Jeans und T-Shirts. Als die Band ihren Part beendet hatte, stieg ich auf die Bühne und fing an, den langen Predigttext aus dem zwölften Kapitel des Hebräerbriefes vorzulesen. Dort wird das Christsein mit einem Wettlauf verglichen, den ein Läufer auf einem Wettbewerb bestreitet.

Ich begann meine Predigt mit der Erzählung über einen alten Bekannten, der früher mal ein leidenschaftlicher Christ gewesen war und alles für Jesus geben wollte. Aber dann war er mitten auf der Strecke liegen geblieben, er hatte sich von den »Stricken der Sünde« fesseln lassen. Und er hatte eine »bittere Wurzel« in sich, durch Verletzungen von anderen Christen, auf die er jetzt sehr sauer war. Mein Freund hatte seinen Lauf nicht vollendet. Ich sprach davon, dass jeder Christ und auch wir als Bewegung scheitern können. Es ist nicht automatisch so, dass man seinen Lauf vollendet, nur weil man mit Gott lebt – ich hatte das ja selbst erfahren, als ich in New York mit der Technoszene und ihren Drogen in Berührung gekommen war. So rief ich den *Jesus Freaks* am Ende zu: »Ich bin über das Ecstasy gestolpert, aber ich bin auch wieder aufgestanden. Wie ist es mit euch? Wollt ihr euren Lauf vollenden oder auf halber Strecke stehen bleiben? Wollt ihr da ankommen, wo Jesus euch haben will? Wollen wir als Bewegung unseren Lauf vollenden und durchziehen, oder werden wir auf halbem Weg schlappmachen?«

»Wir wollen unsern Lauf vollenden!«, riefen einige zurück. »Dann kommt nach vorn und lasst uns zusammen beten!«, antwortete ich. Nahezu jeder stand sofort auf, ging nach vorn, und gemeinsam übergaben wir erneut Jesus unser Leben.

Nach vielen erfolgreichen Jahren in Hamburg hatten wir nun, Mitte der Neunzigerjahre, das erste Mal auch mit großen materiellen Problemen und auch mit Gegenwind von anderer Seite zu kämpfen. Der Besitzer von dem Gebäude unserer Kneipe *Gnlpswxybd* kündigte uns völlig überraschend den Mietvertrag. Dies war rechtlich eigentlich nicht möglich, und wir nahmen uns sofort einen Anwalt. Dieser Anwalt kostete natürlich Geld. Dann musste unser Buchhalter auf einmal feststellen, dass wir vor dem Konkurs standen. Wir waren nicht mehr in der Lage, unsere Rechnungen zu bezahlen, weil die Kneipe dauerhaft Minus machte und die Einnahmen die Ausgaben nicht mehr decken konnten. Verzweifelt schrieb ich einen persönlichen Spendenaufruf an unseren Freundeskreis. Und mein Aufruf hatte Erfolg, es kamen noch einmal achtzigtausend Mark an Spenden rein. Dieses Geld hat uns damals vor dem finanziellen Ruin gerettet.

Auch privat war das Thema Finanzen zu einem Problem geworden. Ich hatte mein monatliches Einkommen bis dahin aus freiwilligen Spenden erhalten. Von den *Jesus Freaks* hab ich zu keiner Zeit ein Gehalt bezogen, das war gar nicht drin, und das wollte ich auch nicht. Um meine privaten Spender mit Informationen zu versorgen, schrieb ich drei- bis viermal im Jahr einen Freundesbrief. Bis zu meinem Ecstasy-Rückfall bekamen meine Frau und ich stets ausreichend private Spenden, dadurch reichte das Geld immer. Aber als ich diesen Rückfall gebeichtet hatte, gingen die Spenden deutlich zurück. Auch mit Ulrike gab es immer mehr Stress um das Thema Geld. Ich sagte überfromm: »Gott versorgt uns! Wir sollen uns keine Sorgen machen; das steht in der Bibel!« Und sie entgegnete: »Sogar Paulus hat in seinem Dienst als Zeltmacher gearbeitet und nicht nur gepredigt. Außerdem will ich nicht allein die Verantwortung für das Geld tragen!« Diesen Einwand wollte ich nicht so recht teilen, denn ich trug auf meine Weise auch zu unserem gemeinsamen Einkommen bei. Aber das »Paulus-Argument« war schwer zu widerlegen, also überlegte ich mir, wo ich einen guten Job finden konnte, den ich trotz meines Fulltime-Jobs noch nebenbei schaffen könnte.

Bei den *Jesus Freaks* hatte sich mittlerweile eine richtig jesusmäßige Suchtarbeit entwickelt, mit Erstberatung und zwei Selbsthilfegruppen. Die Gruppen liefen dabei ähnlich den Gesprächsgruppen in professionellen Einrichtungen ab, mit dem Unterschied, dass am Anfang und am Ende noch länger gebetet wurde. Eine der beiden Freaks, die diesen Arbeitsbereich leiteten, war Anette.

Anette hatte genau die gleiche Ausbildung zum Suchttherapeuten gemacht wie ich, aber verdiente bereits ihr eigenes Geld in einer Hamburger Drogenhilfeeinrichtung mit dem Namen *Palette*. Vor allem um Ulrike zufriedenzustellen, bewarb ich mich auf eine Zwanzig-Stunden-Stelle, die in der *Palette 3* am Bahnhof Altona ausgeschrieben worden war. Nach einem längeren Bewerbungsgespräch bekam ich tatsächlich den Job, worüber ich mich damals sehr gefreut habe. Mein Arbeitsplatz war extra für einen Ex-User eingerichtet worden, weil man in der Palette davon ausging, dass ehemals Drogenabhängige große »Fachleute« auf dem Gebiet Sucht und Drogen sind und damit jedem Psychologen etwas voraushaben. Ich sollte ab sofort in der *Palette 3* auf einer halben Stelle mit Anette den sogenannten offenen Bereich leiten. Dieser Bereich bestand aus einer Art Café mit Wohnzimmeratmosphäre, wo sich die Klienten tagsüber aufhalten konnten. Im Hauptraum stand in der Mitte ein großer Esstisch aus Holz mit vielen Stühlen drumherum. In einem weiteren Raum standen U-förmig mehrere Sofas; dort konnten sich die Klienten während der Öffnungszeiten aufhalten. Da das Rauchen innerhalb des offenen Bereichs erlaubt war, stand der Zigarettenqualm wie eine dichte Wolke im Raum, der nicht gerade besonders gemütlich aussah. An den Wänden hingen zwei Bilder, in der Ecke stand ein Regal mit zwei kleinen Pflanzen, das war es dann aber auch schon. Wir veranstalteten für die heroinabhängigen Jugendlichen jeden Morgen ein gemeinsames Frühstück, und nachmittags konnte man einfach vorbeikommen, reden oder nur abhängen.

Die »Eintrittskarte« für unsere Einrichtung war das Methadon oder Polamidon, das der Drogenabhängige vom Arzt verschrieben bekam. Polamidon ist genauso wie Heroin ein Opiat. Der Stoff dockt an den gleichen Rezeptoren im menschlichen Körper an wie das Heroin, nur mit dem Unterschied, dass der Rausch fast ganz ausbleibt. So kann das Polamidon dafür sorgen, dass sich keine Entzugserscheinungen einstellen, wenn der Süchtige das Heroin nicht mehr konsumiert. Zudem nimmt das Verlangen ab, die Droge nehmen zu wollen. »Pola«, wie es die Junkies auch nennen, ist aber trotzdem ein Opiat mit stärkeren Nebenwirkungen. Zum Beispiel schwemmt es den Körper auf und dämpft die Libido. Dazu kommt, dass es sogar noch viermal stärker körperlich abhängig macht als Heroin. Ich habe in meinem Praktikum in der Drogenentzugsstation erlebt, wie ein junger Mann von Polamidon entzogen hat. Es war die Hölle. »Pola« muss zuerst täglich unter Aufsicht des Arztes eingenommen werden. Später bekommen die Abhängigen ihre gesamte Dosierung für eine Woche mit nach Hause, wo sie es sich selbstverantwortlich einteilen können.

Um in das Programm zu kommen, ist es, neben dem ärztlichen Attest, auch nötig, eine psychosoziale Betreuung nachzuweisen. Und an diesem Punkt wurde meine Einrichtung, die *Palette,* aktiv. Der Arzt schrieb das Attest meistens dann aus, wenn der Klient nachweislich schon einige gescheiterte Therapieversuche hinter sich hatte. Die meisten unserer Besucher waren deswegen zu dem Zeitpunkt, an dem sie in unsere Einrichtung kamen, körperlich bereits ganz schön kaputt. Den Verfall konnte man an schwarzen Zähnen, dunkelrot entzündeten Abszessen an den Armen und Beinen sowie an den zum Teil stark abgemagerten Körpern erkennen. Durch die *Palette* und ihre Therapeuten wurde für die Abhängigen oft erst die Möglichkeit geschaffen, dass sie in ihren Lebensumständen einigermaßen stabil wurden. Der Beschaffungsdruck und die damit verbundene Beschaffungskriminalität fallen durch die Einnahme von Polamidon weg. Während der Öffnungszeiten des offenen Bereichs fanden in den angrenzenden Räumen der Therapeuten Beratungs- oder Therapiegespräche statt.

Diese Arbeit war zwar körperlich leicht zu bewältigen, aber psychisch auf Dauer ganz schön anstrengend und belastend. *Palette 3* hatte den Schwerpunkt »Schwangere und junge Mütter«. Dass eine heroinabhängige Frau schwanger wird, kommt häufiger vor, als man sich das vielleicht vorstellt. Die meisten dieser Frauen gehen bekanntlich meist auf dem Strich anschaffen, um sich mit dem Geld der Freier ihre Sucht zu finanzieren. Heroin, besonders wenn es mit anderen Stoffen gestreckt wird, hat aber die Nebenwirkung, dass die Frauen ihre Periode nicht mehr oder nur unregelmäßig bekommen. Der alltägliche Beschaffungsdruck sorgt zusätzlich dafür, dass man nicht mehr die Disziplin für eine regelmäßige Verhütung aufbringt, geschweige denn zum Arzt zu gehen und sich die Pille verschreiben zu lassen. So passiert es häufig, dass diese Frauen von Freiern schwanger werden. Und für genau diese Problematik bot unsere Einrichtung eine Anlaufstelle. Wir besorgten den Frauen schnell einen Arzt, der sie in das Polamidon- oder Methadonprogramm brachte, und organisierten über das Sozialamt alles, was die werdende Mutter brauchte. Das ging von einfachen Einrichtungsgegenständen bis hin zu Kinderkleidung und auch Geld. Für die schwangeren Frauen und Mädchen waren wir oft die einzige Chance, ihr Kind gesund zur Welt zu bringen. Trotzdem erlebten wir, gerade in meinem offenen Bereich, auch immer wieder harte Rückschläge. Abhängige, die schon sehr stabil waren, wurden plötzlich wieder am Hauptbahnhof gesehen. Sogar hochschwangere Frauen, die bereits längere Zeit im Pola-Programm waren, stürzten plötzlich auf noch härtere Drogen wie Crack ab. In der Arbeit im offenen Bereich gab es wenige Erfolgserlebnisse. Viele der Junkies wurden früher oder später rückfällig, wenn nicht mit Heroin, dann mit Kokain, Crack oder anderen Drogen. Als Suchttherapeut hatte ich oft Probleme, zu jedem Klienten eine professionelle Distanz zu wahren. Viele mochte ich einfach zu gern, und ich war immer lieber ein »Freund« als ein professioneller Helfer. Trotzdem machte ich den Job sehr gern, es war eine Arbeit mit Menschen, ich hatte viele nette Kollegen, und es kam regelmäßig Geld auf unser Konto.

11 ZURÜCK ZUR ERSTEN LIEBE

»Ich zieh aus!«

Im Frühling 1997 kam ich nach einem sehr vollen und stressigen Tag am frühen Abend nach Hause. Müde ging ich die Treppen nach oben und schloss unsere Wohnungstür auf. Nachdem ich meine Jacke in die Garderobe gehängt hatte, ging ich in die Küche. Auf dem Esstisch lag dort ein weißer Briefumschlag, der die Handschrift von Ulrike trug. Ich holte mir ein Bier aus dem Kühlschrank, setzte mich auf einen Stuhl und begann zu lesen. Der Brief bestand nur aus wenigen kurzen Sätzen: »Martin. Ich kann so nicht weitermachen. Ich zieh aus. Morgen um zwölf Uhr kommt der Möbelwagen. Ulrike«.
Immer wieder las ich die Zeilen durch, aber es regte sich keinerlei Emotion in mir. Wir waren jetzt neun Jahre verheiratet, und es war nicht alles schlecht gewesen, was in der Zeit passiert ist. Einige schöne Urlaube hatte ich in Erinnerung, eine Tour mit dem Auto durch die USA, Reisen auf einer französischen Insel, wo ihre Eltern ein Grundstück besaßen. Trotzdem konnte man die letzten Jahre zwischen uns auch als eine Art Ehekrieg bezeichnen. Wir stritten uns mehr und mehr, ständig gab es Stress, nicht nur um das Geld, das oft fehlte. Meine Liebe zu ihr war schon seit vielen Jahren erkaltet. Bereits in Amsterdam hatte es eine Situation gegeben, durch die ich eigentlich hätte gewarnt sein müssen, aber ich habe es damals

nicht ernst genommen. Sie hatte sich dort in einen anderen Missionar verliebt und mir von den Gefühlen zu diesem Mann erzählt. Dann, im ersten Jahr der *Jesus Freaks,* waren wir wieder an einem Punkt angekommen, wo wir nicht mehr weiterwussten. Ulrike hat in der Zeit einmal die Woche in einer Volleyballgruppe gespielt und war irgendwann überraschend zu einem jungen Mann gezogen, den sie dort kennengelernt hatte. Mein damaliger Seelsorger, der Pastor einer kleinen Anskar-Gemeinde bei uns um die Ecke, riet mir dringend, mich auf keinen Fall scheiden zu lassen, denn Gott wolle keine Scheidungen. Er warnte mich, dass ich bei einer Trennung von Ulrike meinen Dienst für immer vergessen könne. Eine Scheidung als Christ war Mitte der Neunzigerjahre in der evangelikalen Szene ein absolutes Tabu. Niemand hätte einen Prediger eingeladen, der bereits eine Scheidung hinter sich hat. Heute ist das zum Glück anders.

Nicht nur, weil mir das sehr bewusst war, sondern weil ich spürte, dass man eine Ehe nicht leichtfertig aufgeben kann, habe ich damals noch einmal um Ulrike und unsere Beziehung gekämpft. Ich lauerte ihr vor der Wohnung ihres neuen Freundes auf und sang ihr Liebeslieder. Ich weiß nicht, ob es das war, aber Ulrike kam noch einmal zurück und lebte weitere fünf Jahre an meiner Seite. Ohne sie wären die *Jesus Freaks* nicht das geworden, was sie heute sind. Sie hat in diesen fünf Jahren neben ihrem Job im Krankenhaus versucht, so viel wie möglich in die Gemeinde zu investieren, und machte dabei einen tollen Job. Da ihr Spezialgebiet die Psychologie war, wurde sie schnell zum ersten Seelsorger bei den *Freaks* ernannt. Doch auch in der Kneipe und an anderen Stellen arbeitete sie mit. Aber der Frust in unserer Ehe wurde dennoch im Laufe der Jahre immer größer. Zeitweise war es so schlimm, dass ich keine Lust mehr hatte, nach Hause zu kommen. Es gab Abende, in denen ich Stunden im Auto auf dem Parkplatz vor unserem Haus saß, Musik hörte und versuchte, mich von der Arbeit zu entspannen. Denn mir war klar, dass, sobald ich oben in der Wohnung wäre, es weitere Ansprüche an mich geben würde. Wir hatten eigentlich alles versucht, was man damals machen konnte, um unsere Ehe zu retten. Beratungsbücher, Eheseminare, Einzelgespräche, aber nichts schien zu helfen. Ulrike hatte das Gefühl, als wäre mir alles andere wichtiger als sie. Ich muss im Rückblick zugeben, dass bei mir tatsächlich die Prioritäten falsch gesetzt waren. Mir war die Arbeit mit den *Jesus Freaks* sehr viel wichtiger als meine Ehe. Für Dinge wie Haushalt, ein ständiges Stressthema, oder auch gemeinsame Eheabende wollte ich meine kostbare Zeit nicht investieren. Ich habe meine Frau in vielen Punkten vernachlässigt. Wir waren allerdings auch sehr unterschiedlich in unseren Persönlichkeiten und hatten ganz verschiedene Lebensauffassungen. Für mich war es beispielsweise überhaupt kein Problem, von Spenden leben zu müssen. Ulrike hingegen war finanzielle Sicherheit sehr wichtig. So blieb der Sommer 1997 eine Zeit der Ungewissheit; unsere Probleme miteinander konnten wir nicht lösen.

Freakstock 1997

Unser jährliches *Jesus Freaks*-Treffen war 1997 für den August geplant. Da die Besucherzahlen in den letzten Jahren weiter zugenommen hatten, brauchten wir dringend eine neue, größere Location. Mirko hatte über einen Kontakt von einem Gelände in Gotha gehört, das wir mieten könnten. Kurz entschlossen fuhr er mit einem Freund dorthin, sah sich alles genauer an und war begeistert. Es handelte sich um eine alte Pferderennbahn in Thüringen, auf der immer noch Rennen veranstaltet wurden. Der Platz war perfekt, Verträge wurden unterschrieben, und damit war der Ort für unser nächstes *Freakstock* unter Dach und Fach.

Um die Bahn herum standen uns viele unbebaute Wiesen zur freien Verfügung, die wir als Zeltplätze für unser Festival sehr gut nutzen konnten. Die alten Bauwerke auf dem Platz hatten Kultcharakter. Auf der einen Seite der Rennbahn war eine alte Tribüne aus Holz, die weiß gestrichen war. Hier sollte der größte Workshop des Festivals am Nachmittag stattfinden. Die *Mainstage,* auf der alle Hauptseminare gefeiert wurden, stand auf einer großen Rasenfläche in der Mitte der Bahn. Davor hatten gut und gern fünftausend Leute Platz. Zu den Schwächen des Geländes gehörte eindeutig, dass die Wasserversorgung nicht für eine derart große Veranstaltung ausgelegt war. Warme Duschen gab es nicht, und auch die Möglichkeit, sich an Waschbecken die Hände zu waschen, war gar nicht so einfach herzustellen. Das Freakstock-Team baute extra zu diesem Zweck große Rinnen auf, an denen Wasserschläuche angebracht wurden.

Der Vorverkauf lief zufriedenstellend, aber als wir am ersten Tag die Tore öffneten, waren wir doch sehr überrascht, wie viele Leute dieses Jahr auf unser Festival kommen wollten. Der Strom ebbte nicht ab, die Schlange vor den Kassen war bestimmt hundert Meter lang, und die Ordner am Eingang hatten alle Hände voll zu tun. Trotzdem blieb die Stimmung vor dem Ticketschalter entspannt und freundlich. Am Ende zählten wir siebentausendfünfhundert Besucher, das war fast eine Verzehnfachung im Vergleich zum Jahr davor! Und es waren bei weitem nicht nur *Jesus Freaks,* die zu unserem Festival wollten. Aus ganz unterschiedlichen Gemeinden, Konfessionen und geistlichen Traditionen kamen die Teilnehmer. Evangelischlutherische Christen, Katholiken, Pfingstler, Freikirchler, Baptisten, alle waren sie gekommen, um mit uns gemeinsam den Glauben an Jesus zu feiern.

Trotz meiner damaligen Eheprobleme sollte ich auch auf diesem Freakstock wieder das Hauptseminar übernehmen. Das Motto in diesem Jahr lautete »Zurück zur ersten Liebe«. Ich hatte das Thema vorgeschlagen, weil es auch meiner eigenen Sehnsucht entsprach, und das Leitungsteam war damit mehr als einverstanden.

Es handelt sich hierbei um ein Zitat aus der Offenbarung des Johannes im Neuen Testament. Die Zeit der »ersten Liebe« wird unter Christen oft mit der ersten Phase gleichgesetzt, kurz nachdem man gläubig geworden ist. In dieser Zeit ist der junge Christ oft noch voller Leidenschaft und Feuer für den Glauben, eben wie jemand, der frisch verliebt ist. Für mich war diese Phase der »ersten Liebe« aber auch gleichbedeutend mit der ersten Zeit der *Jesus Freaks*-Bewegung. Wir hatten in den Anfangsjahren so viele phantastische Dinge erlebt. Drogenabhängige, Prostituierte, kaputte Menschen waren durch unsere Arbeit zum Glauben gekommen, und durch diese einschneidende Veränderung wurden sie oftmals buchstäblich vor dem Tod gerettet.

Kuky spielte mit seiner Band in diesem Hauptseminar die Musik, und er schaffte es auf eine geniale Weise, dass auf der ganzen Wiese die Leute seine Lieder zu Gott sangen und beteten. Vor dem letzten Lied ging ich von hinten auf die Bühne und schaute mir von oben die Menschenmenge in Ruhe an. Überall standen *Freaks* betend mit erhobenen Händen. Ein Punk mit rotgefärbtem Iro kniete in Anbetung direkt vor der Bühne. Auf der linken Seite sah ich eine junge Frau mit Dreadlocks, die andächtig in den Himmel blickte. Und dann erinnerte ich mich an die erste Zeit, als wir noch mit drei Leuten in meinem Wohnzimmer saßen. Mir kamen die Bilder von der Taufe in der Alster und von der Jesusgeburtstagsparty in Hamburg ins Gedächtnis. Auch an die Radiosendung »Radio Freaks at the cross« musste ich denken und wie deshalb der *taz*-Reporter dreimal bei uns im Gottesdienst war. Ich hatte die Einsätze mit dem Sarg auf St. Pauli vor Augen und auch die Kreuzigung auf dem Hans-Albers-Platz. Und ich erinnerte mich an das Wunder unserer eigenen Kneipe mitten in St. Pauli, an den Gemeindeeröffnungsgottesdienst im *Rap-Club* und auch an das *Marquee*. Ich sah die vielen Gesichter von Menschen, die durch die *Jesus Freaks* zu einem neuen, besseren Leben gefunden hatten. Zum Beispiel Eddie, der jetzt unsere Drogenarbeit in der Bewegung leitete. Oder Arno und Heini, zwei Ex-Junkies, die nun schon so lange bei uns dabei waren. Diese Erinnerungen machten mich sehr froh und dankbar. Aber gleichzeitig hatte ich auch ein schlechtes Gewissen. Mein Drogenrückfall mit Ecstasy belastete mich immer noch. Ich hatte als Vorbild versagt, und mit meiner Ehe war es auch nicht mehr weit her. Mein Leben war in den letzten Monaten alles andere als »heilig« gewesen, ich fühlte mich innerlich zerrissen.

Und trotzdem wusste ich, dass das Thema, über das ich predigen wollte, genau richtig war. Es entsprach hundertprozentig meiner Überzeugung, war biblisch, geistlich und vom Zeitpunkt her genau das, was die Bewegung hören musste.

Nachdem ich die besagte Bibelstelle aus der Offenbarung vorgelesen hatte, benannte ich in ganz konkreten Punkten, wie man das erste Feuer verlieren, aber auch wie man es zurückgewinnen könne. Ich sprach von Verletzungen, Problemen, Sünden, die das Feuer der ersten Liebe ersticken. Und ich machte Vorschläge, erzählte von Schritten, die man gehen kann, um wieder zu dieser ersten Liebe zurückzukommen. Dabei bezog ich immer mein eigenes Leben in die Predigt ein. Ich hatte genauso die erste Liebe zu

Jesus verloren, mein Glaube war nicht mehr so stark und leidenschaftlich, wie es noch vor Jahren der Fall gewesen war. Schließlich hatte ich alles gesagt, was ich sagen wollte. »Wer von euch will dieses Feuer von Jesus wiederhaben?«, fragte ich in die Menge. »Wer will zurück zu der ersten Liebe zu Gott? Wer möchte seinen Mist vor Gott bekennen und wieder neu mit ihm durchstarten? Der soll jetzt nach vorn kommen, hierher vor die Bühne! Knie dich mit mir hin! Ich bin der Erste, der hier vorn steht! Ich hab selber Mist gebaut, aber ich will wieder zurück, zurück zur ersten Liebe!«
Kaum hatte ich das gesagt, sprang ich von der Bühne nach unten auf die vom Regen durchtränkte Wiese und kniete mich in den Matsch. Dort saß ich mit geschlossenen Augen und fing leise an zu beten. Es folgte ein großes Schweigen, das mir unendlich lange vorkam. Aber dann strömten sie aus allen Richtungen herbei. Die *Freaks* liefen nach vorn und knieten sich neben mir in den Matsch. Die Fläche wurde voller und voller, viele fingen an zu weinen, einige schmissen ihre Zigaretten und Drogen auf die Bühne, jeder wollte sich neu Gott hingeben. Als ich mich nach einiger Zeit umdrehte, traute ich meinen Augen kaum. Fast alle Besucher waren gekommen, kaum einer saß noch auf seinem ursprünglichen Platz. Ich betete am Mikrophon laut ein Gebet vor, das man nachsprechen konnte. Danach ging ich tief bewegt, zitternd und auch traurig von der Bühne. Ich war mir sicher, dass dies meine letzte Predigt war, die ich jemals auf dem Freakstock gehalten hatte – denn meine Probleme blieben.

Einsamkeit

Im Herbst 1997 reichte Ulrike schließlich die Scheidung ein. Damit war unsere Ehe gescheitert.
Mit Ulrikes Auszug musste ich ein zweites Mal meinen Dienst im Leitungskreis quittieren. Ich erzählte dem Ärschekreis ganz offen von meinen jahrelangen Eheproblemen. Es war schwer für mich, aber es ging nicht anders, weil ich als Pastor in einer Vorbildfunktion war. Wir berieten gemeinsam, wie es mit mir und der Bewegung weitergehen könnte. Ich wollte vorerst für ein Jahr eine Auszeit nehmen, in der Hoffnung, das Gröbste in den kommenden zwölf Monaten mit seelsorglicher Hilfe in den Griff zu bekommen. Auch wenn das in Deutschland damals eigentlich undenkbar war, hatte ich vor, trotz meiner Scheidung irgendwann wieder in den Dienst zurückzukehren. Dass Scheidung für viele Christen ein Problem ist, liegt vor allem an einem Wort aus der Bibel. Im Matthäusevangelium wird Jesus folgendermaßen zitiert: »Was Gott zusammengeführt hat, soll der Mensch nicht scheiden.« Daneben gibt es aber auch Bibelstellen, die eine Scheidung unter gewissen Umständen ermöglichen, zum Beispiel wenn der Partner fremdgegangen ist (Matthäus 5, Vers 32). Die Arbeit mit den *Jesus Freaks* hatte mich zwar schon einmal durch das Burn-out an den Rand der Verzweiflung gebracht, sie gab mir aber auf der anderen Seite auch unheimlich viel. Ich hatte das erste Mal im meinem Leben das Gefühl, etwas Besonderes zu sein und etwas bewirken zu können. Meiner Ehe hat das allerdings nicht gutgetan.
Als ich dann im Herbst endgültig von allen öffentlichen Diensten zurückgetreten war, stellte sich etwas ein, womit ich als Letztes gerechnet hatte: Einsamkeit. Als Leiter und Pastor der *Jesus Freaks* hatte ich immer und überall Kontakt zu Menschen gehabt. Wenn es auch oft nur um ober-

flächliche Themen ging, gab es doch fast rund um die Uhr Gespräche. Das Telefon klingelte sehr oft, ich wurde gefragt, was ich über bestimmt Dinge denke, man schätzte meinen Rat und meine visionäre Begabung. Dies war nun von einem Tag auf den anderen vorbei. Ulrike war aus unserer Wohnung ausgezogen, und jetzt saß ich abends, nach der Arbeit, viele Stunden allein in der Küche und wusste nicht so recht, was ich mit mir anfangen sollte. Ich musste erschüttert feststellen, dass ich all die Jahre unheimlich viel in den Dienst für Gott investiert hatte, aber fast nichts in Freundschaften oder freundschaftliche Beziehungen. Es gab nur einen Jesus-Freak, der mir näher stand, und das war André. Er hatte sich bei den *Freaks* für Jesus entschieden, weil sein großer Bruder bei einem unserer Abende zum Glauben gekommen war und sich hatte taufen lassen. André und ich trafen uns in den folgenden Monaten regelmäßig, und es entwickelte sich langsam eine enge und innige Freundschaft.

Da Ulrike immer die Hälfte der Miete von unserer Wohnung bezahlt hatte, war es für mich, mit meinem kleinen Gehalt als Suchttherapeut, kaum möglich, die monatlichen Überweisungen allein zu stemmen. So kam ich auf die Idee, mir über die Mitwohnzentrale einen Mitbewohner zu organisieren. Kurzerhand wurde das Balkonzimmer so hergerichtet, dass es sich als möbliertes Zimmer vermieten ließ. Die Zentrale schickte mir unterschiedliche Bewerber. Mit dem ersten Untermieter wurde ich nicht so richtig warm, und er kündigte bereits nach zwei Monaten. Aber der zweite war ein sehr netter junger Mann, den ich sofort mochte. Sven kam aus Süddeutschland, hatte kaum Haare auf dem Kopf, aber dafür ein breites, gewinnendes Grinsen im Gesicht. Er war aus beruflichen Gründen nach Hamburg gekommen, da er aber nicht wusste, wie lange ihn dieser Job in Hamburg festhalten würde, wollte er lieber in ein möbliertes Zimmer ziehen, als sich eine eigene

Wohnung zu mieten. Bereits bei unserem ersten Treffen hatten wir ein ganz intimes und intensives Gespräch in einer Kneipe auf dem Kiez. Er erzählte mir von seinen Problemen und ich ihm von meinen. Nach dieser Vorstellung war klar, dass wir uns mochten, und es dauerte nur wenige Tage, bis er bei mir in den fünften Stock in das Balkonzimmer einzog. Das hatte für mich nicht nur den Vorteil, die Miete zahlen zu können, sondern ich war jetzt auch nicht mehr so einsam wie noch kurze Zeit zuvor. Sven war kein Christ, er war in schwierigen Familienverhältnissen aufgewachsen und wollte jetzt in Hamburg sein berufliches Glück finden. Wir saßen an vielen Abenden zusammen in der Küche und unterhielten uns. Irgendwann packte er eine Dose auf den Tisch, holte drei Blättchen raus und drehte sich einen Joint. Als er ihn mir anbot, zögerte ich zuerst. Es war nun schon viele Jahre her, dass ich Marihuana geraucht hatte. Doch nach kurzer Zeit wurde ich schwach und griff zu – wieder einmal. Damals wusste ich nicht, dass die Konzentration von THC, dem Wirkstoff in Marihuana, durch Genmanipulation in den letzten Jahren um ein Vielfaches zugenommen hatte – vielleicht hätte ich mich dann anders verhalten, wer weiß … Jedenfalls nahm ich einen kleinen Zug von seinem Joint und war dermaßen berauscht, dass ich die Wirkung kaum ertragen könnte. Trotzdem kiffte ich in den folgenden Monaten ab und zu mit Sven, und langsam gewöhnte ich mich auch an die Qualität des neuen Stoffs. Wir hatten viele Abende, an denen wir bekifft in der Küche saßen und uns stundenlang über alles Mögliche unterhielten. Und ich merkte nicht, wie sich meine alte, krankhafte Suchtstruktur mit jedem Joint immer weiter verfestigte.

12 AUF UND AB

Jasmin

Im Januar 1998 hörte ich in der Teamsitzung in *Palette 3* von einer neuen Praktikantin, die sich bei unserer Einrichtung beworben hatte. Jasmin musste im Rahmen ihres FH-Studiums der Sozialen Arbeit ein dreimonatiges Praktikum in einer sozialen Einrichtung absolvieren. Das Team las die Bewerbung durch, und nach einem Vorstellungsgespräch mit der Leitung gab es für sie grünes Licht. Es kam häufig vor, dass wir Praktikanten bei uns hatten, und normalerweise verbrachten sie die meiste Zeit in meinem offenen Bereich. Montagmorgen klingelte es dann an dem Haupteingang, und ich öffnete ihr die Tür. »Hallo, ich bin Jasmin, die neue Praktikantin! Und wer bist du?«, begrüßte sie mich freundlich. »Ich bin Martin und leite mit einer Kollegin den offenen Bereich!«, antwortete ich leicht verkrampft. »Komm rein, leg deine Jacke im Büro ab, und dann zeig ich dir die ganze Einrichtung.« Langsam schlenderten wir durch die einzelnen Räume und unterhielten uns.
Jasmin gefiel mir sofort. Sie war etwas hippiemäßig gekleidet, trug eine Jeans und ein sehr enges, orangefarbenes Oberteil mit türkisblauen Kreisen drauf. Unter den türkisblauen Kreisen konnte man deutlich die Konturen ihrer großen Brüste erkennen, sie war recht schlank und zwei Köpfe kleiner als ich. Wenn sie sich umdrehte, sah man von hinten deutlich einen weißen String aus ihrer Jeans aufblitzen. Sie hatte hellbraune, schulterlange Haare, die

mit einer blauen Spange etwas zur Seite gesteckt waren. Ihr Lächeln war umwerfend, und aus ihren grünblauen Augen blitzte es förmlich.
Der Arbeitstag verging wie im Fluge. Zugegebenermaßen waren aber nicht die Klienten dafür verantwortlich. Ständig musste ich zu Jasmin hinüberschauen, freute mich über jedes Lächeln und über jede zufällige Berührung. In den folgenden Tagen verbrachten wir jede Mittagspause zusammen und lernten uns etwas kennen. Ich erfuhr, dass Jasmin einen Hund hatte, nebenbei auf dem Kiez in einer Bar arbeitete und in ihrem Leben auch schon einiges mitgemacht hatte. »Ich habe eine Zeitlang in Berlin in der Hausbesetzerszene gelebt, aber dann ging es mir richtig schlecht, ich musste da raus«, erzählte sie mir. »Eine Therapeutin in Hamburg hat mir damals sehr geholfen, ich habe mein Abi nachgemacht, und jetzt will ich Sozialpädagogin werden.«
Dann war die erste Woche rum, und ich traute mich endlich, sie auf ein Treffen außerhalb der *Palette* einzuladen. »Sag mal, hast du vielleicht Lust, nach der Arbeit noch einen Kaffee bei mir zu Hause zu trinken?«, fragte ich sie beiläufig beim Mittagessen. »Mir wäre lieber, wir treffen uns abends, ich muss noch meinen Hund zu einem Freund bringen«, antwortete sie mit einem Augenzwinkern. Wir verabredeten uns für neun Uhr bei mir.
Aufgeregt fuhr ich nach der Arbeit nach Hause und richtete die Wohnung anständig her. Nach Ulrikes Auszug hatte ich einiges in den Zimmern verändert. Aus der Küche flog der alte Tisch raus, stattdessen hatte ich einen großen Tresen in die Mitte des Raumes gebaut. Über dem Tresen war kunstvoll ein Seilsystem mit Halogenbeleuchtung installiert, und an der Wand vor dem Tresen war eine Holzbank angeschraubt. Für den Flur hatte ich mir etwas Besonderes einfallen lassen. Oben hing jetzt eine drei Meter lange und sechzig Zentimeter breite dünne, dunkelrot an-

gestrichene Holzplatte von der Decke. Zwischen Decke und Platte waren mehrere Lampen installiert, die ein gemütliches indirektes Licht abgaben. In der Mitte des Flures hatte ich einen fünfzig Zentimeter großen Kreis in die Holzplatte gesägt. Dort befand sich nun eine runde Plexiglasscheibe mit abwechselnd schwarzen und weißen Streifen. Ging man unter diesem Kreis hindurch, sorgte ein Bewegungsmelder für eine automatische »Zündung«: Der Kreis fing durch einen eingebauten Motor an, sich zu drehen. Schaute man jetzt nach oben, wirkte es fast so, als würde man Richtung Himmel gezogen.

Der wichtigste Raum für mich aber war das Heimkinozimmer. Dort hatte ich eine vier mal vier Meter große Liegewiese mit Matratzen auf dem Boden ausgelegt. Von der Decke hing eine etwa fünf Quadratmeter große Leinwand, die von meinem alten *Sony*-Beamer bestrahlt wurde. Und auch das Soundsystem war vom Feinsten, Dolby Digital 6.1 THX mit einem *Thorens Subwoofer*.

Endlich klingelte es an der Tür. Nach einer herzlichen Begrüßung machte ich Jasmin einen Kaffee, und wir setzten uns ins Wohnzimmer in die alte Sofaecke. Von der ersten Sekunde an unterhielten wir uns angeregt und ohne Pause über alle möglichen Themen. Sie erzählte mir aus ihrem Leben, von ihrem schwierigen Elternhaus, ihrer Zeit in der Hausbesetzerszene in Berlin, der Arbeit auf dem Kiez in der Kneipe und auch von ihrem einzigen Bruder, der bei einer Überdosis Heroin ums Leben gekommen war. Ich erzählte meine Geschichte, wie ich als Punker zum Glauben an Jesus gekommen war, von der Gründung der *Jesus Freaks*, aber auch von meinem Ecstasyrückfall und meiner gescheiterten Ehe. Mitten im Gespräch hatte ich das Gefühl, als würden wir fast magisch voneinander angezogen. Von Minute zu Minute rutschten wir auf dem Sofa immer näher zusammen, berührten uns zufällig oder absichtlich an den Händen. Ganz plötzlich kam eine Frage aus meinem Mund, die ich wirklich nicht so geplant hatte: »Jasmin, das kommt jetzt vielleicht peinlich rüber, aber sag mal: Darf ich dich küssen?« Jasmin lächelte mich an. »Klar darfst du!« Ich beugte mich zu ihr rüber und berührte mit meinem Mund ganz vorsichtig ihre Lippen. Wir küssten uns zuerst nur sehr langsam und zärtlich. Aber dann wurde es immer wilder, immer feuchter, immer heftiger, immer leidenschaftlicher. Und plötzlich fielen wir übereinander her. Ich riss ihr die Kleider vom Leib, sie zog meine Hose aus und dabei küssten wir uns unentwegt. Als ich in sie eindrang, stöhnte sie laut und lustvoll auf. Dann vergaß ich alles um mich herum. Wir liebten uns über viele Stunden, es war wie in einem Rausch. Sie schaute mir immer wieder eindringlich in die Augen und sagte ganz laut: »Ich liebe dich! Ich liebe dich! Ich liebe dich! Ich liebe dich!« Nach einem explosiven gemeinsamen Orgasmus sackten wir zuckend auf dem Boden zusammen und schliefen eng umschlungen ein.

Als am nächsten Morgen mein Wecker um neun Uhr klingelte, wachte ich nur ganz langsam auf. Ich rieb mir die Augen, schaute mich im Zimmer um, aber Jasmin war verschwunden. Dann entdeckte ich auf dem Tresen in der Küche einen kleinen, handgeschriebenen Zettel: »Hallo Schatz! Ich glaube, ab heute muss ein neues Kapitel in dem Buch ›Weltbester Sex‹ geschrieben werden. Wir sehen uns morgen! Gruß und Kuss. Jasmin.« Fassungslos saß ich in der Küche und las ihren Brief immer wieder durch. In mir war ein freudiges, aufgeregtes, aber auch extrem unsicheres Gefühl. Es kam mir eigentlich noch viel zu früh vor, um sich auf eine neue Beziehung einzulassen. Schließlich war noch nicht einmal das offizielle Trennungsjahr vorbei, und so wirklich verarbeitet hatte ich das Scheitern meiner Ehe auch noch nicht. Dazu kam, dass Jasmin alles andere als eine Christin war, geschweige denn ein *Jesus Freak*. Ihr Glaube bestand aus einer Mischung aus Hinduismus und

Buddhismus, gepaart mit einem gehörigen Schuss Esoterik. Aber alles Verstandesmäßige hatte sich nach dieser Nacht schon lange abgeschaltet. Mir war etwas passiert, womit ich in der Situation am wenigsten gerechnet hatte: Ich war bis über beide Ohren unsterblich verliebt.
In den folgenden Monaten erlebte ich eine wahre Berg-und-Tal-Fahrt der Gefühle. Es gab viele Treffen mit Jasmin, die einzigartig schön waren. Wir schauten zusammen Filme in meinem Heimkino, weinten und lachten, schrieben uns gegenseitig lange Liebesbriefe, Gedichte und Märchen. Jasmin konnte geniale Geschichten schreiben, die sie mir nach und nach zum Lesen anvertraute. Und wir hatten eine ganz neue Art von Sex, wie ich ihn vorher noch nie erlebt hatte. Oft dachte ich: »Wenn Gott sagt: ›Ihr werdet ein Fleisch‹, dann weiß ich jetzt, was er damit gemeint hat.« Wenn wir miteinander schliefen, kam das einer Verschmelzung gleich. Und immer wieder gab es auch ganz seltsame »Zufälle«, die ich blauäugig als von Gott gegeben deutete. Zum Beispiel passierte es einige Male, dass ich zum Einkaufen in die Stadt fuhr, und plötzlich stieg Jasmin genau in meinen U-Bahn-Waggon ein. Oder ich ging nachts noch auf dem Kiez spazieren, und auf einmal lief sie mir über den Weg. Manchmal war es auch so, dass ich gerade ganz heftig an sie denken musste, und dann klingelte das Handy, und sie war dran. Meine Gefühle für sie wuchsen täglich, sie überstiegen alles, was ich jemals für einen Menschen empfunden hatte. Sobald wir uns trafen, raste mein Herz; oft konnte ich den Blick nicht von ihr abwenden. Ich war überzeugt, dass sie die schönste Frau war, die ich jemals gesehen hatte. Ihre Haut, ihre Haare, sogar ihr Körpergeruch, alles schien perfekt zu sein. Freunden, denen ich Jasmin vorstellte, konnten das überhaupt nicht nachvollziehen. »Die ist doch nur Durchschnitt« oder »Ganz okay, aber vom Typ her nicht mein Fall«, hörte ich immer wieder.

Ich stellte mein ganzes Leben für sie um. Sie rauchte rote Gauloises. Also fing ich wieder mit dem Rauchen an, natürlich rote Gauloises. Sie mochte Männer mit langen Haaren. Also ließ ich mir die Haare lang wachsen. Sie liebte rote Wandfarbe. Also strich ich mein komplettes Schlafzimmer in Dunkelrot. Meine neue Freundin verdiente ihr Geld in einer Szenekneipe auf St. Pauli. Darum hatte sie erst morgens um fünf oder sechs Feierabend. Am Wochenende klingelte dann oft um die Uhrzeit mein Handy: »Schatz? Holst du mich ab? Kann ich bei dir schlafen?« Natürlich konnte sie das.
Erst nach einigen Monaten bemerkte ich, dass Jasmin wohl eine etwas andere Vorstellung von unserer Beziehung hatte als ich. Als ich sie wieder einmal morgens mit dem Auto von der Reeperbahn abholte, wollte sie noch unbedingt einen »Absacker« in einem anderen Szeneladen trinken. Wir fuhren also ein paar Straßen weiter und parkten das Auto. Nachdem wir den Laden betreten hatten, stürmte Jasmin urplötzlich auf einen mir unbekannten jungen Mann zu, setzte sich auf seinen Schoß und rief laut: »Schatz, ewig nicht mehr gesehen!« Die beiden umarmten und küssten sich herzlich und lange. Ich war verwirrt. Gab es noch mehr Männer in Jasmins Leben, die mit »Schatz« angesprochen wurden? Ich dachte bis dahin, ich hätte ein Exklusivrecht auf diesen »Titel«. Aber es gab sie, mehrere sogar. Auf einem dieser »Absackertrips« nahm mich einmal eine Freundin von Jasmin zur Seite, die mit ihr im gleichen Laden arbeitete: »Martin, merkst du das eigentlich nicht? Jasmin verarscht dich doch nur! Du denkst, ihr seid ein Paar, aber sie macht die ganze Zeit mit anderen Männern auf dem Kiez rum!«
Dieser Schmerz war kaum auszuhalten. Ich biss die Zähne zusammen, machte einen auf locker, aber mein Herz war schwer getroffen. Im Auto, auf dem Weg zu meiner Wohnung, sprach ich sie darauf an. Jasmin rastete komplett aus:

»Spinnst du? Ich hab nie gesagt, dass ich dir treu sein werde! Wir sind nicht zusammen!«, schrie sie mich an. Ich hatte es irgendwie geahnt, manchmal, so schien es, hatte sie nach fremdem Männerparfüm gerochen, wenn wir uns trafen. Aber es dann so direkt von ihr zu hören, war sehr hart.

Ich probierte mehrfach, unsere Beziehung zu beenden, scheiterte aber jedes Mal. Nach jeder »Trennung« versuchte ich mich schnell in eine neue Frau zu verlieben, doch es gelang mir nicht. Ich war wie besessen von Jasmin, wie besoffen von der Liebe zu ihr. Meine Gefühle waren so stark, dass ich alles getan hätte, um ihre Liebe zu gewinnen. In meinem Tagebuch aus jener Zeit findet man seitenlange Gedichte, die ich nur für sie geschrieben habe. Sogar ein Märchen ist dabei, in dem ich versuchte, meine Gefühle für sie auszudrücken. Es ist bemerkenswert, dass in der Zeit des größten Schmerzes und der Depression die beste Kunst entsteht.

Jeden Tag betete ich für Jasmin. Selbst die Gebete für die *Jesus Freaks* waren nicht so intensiv und eindringlich wie die Gebete für sie. Dabei trug ich in einer immer wiederkehrenden Schleife die beiden gleichen Anliegen vor: »Gott, bitte mach, dass sie mich mehr liebt, als sie jemals einen Mann zuvor geliebt hat! Und bitte mach, dass sie eine Christin wird!« Um ehrlich zu sein, war mir der erste Teil des Gebets wesentlich wichtiger. Ich hatte so eine Sehnsucht nach ihr, so ein Verlangen, dass ich ihr einziger Liebhaber sein wollte, ohne Konkurrenz. Es gab Momente, in denen ich mich gefragt habe: »Was würdest du dafür tun, dass Jasmin dich liebt?« Und da kam eine ganze Liste unvorstellbarer Sachen zusammen. Ich wäre bereit gewesen, für sie aus Deutschland auszuwandern. Wir hatten öfter darüber gesprochen, auf eine der Kanarischen Inseln zu ziehen und unsere Heimat zu verlassen. Ich wäre bereit gewesen, meinen ganzen Freundeskreis für sie aufzugeben. Ich wäre bereit gewesen, meine Berufung für sie an den Nagel zu hängen. Das hätte bedeutet, nie wieder zu predigen, nie mehr bei den *Jesus Freaks* mitzuarbeiten, keinen geistlichen Dienst mehr zu tun. Es war schockierend für mich, als mir das klarwurde. Ich hatte mich komplett abhängig von dieser Frau gemacht. Nur ein Letztes gab es, wozu ich nicht bereit gewesen wäre: meinen Glauben an Jesus aufzugeben.

Kokain

Nach der Trennung von Ulrike konnte ich auch keinen Spendenbrief mehr schreiben. Meine Scham war einfach zu groß, und ich war mir sicher, dass die allermeisten unserer Geldgeber sowieso nicht verstehen würden, dass man auch als Christ in seiner Ehe scheitern konnte. Innerhalb kürzester Zeit gingen die Spenden gegen null, und ich musste versuchen, noch etwas Geld nebenher zu verdienen. Wie gesagt, habe ich von den *Jesus Freaks* zu keiner Zeit ein Gehalt bekommen, und das halbe Gehalt aus der *Palette* reichte hinten und vorne nicht. Also fragte ich einen Bekannten nach einem Abhängabend, ob ich eventuell als Tresenkraft im *Rap-Club* einsteigen könnte. Es klappte, und so arbeitete ich dann Samstagnacht und manchmal auch Donnerstagnacht immer von zehn Uhr abends bis acht Uhr morgens im *Rap-Club*. Die Arbeit machte mir extrem Spaß, und ich glaube, dass ich eine sehr gute Tresenkraft war. Auf jeden Fall war der Chef mit mir sehr zufrieden und fragte mich ständig, ob ich nicht noch mehr arbeiten wollte. Das lag wohl daran, dass ich auch im Stress die Getränke immer schnell und sicher ausschenken konnte. Dabei schaffte ich es, mit jedem Kunden freundlich umzugehen, egal, wie viel los war. Aber meine größte Qualifikation in den Augen meines Chefs war vermutlich, dass ich als Christ und Jesus-Freak immer ehrlich sein und nie etwas aus der Kasse klauen würde. Und ich glaube, ich war der Einzige in den Jahren im *Rap-Club*, der das wirklich nie gemacht hat. Immer wieder bekam ich auch in anderen Läden mit, wie Tresenkräfte Geld aus der Kasse in ihre eigene Tasche wandern ließen. Aber in dem Punkt konnte sich mein Chef hundertprozentig auf mich verlassen.

Wir hatten uns im Laufe der Zeit, in der die *Jesus Freaks* ihren Gottesdienst im *Rap-Club* gehalten hatten, etwas angefreundet. Für mich war es etwas Besonderes, einen älteren Freund zu haben. Ich hatte mich angesichts von drei Schwestern immer nach einem großen Bruder gesehnt, zu dem ich aufschauen könnte. Wir konnten uns gut über Musik, Partys und kulturelle Dinge unterhalten. Aber er fragte mich auch oft über den Glauben und über die *Jesus Freaks* aus. Es war ihm wichtig, dass sich die Tresenkräfte nicht während der Schicht betrinken, danach war aber alles möglich. Sehr oft saß ich mit ihm noch lange nach Ladenschluss in der Sofa-Ecke. Manchmal legte er nur für uns beide noch eine besonders gute Schallplatte aus seiner privaten Sammlung auf, und wir unterhielten uns intensiv und lange. So etwas hatte mir in meiner Zeit als Leiter der *Jesus Freaks* immer sehr gefehlt.

Der *Rap-Club* besaß neben seinen vielen Stärken allerdings auch eine Schwäche, und das war die Neigung einiger Besucher zu Kokain. Es waren keine Unmengen, die im *Rap-Club* konsumiert wurden, aber zwei bis drei Gramm in einer Nacht konnten es schon mal sein. Oft sah ich ihnen dabei zu, wenn sie ein Briefchen Koks aus ihrer Tasche zückten. Sie streuten einen Teil des weißen Pulvers auf eine glatte Oberfläche, meistens einen Glastisch oder

einen umgedrehten Teller. Dann nahmen sie ihre EC-Karte aus dem Portemonnaie und zerhackten mit der Kante die größeren Kokainkristalle zu einem feinen Pulver. Mit der Karte verteilten sie das Pulver in zwei kleinere, weiße Linien. Zum Schluss rollten sie einen Geldschein zu einem kleinen Rohr zusammen. Jetzt mussten sie nur noch das Rohr an die Nase halten, das andere Nasenloch mit dem Finger verschließen, kräftig einatmen und dabei das Rohr wie einen Staubsauger an der Linie entlangführen.
Irgendwann hatte ich vom Zusehen genug und wollte es auch mal ausprobieren. Ich war unheimlich neugierig und wollte unbedingt wissen, was an Kokain so besonders ist. Schließlich ist ja bekannt, dass für keine Droge in Deutschland so viel Geld ausgegeben wird. In den Medienberufen wird ja angeblich rauf und runter Koks konsumiert, und selbst auf den Klodeckeln im Deutschen Bundestag hat man laut Presseberichten Kokainreste festgestellt. Dabei gehört diese Droge zu den gefährlichsten Suchtstoffen, und es gibt Millionen von Menschen, die daran kaputtgehen.
Trotzdem kamen mir damals keine großen Bedenken, ich weiß nicht, warum. Vielleicht hatte es damit zu tun, dass ich bei den *Jesus Freaks* ohne Verantwortung war. Da meine Maßstäbe in Sachen harte Drogen durch den Ecstasykonsum schon aufgeweicht waren, konnte ein Versuch mit Kokain jetzt auch nicht mehr schaden. Meine Freunde wehrten ab: »Das ist nichts für dich! Du bist Christ!«, sagten sie immer wieder. Aber ich wollte es unbedingt wissen und ließ nicht locker. Schließlich willigten sie ein, nachdem ich lange genug rumgenervt hatte. Ich nahm den zusammengerollten Geldschein, hielt ihn an die weiße Linie Koks und zog einmal kräftig durch. Zuerst spürte ich nur ein leichtes Kribbeln in der Nasenscheidewand, mehr nicht. Aber dann, nach einer Weile, hob sich langsam meine Stimmung. Es gab längst nicht den Flash, den ich bei

meinem Ecstasy-Erlebnis bekommen hatte, die Wirkung setzte nur ganz langsam ein, aber was ich dabei erlebte, gefiel mir sehr gut. Ich fühlte mich erleichtert, selbstbewusster, freier, entspannter. Stundenlang saßen wir noch beisammen, hörten Musik und unterhielten uns.

»Wat is?«

Eines Montagmorgens klingelte das Telefon in meiner Wohnung. »Guten Tag, mein Name ist Monika Lieschke, spreche ich mit Herrn Martin Dreyer?« Ich dachte zuerst, es wäre ein Werbeanruf, und wollte gleich auflegen. Dann antwortete ich aber doch etwas ärgerlich: »Ja, das bin ich!«
»Wie schön, dass ich Sie erreiche! Ich bin im Redaktionsteam der Sendung ›Wat is?‹ mit Jürgen von der Lippe. Ist Ihnen das Format ein Begriff?«
Ich stutzte. Der Name war mir geläufig, aber Bilder hatte ich keine im Kopf. »Ist das nicht diese Sendung, wo irgendwelche Talkgäste eingeladen werden, und von der Lippe weiß nicht, wer das ist?«
»Ja, genau«, lachte die Dame am anderen Ende. »Wir haben viel in der Presse über Ihre Arbeit gelesen, und in der Redaktion sind wir uns einig, dass wir Sie, Herr Dreyer, gern in einer unserer nächsten Sendungen haben wollen! Hätten Sie Zeit und Lust?«
»Puh, also, ich weiß nicht so richtig. Eigentlich bin ich aus der Leitung der *Jesus Freaks* schon länger draußen. Würden Sie sonst auch jemand anderen nehmen? Ich könnte Sie an das Büro der *Jesus Freaks* weiter vermitteln«, fragte ich Frau Lieschke.
»Das ist nett gemeint«, antwortete sie, »aber wir brauchen

schon jemanden, der medienerprobt ist. Ich habe mir im Vorfeld in der MAZ einige Berichte und Interviews über Ihre Arbeit angeschaut. Das Team findet, Sie kommen vor der Kamera sehr gut rüber. Für unser Konzept ist es wichtig, dass die Talkgäste spontan reagieren können. Nichts ist geprobt, alles entsteht aus dem Moment heraus. Ich würde mich über eine Zusage wirklich sehr freuen! Der Sender übernimmt natürlich für Sie und Ihre Partnerin die Fahrtkosten und eine Übernachtung in einem schicken Hotel.« Ich bat um einen Tag Bedenkzeit und beendete das Gespräch. Von meinen Lebenszusammenhängen her betrachtet, hätte ich die Sendung absagen müssen. Durch mein Burn-out, die Scheidung, die Drogenrückfälle und meinen übrigen Lebenswandel gab ich eigentlich nicht gerade das Beispiel für einen vorbildlichen Christen ab. Die Fakten sprachen eindeutig dagegen, und außerdem würde ich vermutlich vor Aufregung sowieso sterben. Bei meiner Recherche kam heraus, dass die Show zur besten Sendezeit am Samstagabend ausgestrahlt wurde. Auf der anderen Seite wurde mir damit aber auch eine gigantische Möglichkeit geboten, Millionen Menschen von Jesus zu erzählen. Dass so eine Chance noch ein weiteres Mal kommen würde, erschien mir sehr unwahrscheinlich. Also sagte ich zu.
Zwei Wochen später war es dann so weit. Nach und nach trafen die Talkgäste im Studio ein, und wir stellten uns einander vor. Als es dann losging, und ich bald auf die Bühne musste, bin ich fast gestorben. Jürgen von der Lippe bekam von seinem Kameramann zwei Dosen Bier und einen Zettel überreicht. Auf dem Zettel stand nur »Martin Dreyer, Jesus-Freak.« Nach einem kurzen Gespräch zwischen den beiden bekam ich ein Zeichen von der Regie. Im Hintergrund ertönte die Melodie von *Jesus Christ Superstar*, und ich trottete den langen Gang hinunter, mitten ins Studio. Wir schüttelten uns kurz die Hand und setzten uns dann in

zwei orangefarbene Sessel gegenüber. Von der Lippe fragte verwundert: »Also, Jesus-Freak? Was bedeutet das?«
»Noch nie von gehört?«, fragte ich lächelnd zurück. »Da war vor einiger Zeit viel in der Presse drüber zu lesen!«
»Ah, stimmt, ich erinnere mich!«, sagte er mit einem Stirnrunzeln. »Aber erzähl mal selbst!«
Und dann legte ich los. Ich begann bei mir und erzählte aus meinem Leben. Wie ich in Hamburg aufgewachsen war, aber mich dann als Jugendlicher auf die Suche nach dem echten Leben gemacht hatte, es aber nirgends finden konnte. Ich schilderte ausführlich den Tag, an dem ich beim Abendgottesdienst der St.-Petri-Kirche nach vorn gerannt bin und mein Leben Jesus gegeben hatte. Und ich erklärte ihm, wie ich später in Amsterdam die Idee für die Gründung der *Jesus Freaks* bekommen hatte und was daraus letztendlich gewachsen war. Von der Lippe war sehr interessiert, stellte Rückfragen und hörte mir aufmerksam zu. Im weiteren Verlauf des Gesprächs konnte ich auch von unserer Kneipe auf dem Kiez berichten, von den Taufen in der Alster und dass wir mittlerweile eine richtige Bewegung geworden waren. Nach ein paar Einblendungen mit Bildern von der Kreuzigung auf der Reeperbahn und anderen Aktionen erschien ein Foto, auf dem ich in einem Sarg lag. »Was ist das denn?«, fragte mich Jürgen von der Lippe. »Das ist so eine Sargaktion, die wir manchmal auf dem Kiez machen. Soll ich zeigen, wie das geht?«
»Ja, warum eigentlich nicht?«, antwortete er lachend.
Also stand ich auf und spielte das ganze Stück live im Studio vor. Ich sprang aus dem imaginären Sarg, schrie laut auf, erzählte die Geschichte von dem Mann im Sarg, der auf der Suche nach Leben war. Am Ende spielte ich auch das Gespräch vor, das zwischen dem Mann und dem Jesus-Freak entsteht, und endete mit der Einladung zum Glauben an Jesus. Nachdem ich fertig war, gab es zu meiner Überraschung einen tosenden Beifall im Publikum!

Das war nicht geplant und konnte keiner ahnen. Nachdem ich wieder im Sessel Platz genommen hatte, war die ganze Atmosphäre im Studio plötzlich verändert. Statt dass von der Lippe mich befragte, fing ich nun an, ihm Fragen zu stellen. Ich hatte vorher über das Internet herausbekommen, dass er als Jugendlicher einmal Priester werden wollte. Als ich ihn darauf ansprach, kam ein richtig gutes Gespräch zustande, in dem er von seinem Glauben oder besser Nichtglauben sprach und ich noch einmal von meinem. Ich sagte ihm vor der Kamera auch ganz ehrlich, dass ich nicht vierundzwanzig Stunden täglich auf Wolke sieben schwebe, aber dass ich in Jesus einen Freund gefunden hatte, der immer für mich da ist. Am Ende gab es noch einen Einspieler mit Bildern von unserem Gottesdienst, und die Sendung war vorbei. Überglücklich verließ ich das Studio, es war alles optimal gelaufen.

Auflösungserscheinungen

Bei den *Jesus Freaks* in Hamburg gab es im Jahr 1997 stetig mehr Probleme. Das *Marquee* lief finanziell immer schlechter, und der Verein konnte die Verluste nicht länger auffangen. Das Leitungsteam musste schweren Herzens Ende des Jahres den Mietvertrag kündigen und den Club aufgeben. In der Kneipe gab es ebenfalls einen Umbruch. Trotz großer Bemühungen schrieb auch das *Gnlpswxybd* rote Zahlen. Es kam öfter vor, dass am Ende der Schicht weniger Geld in der Kasse war als zu Beginn. Flaschen mit hochprozentigem Alkohol, aber auch große Mengen an Lebensmitteln wurden von den eigenen Mitarbeitern entwendet. Bei den *Jesus Freaks* gab es eben Leute mit einer problematischen Vorgeschichte, einige hatten sogar ein Vorstrafenregister. Im Leitungskreis wurde viel über dieses Problem diskutiert, und man entschied, dass zwei Leute aus diesem Kreis das *Gnlpswxybd* übernehmen sollten. Die beiden entwickelten ein komplett neues Konzept. Kurzerhand wurde beschlossen, dass unsere Kneipe in ein Café umgebaut werden sollte. Auch der Name musste geändert werden. Statt *Gnlpswxybd* sollte jetzt *Le Bœuf sur le Toit* über der Tür stehen. Die beiden Jungs, die das *Le Bœuf* übernahmen, meinten es wirklich gut, und das Konzept war seiner Zeit weit voraus. Damals gab es noch nicht die sich überall ausbreitende Kaffeekultur und so viele Starbucks in Deutschland, wie wir es heute kennen. Aber leider hatten die beiden keinen Erfolg. Schließlich kriegten wir einen Brief von einem Anwalt des Hausbesitzers, der tatsächlich den Namen »Dr. Teufel« trug. Der Brief enthielt die fristlose Kündigung unseres Mietvertrags ohne Angabe von Gründen. Wir besorgten uns sofort einen Rechtsbeistand, der die Kündigung für unwirksam hielt. Dennoch verließen wir unsere Kneipe, verklagten aber den Hausbesitzer auf Schadenersatz. Immerhin hatten wir den Laden für viel Geld nur unter der Voraussetzung übernommen, dass wir mindestens zehn Jahre bleiben könnten. Den Prozess gewannen wir in zweiter Instanz. Aber das half uns nur bei unserem finanziellen Problem, die Probleme in der Gemeinde waren damit noch nicht vom Tisch: In den Gottesdiensten lief es nicht mehr rund, und zu den Jesusabhängabenden am Freitag kamen immer weniger Leute. Das Feuer, das wir früher hatten, war erloschen oder brannte nur noch auf Sparflamme. Am Ende des Jahres traf sich der Leitungskreis und überlegte, ob es nicht richtig wäre, die *Jesus Freaks* ganz aufzulösen.

13 TODESKREISLAUF

Selbsttäuschung

Auch in meinem Privatleben ging es in den folgenden Monaten Schritt für Schritt bergab. Im Zentrum meines Lebens standen nicht mehr nur mein Glaube, Jesus und die *Jesus Freaks,* sondern Jasmin. In meinen Gedanken drehte sich alles nur noch um sie. Es war wie eine Besessenheit, nur eben nicht von einem Dämon, sondern von der Liebe zu einer Frau. Wenn wir uns trafen, und der Abend verlief gut, war ich der glücklichste Mensch der Welt. Rief sie aber mal für eine Woche nicht an oder behandelte mich bei einem Treffen wie Luft, hing ich in der tiefsten Depression. Ich versuchte alles, um dieses Gefühl zu kontrollieren, aber es war mir trotz großer Bemühungen nicht möglich. Selbst bei einem Arzt suchte ich Hilfe, doch der bot mir nur starke Psychopharmaka an, weiter nichts. Jeder, mit dem ich drüber sprach, hatte einen anderen Tipp. Von »Mach doch einfach mit ihr Schluss« bis »Mach ihr einen Heiratsantrag« war alles dabei. Mehrere Male versuchte ich die Beziehung zu beenden, aber ich hielt die Trennung nie lange durch. Ich glaube schon, dass Jasmin mich mochte, aber eben nicht auf die Art und in der Intensität, wie ich es mir gewünscht hatte. Und sie wollte ihre Freiheit behalten, sie wollte sich auf keinen Fall an mich binden. Je länger die ganze Sache mir ihr ging, desto heftiger wurde auch mein Drogenkonsum. Mittlerweile kiffte ich wieder regelmäßig, und vor dem Schlafengehen trank ich häufig drei bis vier halbe Liter Weizenbier. Aber bei diesen Drogen blieb es nicht.

Eines Abends sah ich mit einem Freund in meinem Heimkino den Film *Pulp Fiction*. Ich hatte mir nichts von der Handlung erzählen lassen und starrte wie gebannt auf die Leinwand. Etwa in der Mitte des Films kommt eine Szene vor, in der ausführlich gezeigt wird, wie sich John Travolta eine Spritze Heroin injiziert. Diese Aufnahme hat mich total fasziniert. Man sieht, wie Travolta die Droge in die Spritze aufzieht. Dann kann man in Nahaufnahme erkennen, wie die Nadel langsam in die Haut eindringt und etwas Blut in die Pumpe gesaugt wird. Und dann drückt er den Stoff langsam in seinen Blutkreislauf. Von da an wollte ich das unbedingt auch mal ausprobieren. Ich war neugierig und wollte wissen, wie sich das anfühlt, wenn man sich Drogen spritzt. An einem Abend, an dem ich schon einiges getrunken hatte, kaufte ich mir in einer Nachtapotheke eine große Packung Einwegspritzen. Jetzt brauchte ich nur noch das Kokain. Ich hatte gehört, dass im Schanzenpark Schwarzafrikaner herumlaufen, die drei Kügelchen für fünfzig Mark verkaufen. Auch für diesen Kauf musste ich mir zuerst ordentlich Mut antrinken. Nach einigen Bieren lief ich mit hochrotem Kopf und tief ins Gesicht gezogener Mütze im Schanzenpark umher, bis ich einen Dealer fand. Meist läuft so eine Drogenkauf nur über Augenkontakt ab. Man schaut sich an, und dann weiß man sofort, ob das ein Dealer ist oder nicht. »Three for fifty?«, fragte ich den Afrikaner. Er nickte und steckte sofort den zusammengefalteten Fünfzig-Mark-Schein in seine Hosentasche. Dann spuckte er aus seinem Mund drei flache, weiße Kügelchen aus und gab sie mir. Wir drehten uns um und gingen schnell auseinander. Der ganze Kauf hatte höchstens fünf Sekunden gedauert. Die Straßendealer rollen den Stoff immer in diese Folien ein, damit sie im Falle einer Verhaftung die Kugeln einfach runterschlucken

können. Das Plastik wird im Magen nicht aufgelöst, und nach ein paar Tagen findet man alle Kugeln in der Toilette wieder.
Aufgeregt ging ich mit fest verschlossener Hand zur U-Bahn und fuhr nach Hause. Dort legte ich die Kügelchen auf den Küchentisch und schaute mir die Teile in Ruhe an. Was von außen durch die Plastikhaut weiß durchschien, war in Wirklichkeit eine Schicht Taschentuchpapier. Ich musste die durchsichtige Folie vorsichtig mit einem Messer entfernen. Dann konnte ich die Papierschicht abrollen, und darunter lag dann ein kleiner, zusammengeschweißter Beutel, der das weiße Pulver enthielt. Da ich keine Ahnung hatte, wie viel man von dem Zeug nehmen kann, löste ich beim ersten Mal nur die Hälfte von einer Kugel in einem Löffel mit Wasser auf. Aus *Pulp Fiction* hatte ich gelernt, dass man das Ganze mit einem Feuerzeug erwärmen muss, damit sich der Stoff mit dem Wasser vermischt. Als die Lösung fertig zu sein schien, zerschnitt ich den Filter einer Zigarette und warf einen kleinen Teil davon in die Lösung. Jetzt setzte ich mit der Spritze genau auf dem Filter auf und zog so lange am Kolben, bis die ganze Flüssigkeit im Zylinder war, der Dreck aber im Löffel blieb. Dann ging ich ins Schlafzimmer und betete noch mal kurz: »Jesus, ich weiß, dass du das, was ich jetzt tue, nicht willst. Ich werde es trotzdem tun, aber ich will nicht, dass du mich deswegen verlässt. Bitte bleib jetzt hier!« Ich setzte mich aufs Bett, legte einen Gürtel um meinen linken Oberarm und zog fest zu. Die Venen quollen am Armgelenk stark auf, und es war sehr leicht, die Spritze anzusetzen. Trotzdem hatte ich Angst. Ich hasse Spritzen und war mir auch nicht sicher, ob ich nicht zufällig eine Arterie erwischen würde. Das hätte den Tod bedeutet. Ich stach zu und die Nadel drang in meinen Arm ein, dann zog ich am Kolben, so wie ich es in *Pulp Fiction* gesehen hatte. Das Blut schoss in die Spritze und vermischte sich sofort mit

dem Stoff, ich hatte also getroffen. Einmal atmete ich noch tief durch, und dann drückte ich ab.

Was dann geschah, ist genauso schwer zu beschreiben, wie das Gefühl beim ersten Ecstasy. Eine Welle von Glücksgefühlen überströmte mich, der Rausch war so heftig, dass ich sofort auf das Bett sackte und regungslos liegen blieb. Mit geschlossenen Augen genoss ich über Stunden die Entspannung, die mir die Droge verschaffte. »Endlich mal wieder nur gut fühlen, endlich nicht mehr diese Sehnsucht nach Jasmin, endlich mal eine Pause von dieser Dauerdepression«, dachte ich bei mir.

Als ich am nächsten Morgen aufwachte, hatte ich noch nicht mal ein schlechtes Gewissen. Ich entschuldigte mich immer wieder mit denselben Argumenten, die ich schon damals bei meinem Ecstasy-Rückfall gebraucht hatte. Ich hätte doch so viel für Gott getan, es passiert schließlich nur einmal, niemand würde diesen Rückfall mitbekommen, und Gott würde das bestimmt schon verstehen. Mit dem kleinen Unterschied, dass ich mir das selbst nicht mehr glauben konnte.

Mehr, mehr, mehr

In den folgenden Monaten befand ich mich in einem immer wiederkehrenden Kreislauf. Er bestand aus der nicht zu stillenden Sehnsucht nach einer Frau, aus Depression und Drogenkonsum. Das eine bedingte das andere, und ich kam aus diesem Teufelskreis nicht mehr heraus. Gegen die Sehnsucht half mir die Droge. Die Droge verursachte als Nebenwirkung aber immer auch eine Depression. Gegen die Depression nahm ich wiederum die Droge. Nicht jeden Tag und auch nicht jedes Wochenende, aber dennoch regelmäßig. Und wenn es dann wieder passierte, wurde mein Konsum auch immer heftiger, extremer und zerstörerischer. Schließlich reichte mir eine Ladung nicht mehr, und ich musste, nachdem die Portion alle war, noch einmal los, um mir etwas nachzukaufen. Es passierte jetzt auch häufiger, dass die Straßendealer mich betrogen. Einmal bekam ich nur eingewickelte Taschentücher ohne Kokain, bezahlte aber hundert Mark dafür. Ein anderes Mal befand sich in dem Paket nur Holzkohle. Wenn so ein Wochenende vorbei war, sahen meine Arme am Montagmorgen total zerstochen aus, wie bei einem richtigen Junkie. Das Spritzen verlor schnell seinen Horror, ich konnte dieser Praxis sogar etwas abgewinnen. Weil ich nie täglich konsumierte, redete ich mir immer ein, alles noch unter Kontrolle zu haben. In der Woche funktionierte ich in der Arbeit, aber am Wochenende, nach dem Tresenjob, verlor ich immer öfter komplett die Kontrolle. Jeder noch so exzessive Abend fing dabei meistens ganz harmlos nur mit einem Bier an. Das erste Bier hatte die Wirkung, dass ich noch ein zweites Bier trinken wollte. Nach dem zweiten Bier stand das dritte Bier nicht mehr weit weg. Und ab dem vierten Bier war plötzlich alles möglich. Betrunken fuhr ich zum Hauptbahnhof oder in die Schanze und kaufte mir bei einem Dealer das nötige Koks.

Dieses Leben führte ich über viele Monate, und vielleicht würde ich noch heute so leben, wäre es nicht zu der großen Katastrophe gekommen.

Die Überdosis

In der letzten Augustwoche des Jahres 1999 war einiges noch krasser gelaufen als sonst. Ich hatte eine extrem anstrengende Arbeitswoche in der *Palette* hinter mir. Die Klienten hatten verrückt gespielt, und ich hatte viel zu tun gehabt. Nach der Arbeit musste ich dann noch zum Proberaum fahren, um ein paar Instrumente abzuholen. Unsere Band *Lazylovetools*, die sich 1998 zusammengefunden hatte, sollte an dem Abend noch auf einer Party in einem Vorort von Hamburg spielen. Der Proberaum lag am Rand von St. Pauli in einem kleinen Park, fünfhundert Meter vor der Reeperbahn. In einer umgebauten ehemaligen öffentlichen Toilette hatten wir unsere Instrumente und Verstärker stehen. Meine Band bestand aus lauter mehr oder minder kaputten Leuten, die aber trotzdem mit Gott leben wollten. Sowohl der Schlagzeuger als auch der Bassist hatten langjährige Drogenerfahrung. Wenn wir uns zum Proben trafen, musste man immer sehr viel Zeit einrechnen, bevor es losgehen konnte. Das lag vor allem an unserem Bassisten, der wegen der Beschaffung von Drogen nie pünktlich kam. Meistens war er mindestens eine Stunde zu spät, manchmal sogar zwei. Es kam auch vor, dass er gar nicht erschien oder dass er während der Probe zu breit war und an seinem Instrument mitten im Lied einschlief. Unser Schlagzeuger hatte zu dem Zeitpunkt kein offensichtliches Drogenproblem, aber ohne eine Dose Bier hab ich ihn nie gesehen. Er trank das Zeug literweise und war nach der zehnten Dose auch nicht mehr fit genug, den Takt halten zu können. Ich war in unserer Band der Einzige, der seinen Drogenkonsum zumindest nicht offen betrieb. Der Name der Band *Lazylovetools* war Programm: *Lazy* stand für unsere Schwäche im Glauben. Trotzdem wollten wir immer auch *lovetools*, also Werkzeuge der Liebe für Gott sein.

Nach dem Konzert musste ich schnell los, denn ich hatte in der Nacht noch eine Schicht hinterm Tresen vor mir. Ich musste unbedingt rechtzeitig im Laden erscheinen, weil ich die Schichtleitung hatte. Während der Arbeit versuchte ich meine Müdigkeit mit *Red Bull*-Wodka wegzutrinken, was mir auch ganz gut gelang. Ich habe bestimmt zwanzig *Red Bull* in der Nacht getrunken. Die Schicht war um sechs Uhr morgens zu Ende, und ich war hellwach und gleichzeitig vom Wodka ziemlich angetrunken. Thomas und ich sahen uns an, und wir wussten beide, was jetzt kommen würde. Wir schnappten unsere Jacken, bestellten ein Taxi und fuhren noch auf den Kiez. Ich kann mich nicht genau daran erinnern, in wie vielen Läden wir noch waren und was wir alles genommen und getrunken hatten, aber es war definitiv zu viel. Es muss gegen zehn Uhr morgens gewesen sein, als ich dann endlich zu Hause angekommen bin. Jedes Mal nach so einer Koksnacht war ich in einem sehr diffusen Zustand. Auf der einen Seite von dem Stoff und dem Koffein, mit dem das Koks gestreckt wird, hellwach, auf der anderen Seite von der Arbeit, der anstrengenden Woche und dem Alkohol hundemüde. In diesem Zustand kann man nicht mehr einschlafen. So lag ich über Stunden hellwach im Bett, drehte mich von rechts nach links, ein Horrorzustand. Schließlich kam ich auf eine verrückte Idee. Ich hatte in der Woche zufällig in einem Erdloch im Altona-Park weißes Heroin gefunden. Die Geschichte klingt seltsam, aber sie ist wirklich genauso passiert. Dealer verstecken ihre Ware oft in Erdlöchern an öffentlichen Plätzen, damit sie, falls eine Polizeikontrolle kommt, nicht so viel Stoff am Mann haben. An diesem Tag war ich in der Mittagspause dort spazieren gegangen. Als ich auf einer Parkbank Platz genommen hatte, blitzte hinter mir eine Dose auf. Ich schaute nach, warum diese Dose so halb vergraben in der Hecke lag, und fand eine Tüte mit vielen kleinen Beuteln drin. Und in diesen Beuteln befand sich das Heroin. Ohne nachzudenken, steckte ich die Tüte in meine Jackentasche.

Nun, in meinem extrem betrunkenen Zustand, zog ich mir von dem Zeug dann noch eine Spritze auf. Ich wusste, dass man von Heroin müde wird und schlafen kann. Es muss wohl sehr reiner Stoff gewesen sein, denn ich spritzte mir eine Überdosis – was mir zu dem Zeitpunkt nicht klar war. Vermutlich bin ich sofort ins Koma gefallen und lag dort drei Tage in meinem Zimmer. Den Rest der Geschichte habe ich zu Beginn schon erzählt …

14 RAUS AUS DER WÜSTE

Stationäre Therapie

Die Klinik, die mir nach der ersten Betreuung im *Haus Elim* zugewiesen wurde, lag in der kleinen norddeutschen Stadt Rastede. Das Gute an der Therapieform, die dort angeboten wurde, war, dass sie nicht nur auf Drogensüchtige, sondern auch auf Menschen mit Kaufsucht, Esssucht, Depression und anderen psychosomatischen Erkrankungen ausgerichtet ist. Das Haus lag in einem kleinen Waldstück am Stadtrand. Eigentlich bestand die Einrichtung nicht nur aus einem Haus, sondern aus einer Ansammlung von mehreren kleinen Häusern. Die längste Zeit, die ein Patient dort bleiben konnte, betrug zwölf Wochen.
Ich machte alle angebotenen therapeutischen Maßnahmen mit. Von Gruppentherapie und Einzeltherapie über Maltherapie und Sporttherapie bis hin zum »therapeutischen Bonding«.
Aber innerlich rauschten die Veranstaltungen an mir vorbei. Nach außen tat ich interessiert, machte mit und beteiligte mich auch an den Sitzungen. Doch jede Nacht vor dem Einschlafen dachte ich an Drogen. In meiner Phantasie war ein Film gespeichert, den ich ständig abrufen konnte. In diesem Film sah ich die Spritze vor mir, dann stach ich in meine Vene, zog das Blut an und drückte ab. Das Verrückte war, dass mit jedem dieser Phantasiefilme ein Bruchteil von dem ursprünglichen Gefühl in mir hochkam, inklusive Herzrasen und Schweißausbrüchen. Ich

wollte die Therapie so schnell wie möglich beenden und nach Hause kommen. Das ganze betreute Leben der letzten Monate in den therapeutischen Einrichtungen in Wilster und jetzt in Rastede hatte ich satt. Der einzige Therapieerfolg war, dass ich mit dem Rauchen aufgehört hatte. Ansonsten hatte sich kaum etwas in mir verändert.

Wieder zu Hause

Eine Freundin holte mich in Rastede ab und brachte mich wieder zurück nach Hamburg. Es war ein seltsames Gefühl, als ich die Wohnungstür aufschloss. Schweigend ging ich durch alle Zimmer. Meine Schwester hatte tatsächlich allen Dreck weggemacht, die Wohnung sah sauber und aufgeräumt aus. Nur meine Blumen waren alle tot. In der Küche stand noch alles genau so, wie ich es hinterlassen hatte. Mein Schlafzimmer mit dem großen Spiegel und den dunkelroten Wänden war ebenfalls unverändert, auch das Heimkinozimmer, in dem ich vor Monaten auf den Matratzen fast gestorben wäre. Ich ging durch das Wohnzimmer, wo vor einigen Jahren die ersten Jesusabhängabende stattgefunden hatten. Die Bilder von dieser guten Zeit kamen wieder hoch, die Erinnerung an die vielen heftigen Gottesdienste, die wir dort erlebt hatten. Ich dachte an die Gebetszeiten, in denen Gott so spürbar anwesend war, dass wir alle das Gefühl hatten, wir könnten ihn buchstäblich berühren. Und mir fielen die zahlreichen Menschen ein, die in diesem Zimmer zum Glauben an Jesus gefunden hatten.
Aber es waren auch dunkle Bilder dabei. Die vielen Abende mit Jasmin. Die Zeiten der Einsamkeit, der Depression

und Traurigkeit, in denen ich heulend durch die Zimmer ging. Und ich dachte auch an die Drogenerfahrungen, die ich genau in diesen Räumen gemacht hatte. Die Erinnerungen hingen wie alte Rauchschwaden in den Wänden. Ich öffnete alle Fenster, um die Wohnung auszulüften, machte mir etwas zu essen und ging dann ins Bett.

Palette 1

Eine Woche nach der Therapie musste ich mich wieder bei der Arbeitsstelle sehen lassen. Die Geschäftsführung von *Palette e. V.* hatte sich überlegt, dass ich nach meinem Rückfall in eine andere Einrichtung in Hamburg wechseln sollte. *Palette 1* hatte ein ähnliches Konzept wie *Palette 3* in Altona, wo ich vorher gearbeitet hatte. Auch in *Palette 1* gab es einen offenen Bereich, in dem ich wieder zum Einsatz kam.

In den ersten Wochen hing ich nach der Arbeit sehr oft allein in meiner Wohnung rum. Mein Freund André hatte selbst Familie, einen anstrengenden Job und sehr viel zu tun. Er traf sich mit mir, sooft er konnte, aber eine Rundumbetreuung war nicht drin. Auch mein Heimkino-Freund »Mütze« kam ab und zu vorbei. Trotzdem fühlte ich mich sehr einsam. Fast jeden Abend saß ich in einer Kneipe, die bei mir um die Ecke lag, bestellte mir dort ein Essen und trank Bier. Am Sonntag besuchte ich einige Male den Gottesdienst der *Jesus Freaks*. In der Zwischenzeit war dort einiges geschehen. Die Gemeinderäume auf St. Pauli hatte man alle aufgeben müssen, stattdessen fanden die Veranstaltungen jetzt in einem Hinterhaus im Schanzenviertel statt. Aus dem damaligen Leitungskreis waren nur noch zwei Leute dabei, der Rest war entweder weggezogen oder in eine andere Kirche gewechselt. Diese Besuche waren für mich der reine Horror. Meine Gemeinde, die ich gegründet und viele Jahre geleitet und die auch einmal meine Handschrift getragen hatte und die mein Herzblut gewesen war, war mir fremd geworden. Oftmals saß ich in der letzten Reihe im Gottesdienst und musste bereits nach dem ersten Lied anfangen zu weinen. Aber keiner der *Jesus Freaks* traute sich, zu mir zu kommen, mich zu umarmen und mich zu trösten. Vielleicht war ich so abstoßend oder die Verunsicherung der *Freaks* zu groß, ich weiß es bis heute nicht.

Schließlich fand ich in meinem Kühlschrank beim Aufräumen zufällig einen kleinen Beutel Koks, den meine Schwester wohl bei ihrer Säuberungsaktion übersehen hatte. Es hatte keine zwei Monate gedauert, und ich war wieder rückfällig geworden.

Ein Engel mailt

Eines Abends saß ich an meinem Rechner, um meine E-Mails abzurufen. Neben den üblichen Werbemails war diesmal auch eine Nachricht von einer Frau dabei, deren Namen ich noch nie gehört hatte. Sie schrieb mir: »Hallo, Martin, ich kenne Dich, aber Du kennst mich vermutlich nicht. Ich heiße Rahel, und ich bin eine Freundin von Deiner Schwester Franziska. Wir haben uns in Paris kennengelernt. Sie hat mir erzählt, dass es Dir zurzeit sehr schlechtgeht, und bat mich, Dir zu mailen und für Dich zu beten. Wenn Du dies möchtest, dann schreib mir doch, wofür. Deine Rahel«. Sosehr ich mich über die Mail freute,

so war ich doch auch etwas skeptisch. Warum wollte diese Frau für mich beten? War das vielleicht so eine Kontrollnummer von meiner Schwester? Aber das konnte ich mir bei Franziska beim besten Willen nicht vorstellen.
»Liebe Rahel, vielen Dank für Deine Mail. Okay, also wenn Du für mich beten willst, dann hab ich da vier Anliegen«, schrieb ich zurück. »Erstens bete bitte gegen meine Depressionen, dass Gott mir da raushilft. Und zweitens bete für meine Jobsituation. Drittes Anliegen wäre, dass ich aus meiner Glaubenskrise rauskomme. Und viertens wäre es toll, wenn Du dafür beten würdest, dass ich eine Frau finde, denn ich fühle mich gerade sehr einsam. Dein Martin«.
Diese vier Anliegen waren zu der Zeit ein echtes Problem für mich, aber besonders das letzte. Ich musste vor mir selbst zugeben, dass ich für das Alleinsein nicht geschaffen war. Ein Leben ohne einen Partner schaffe ich nicht. Und selbst Gott hatte doch in der Bibel gesagt: »Es ist nicht gut, dass der Mensch allein sei.« Also musste in diesem Punkt dringend etwas passieren.
Rahel antwortete: »Lieber Martin, ich werde gerne für Deine Anliegen beten!« Und das tat sie dann auch. Einige Male mailten wir noch hin und her. Schließlich war ich neugierig geworden und fragte sie: »Bist zu zufällig irgendwann mal in Hamburg? Ich würde Dich echt gerne kennenlernen!« Rahel antwortete, dass sie nach Hamburg kommen würde, es war sowieso ein Besuch bei einer Freundin in den nächsten Monaten geplant. »Wenn Du willst, können wir uns treffen!« Ich wollte, und so verabredeten wir uns an einem Freitag, direkt beim Hauptbahnhof.
Ohne dass ich sie jemals vorher gesehen hatte, war ich natürlich unheimlich aufgeregt. Meine Autofahrt zu unserem Treffpunkt verlief dann sehr chaotisch und stressig, weil ich durch viele Baustellen fuhr und zehn Minuten zu

spät kam. Aber zum Glück hatte sie auf mich gewartet. Als ich Rahel am Parkplatz das erste Mal sah, war ich total überrascht. Sie war deutlich kleiner als ich, hatte lockige, braune, lange Haare, wunderschöne Augen, einen traumhaften Mund und eine wirklich tolle Figur. Sie trug einen dunklen Rock mit roten Blumen drauf, dazu ein schwarzes enges Oberteil. Ich lief auf sie zu und wollte sie zur Begrüßung sofort umarmen, wie das bei den *Jesus Freaks* meist üblich ist. Sie streckte mir aber nur ihre Hand entgegen und sagte: »Hallo, Martin, jetzt sehen wir uns endlich einmal persönlich!«
Wir besprachen, dass es eine gute Idee wäre, zusammen etwas essen zu gehen, in einem Biergarten am Stadtpark. »Mist, ich hab vergessen, wo ich das Auto geparkt habe!«, musste ich auf einmal feststellen. Ich hatte Rahel von meinem Gedächtnisproblem erzählt, aber jetzt bekam sie es bei unserem ersten Treffen sofort hautnah zu spüren. Wir suchten gemeinsam über eine halbe Stunde die ganze Umgebung vor dem Bahnhof ab, bis wir das Auto schließlich in einer Parkbucht fanden.
In der Kneipe angekommen, setzten wir uns gegenüber an einen Tisch. Im Gespräch erfuhr ich, dass Rahel in Bad Oeynhausen, einem Kurort in Ostwestfalen, zur Welt gekommen war. Sie war ein Jesus-Freak der ersten Generation und bereits in den Anfangsjahren bei der Gründung einer *Jesus Freaks*-Gruppe in Minden dabei gewesen. Dann erzählte sie auch von ihrer Zeit in Paris, ihrem Studium in Bamberg und einem Praktikum in einer christlichen Drogeneinrichtung in Spanien. Schließlich fragte sie mich über mein Leben aus, und, keine Ahnung, warum, ich vertraute ihr sofort. Rahel hatte über den Freundesbrief der *Jesus Freaks* von meinem Rückfall gehört, ihr war aber schon lange klar, dass es dazu noch eine andere Geschichte geben musste. So erzählte ich von meinem Burn-out, der harten Wüstenzeit und der Trennung von meiner Ehefrau. Ich

schilderte ihr, wie es zu den Drogenrückfällen gekommen war, berichtete von der unglücklichen Liebe zu Jasmin und dann auch von der Überdosis und meiner Therapie in Rastede. Rahel hörte mir die ganze Zeit schweigend und sehr aufmerksam zu. Dann fragte sie mich leicht verwundert: »Und es gibt keinen, der sich hier in Hamburg nach der Therapie um dich kümmert und dir zur Seite steht? Ich dachte, jemand von den *Freaks* würde dies sicherlich tun.«

In der folgenden Woche verbrachten wir sehr viel Zeit miteinander. Mit jedem Tag wurde mein hart gewordenes Herz immer weicher. Eigentlich hatte ich gedacht, dass ich nicht mehr fähig wäre, mich in eine Frau zu verlieben, dazu waren die letzten Beziehungen zu schmerzhaft gewesen.

Schließlich stellte ich Rahel meinen Eltern vor, die sie von Anfang an sofort mochten. Sie baten Rahel, ob sie nicht erst mal bei mir bleiben könne, zumindest bis es mir etwas besserginge. Auch ich hielt dies für eine gute Idee, und schließlich willigte Rahel ein. Unvermittelt griff sie zu ihrem Handy und telefonierte mit ein paar Leuten. Ich war mir unsicher, ob sie das jetzt wirklich ernst meinte. Aber sie meinte es ernst, sehr ernst sogar. Von dieser Sekunde an wich Rahel nicht mehr von meiner Seite. Sie gab mir Halt und einen Grund, mich nicht aufzugeben. In einem Gespräch über mich und meine Zukunft meinte sie an einem Nachmittag, dass sie der Meinung sei, ich solle so schnell es ginge aus dieser Wohnung raus und in eine andere Stadt ziehen. »Du brauchst einen richtigen Neuanfang«, sagte sie immer wieder. Wir überlegten gemeinsam, was ich beruflich denn noch anderes machen könnte, um Geld zu verdienen. Drogenarbeit war kein guter Job mehr für mich, das war klar. Bei einem Spaziergang im Stadtpark meinte sie dann mal zu mir: »Jesus hat dir doch nicht umsonst bei deinem Abitur so geholfen. Warum studierst du

nicht? Das könnte auch dein Gedächtnis weiter trainieren. Was hältst du von Pädagogik, das wäre ein gutes Fach! Ein Pädagogikstudium würde auch zu deinem bisherigen Lebenslauf gut passen. Immerhin hast du doch schon immer etwas mit Menschen gemacht!« Diese Idee war wirklich neu und auch etwas verrückt. Ich traute mir mit meinem Gedächtnisproblem so ein Studium nicht zu. Rahel war aber so begeistert von der Idee, dass sie mich davon unbedingt überzeugen wollte. Je länger ich darüber nachdachte, desto mehr konnte ich mich auf den Gedanken einlassen. Das Leben als Student wäre bestimmt nicht das schlechteste, und ich würde mir erst einmal etwas Luft verschaffen, was meine berufliche Zukunft angeht. Ich ging nicht davon aus, dass ich mit meinem geschwächten Erinnerungsvermögen ein Studium wirklich zu Ende bringen könnte, es ging mir eher um so eine Art »Beschäftigungsprogramm«. Jetzt war nur noch die Frage zu klären, an welcher Uni ich mich bewerben sollte. Köln schien sehr attraktiv zu sein, zudem musste man dort nur sechs Scheine zum Erreichen der Vordiplomprüfung machen; in Hamburg, wo es auch eine Erziehungswissenschaftliche Fakultät gab, wären es zwölf gewesen. Ich bewarb mich bei der *ZVS* für einen Studienplatz und bekam schnell eine Zusage.
Jetzt musste natürlich noch die Finanzierung geklärt werden. Rahel und ich lasen die einschlägigen BAföG-Broschüren und stießen auf der vorletzten Seite auf eine entmutigende Feststellung: Mit fünfunddreißig Jahren sei Schluss, hieß es dort sinngemäß, Personen, die älter seien, hätten keinen Anspruch auf Förderung. Ich war aber schon sechsunddreißig! Im Gespräch wurde uns beiden klar, dass ich es trotzdem auf einen Versuch ankommen lassen sollte. Nach einigen Wochen kam dann die erwartete Absage. »Sie sind nicht berechtigt, BAföG zu beziehen, weil Sie die zulässige Altersgrenze überschritten haben«, stand in der

Begründung. Zuerst war ich frustriert, aber dann kam so eine Art Kampfeswillen in mir auf, und auch Rahel spornte mich in dem Vorhaben an. Also legte ich Widerspruch gegen den Bescheid ein. Jetzt fingen wir beide wie verrückt an zu beten: »Jesus, wenn du willst, dass Martin studiert, dann brauchen wir dafür Geld. Bitte tue doch ein Wunder, und sorge dafür, dass er doch noch BAföG bekommt!« Und das Wunder geschah. Noch in derselben Woche gab es im Bundestag eine Diskussion über das Bundesausbildungsförderungsgesetz. Als Ergebnis beschloss die Regierung, dass ab sofort mehr Leute BAföG bekommen sollten. Diese Weisung ging dann genau in der Zeit an das Amt raus, als ich meinen Widerspruch eingelegt hatte. So bekam ich eine Zusage, und zwar für den Höchstsatz! Für mich ist das noch heute kaum zu fassen.

Jetzt galt es noch das letzte Hindernis aus dem Weg zu räumen. Meine Wohnung stand voller Sachen, an denen viele Erinnerungen hingen. Allein das Bett, mein Sofa, die Liegewiese, auf der ich fast gestorben wäre, so viele Dinge, die mir plötzlich ein Klotz am Bein waren. Dazu kamen noch zwei Dachböden voller Müll. Wie sollte ich das alles wegschaffen?

Meine Mutter hatte dann die Idee, ich sollte doch eine gute Bekannte von mir fragen, ob sie nicht eine Lösung für mein Problem wüsste. Diese Bekannte war eine Frau aus der Anskar-Gemeinde, die mich schon in Wilster besucht hatte: Anneliese. Sie kannte zwei Männer, die ihr noch einen Gefallen schuldeten. Die beiden hatten einen kleinen Lkw und kannten eine Möglichkeit, die vielen Möbel, die ich nicht mehr brauchte, und den ganzen Müll vom Dachboden zu entsorgen. Zwei Tage lang trugen die Männer Möbelstück für Möbelstück aus den Zimmern und vom Dachboden hinunter. Schließlich war der Umzugswagen gepackt, und es konnte losgehen – auf nach Köln!

Bevor wir die Stadt verlassen konnten, hatte ich aber noch

etwas zu erledigen. Es gab da noch einen roten Schuhkarton, den ich oben auf meinem Schrank stehen hatte. Diese Kiste war so etwas wie meine Schatztruhe, sie steckte voller Erinnerungsstücke an Jasmin. Gut zwei Dutzend seitenlange Briefe waren darin versteckt. Aber auch Geschichten und Märchen von ihr, diverse Fotos und Geschenke, die Jasmin mir einmal gemacht hatte, lagen in diesem Karton. Und es befand sich sogar ein String darin, den sie einmal in meinem Schlafzimmer vergessen hatte. Mit einem Benzinkanister, einer Kerze und einem Feuerzeug bewaffnet, ging ich am Abend vor dem Umzug noch einmal spazieren. Mein Ziel war ein Steg an der Alster, unweit von meiner Wohnung. Dort suchte ich mir einen offenen Platz am Ufer aus und legte die Sachen auf den Boden. »Jesus«, fing ich an zu beten, »die ganze Liebe zu Jasmin war viel zu schmerzhaft für mich. Ich hab das nicht gebacken bekommen, und ich will nie mehr an sie denken. Bitte nimm mir alle Gefühle für diese Frau! Heil die Wunden, die mir durch die Liebe zu ihr geschlagen wurden! Ich lasse Jasmin jetzt frei, ich lasse sie ein für alle Mal ziehen! Amen!« Dann übergoss ich den Karton mit Benzin, stellte ihn auf das Wasser und warf ein Streichholz drauf. Sofort schoss eine hohe Feuerflamme empor. Jetzt gab ich dem brennenden Karton mit einem Stock noch einen letzten Stoß und beförderte ihn so hinaus auf den Fluss. Die Strömung erfasste die Kiste voller Erinnerungen und zog sie langsam mit sich, immer weiter hinaus. Wie eine helle Fackel brannte das Feuer auf dem Wasser. Ich schaute den Flammen noch lange hinterher, bis es in einer Biegung langsam in der Dunkelheit verschwand.

Uni in Köln

Rahel und ich hatten eine Wohnung in Köln-Sülz angemietet. Sülz ist ein ehemaliges Arbeiterviertel, in das in den letzten Jahren mehr und mehr Studenten eingezogen sind. Im Stadtteil gab es große Supermärkte, auffällig viele Apotheken sowie mehrere Restaurants, Cafés und Kneipen.
An der Uni wurde eine Erstsemesterveranstaltung angeboten, und ich ging hin. Da saß ich nun in einem Hörsaal neben lauter Neunzehn- und Zwanzigjährigen und kam mir doch etwas alt vor. Einige von den Studenten hatten an Lebenserfahrung noch rein gar nichts aufzuweisen, redeten aber so, als hätten sie schon lange gecheckt, wo der Hase längs läuft. Ich belegte im ersten Semester viele Kurse, unter anderem ein Einführungsseminar in Pädagogik bei Dr. Stefan Neubert. Es war bei ihm üblich, dass die Studenten ihn duzen durften, wenn sie das wollten. Wir Studenten bekamen in diesem Seminar die Aufgabe, jede Woche einen Aufsatz in Briefform zu einer bestimmten pädagogischen Fragestellung zu schreiben. Diese Briefe wurden dann zur nächsten Sitzung mitgebracht, ihm überreicht und manchmal auch im Seminar vorgetragen. Unser erstes Thema lautete: »Warum studiere ich Pädagogik?«
Nun, in meiner Antwort konnte ich kaum etwas Theoretisches anfügen. Mit den Inhalten des Studiums hatte ich mich noch kaum auseinandergesetzt, und Pädagoge war für mich ja auch eher eine Notlösung als ein Traumberuf. Ich beschrieb also in meinem Aufsatz auf zehn Seiten die letzten Jahre meines Lebens, schilderte meinen Weg zu Gott, erzählte von der Gründung der *Jesus Freaks,* von meinem Absturz und wie ich nach Köln gekommen war. In der folgenden Einheit bat mich Dr. Neubert, nach dem Seminar noch mit in sein Büro zu kommen. Sein Büro lag

in einem anderen Trakt, ganz am Ende des langen Flurs, wo auch die anderen Professoren ihre Sprechstunden abhielten. Nachdem er die Tür aufgeschlossen hatte, traten wir in sein Büro und setzten uns einander gegenüber, er hinter seinem Schreibtisch, ich davor. Dr. Neubert räusperte sich kurz und sagte dann: »Hm, also Martin, du hast ja eine ganz schön bewegte Vergangenheit hinter dir! Bist du dir denn sicher, dass du dieses Studium wirklich absolvieren willst? Glaubst du, du schaffst das?«

»Ganz ehrlich, ich weiß es nicht!«, sagte ich. »Mein Gedächtnis ist immer noch nicht fit, aber mit viel Übung schaff ich es vielleicht. Ich will es auf jeden Fall versuchen.«

Die JUZI

Da das BAföG vorn und hinten nicht reichte, musste ich mir noch einen Studentenjob suchen. Auf dem Weg zum Supermarkt kam ich immer an einem Gebäude vorbei, das von außen sehr bunt angemalt war. Über der Eingangstür standen auf einem großen Schild die vier Buchstaben J, U, Z und I. Erst auf dem zweiten Blick erkannte ich, dass es sich um ein Jugendzentrum handeln musste. Eines Nachmittags ging ich ganz spontan durch die gelbe Eingangstür und fragte einen Jugendlichen nach der Leitung. Die Leiterin hieß Lilo und entpuppte sich selbst als Pädagogin, die vor vielen Jahren den Entschluss gefasst hatte, eine professionelle offene Jugendarbeit in diesem Stadtteil aufzubauen. Freundlich führte sie mich durch die ganze Einrichtung. Der Name JUZI war die Abkürzung für »Jugendzentrumsinitiative«. Sie war vor vielen Jahren aus einer Stadtteilinitiative für Jugendliche heraus gegründet worden. Ich war von der Ausstattung der Räume begeistert. Neben einer guten Tischtennisplatte gab es einen eigenen Billardraum, mehrere Hausaufgabenzimmer und einen PC mit Internetanschluss für die Jugendlichen. Im hinteren Teil waren noch Mal- und Bastelräume eingerichtet.

»Wenn du bei uns arbeiten willst, wäre es gut, wenn du einmal einen Probetermin wahrnimmst, damit wir sehen können, wie du mit den Anforderungen der offenen Jugendarbeit klarkommst«, sagte Lilo. Mein Probetermin verlief sehr gut, ich bekam sofort einen guten Draht zu den Jugendlichen, spielte sehr viel Tischtennis und fegte alle von der Platte. Nach einer Woche hatte ich den Job.

Rahel forever

Rahel und ich waren nun schon eine Weile zusammen, und nicht nur meine Eltern fragten mich immer wieder, wie ernst die Sache zwischen uns sei. Meine neue Freundin hatte es schwer mit mir, denn ich hatte mein Vertrauen zum anderen Geschlecht gänzlich verloren. Immer wieder fragte ich mich, ob Rahel es wirklich ernst meinte, ob sie nicht vielleicht auch die ganze Zeit mit anderen Männern rummachte und mich irgendwann verlassen würde. Es gab Phasen, in denen ich ihre Liebe auf die Probe stellte, mich von ganz üblen Seiten präsentierte, um zu schauen, ob sie wirklich bleibt. Aber sie blieb, stand zu mir und liebte mich, so wie ich bin. »Martin, ich glaub an dich! Du wirst wieder aufstehen«, sagte sie immer wieder zu mir. »Ich weiß, dass Gott noch etwas mit dir vorhat!«

An einem Wochenende fuhren wir auf ein Familientreffen zu meiner Schwester Corinna. Die Eltern waren zu Besuch, und wir wollten im Garten grillen. Auf dem Hinweg saßen Rahel und ich schweigend im Auto. Ich spürte, dass etwas in mir arbeitete. Rahel, das war mir klar, hatte die Sehnsucht, irgendwann mit einem Mann eine richtige Familie zu gründen. Aber ich war mir unsicher, ob ich überhaupt in der Lage war, ein guter Ehemann zu sein, geschweige denn eine Familie zu ernähren. Auf der anderen Seite war etwas passiert, mit dem ich nicht gerechnet hatte. Ich hatte mich wieder in eine Frau verliebt. Aber diese Liebe war anders, anders als das, was ich in früheren Beziehungen empfunden hatte. Das Gefühl war viel tiefer und inniger, auch bewusster. Es kam nicht nur aus meinem Verstand oder aus meinem Bauch, sondern aus Kopf und Bauch gleichzeitig. Ich liebte Rahel auf eine viel existenziellere und tiefere Art und Weise als die Frauen, mit denen ich vorher zusammen war. Trotzdem hatte ich auch Angst. Angst, noch eine weitere Beziehung in den Sand zu setzen, und auch Angst, wieder verletzt zu werden. Mitten auf der Bundesstraße bog ich plötzlich rechts auf einen Parkplatz ab und hielt dort. »Ich muss mal mit dir reden!«, sagte ich. Rahel schaute mich etwas nachdenklich an. »Ja? Was ist?«

»Ich hab lange überlegt, ob ich das kann, und ob es das Richtige ist. Und ich habe auch Angst davor, noch mal zu versagen. Trotzdem muss ich einfach feststellen, wie sehr ich dich liebe. Das ist jetzt vielleicht überraschend für dich, aber ich möchte dich trotzdem etwas fragen: Willst du mich heiraten?«

»Ja, das will ich!«, antwortete sie, ohne zu zögern. Das war die schönste Antwort, die ich jemals auf eine Frage erhalten habe. Nach einem langen und leidenschaftlichen Kuss fuhren wir weiter, um die freudige Nachricht auch meiner Familie mitzuteilen.

Unsere Hochzeit fand dann im Juli 2002 in Bad Oeynhausen in einer kleinen Ortskirche statt. Wir heirateten klassisch, Rahel ganz in Weiß, mit allem, was dazugehört. Als Pastor hatte ich meinen alten Freund Andreas Ebert angefragt. Andreas hatte mich seit meinem Rückfall in Seelsorgegesprächen hin und wieder begleitet, und über die Jahre war daraus eine Freundschaft erwachsen. Unser Hochzeitsspruch steht im Buch Jesaja in Kapitel 55, es sind die Verse 8 und 9: »Denn meine Gedanken sind nicht eure Gedanken, und eure Wege sind nicht meine Wege, spricht der HERR; sondern so viel der Himmel höher ist als die Erde, so sind auch meine Wege höher als eure Wege und meine Gedanken als eure Gedanken.«

Wir hatten uns diesen Spruch ausgesucht, weil er ganz gut unser beider Leben zusammenfasste. Wenn wir mit unseren Gedanken und Einschätzungen am Ende sind, sieht Gott die Dinge noch mal aus einer ganz anderen Perspektive, und aus seiner Sicht macht vieles irgendwann doch einen Sinn. Als Gäste wollten wir neben den Verwandten natürlich auch unsere Freunde einladen. Bei der Frage, welche Freunde ich einladen sollte, hatte ich ein echtes Problem. Ich kannte nur noch wenige Menschen, die wirklich meine Freunde waren. Durch meine Krise waren auch Freundschaften zu einzelnen *Jesus Freaks* in Frage gestellt worden. Trotzdem lud ich neben Jan und André auch noch einige von den alten Mitstreitern vom »Ärschekreis« ein. Einige von ihnen hatten damals nach meiner Überdosis den Brief gegen mich initiiert, und unsere Beziehung war dementsprechend unterkühlt. Ich wollte ihnen mit dieser Einladung wieder die Hand reichen, einen erneuten Kontakt herstellen. In seiner Predigt ging Andreas Ebert indirekt auch auf ihren Umgang mit mir während meiner Therapie ein. Seine Worte waren ganz schön scharf, und es war mir auch etwas unangenehm, dass dieses Thema auf meiner Hochzeit zur Sprache kam. Einer der Briefschreiber erzählte mir später, dass sie kurz davor gewesen waren, geschlossen aufzustehen und mitten im Traugottesdienst die Kirche zu verlassen. Zum Glück haben sie es aber nicht getan. Anschließend hatten wir noch eine rauschende Feier. Ich war sehr stolz auf meine schöne Braut und konnte es eigentlich nicht fassen, dass ich noch einmal so eine Chance von Gott bekommen hatte. Einen Partner zu finden ist ja eine der schwersten Aufgaben, die das Leben uns stellt. Dass ich nun nicht nur irgendjemanden, sondern ausgerechnet so eine wunderschöne und dazu noch intelligente Frau gefunden hatte, war ein für mich unvorstellbares Glück. Rahel passte (und passt bis heute) sehr gut zu mir, wir ergänzen uns seit dem Beginn unserer Beziehung in vielen Bereichen. Sie ist sehr organisiert, ich bin dafür kreativ, sie ist intelligent, ich bin wortgewandt. Mit Rahel begann eine Wende zum Guten, und ich sage bis heute, dass Jesus sie wie einen rettenden Engel in mein Leben geführt hat.

Therapie, Psychopharmaka, Therapie

Obwohl sich mein Leben immer mehr gefestigt hatte, ging es mir immer noch nicht gut. Das Studium machte mir Spaß, aber wegen meines Gedächtnisproblems sah ich mich außerstande, die mündlichen und schriftlichen Prüfungen zu bestehen. Schon seit vielen Monaten hatte ich kaum noch gebetet, mein Glaube war wie eine trockene Pflanze, die ewig nicht mehr gegossen worden war. Wenn Rahel und ich doch einmal gemeinsam in einen Gottesdienst gingen, hatte ich immer das Gefühl, als würde mich alles nur anklagen. Ob es die Lieder oder die Predigt waren, stets kam bei mir nur an, dass ich versagt, gesündigt und verloren hätte. Die immer wiederkehrenden Depressionen machten mir sehr zu schaffen. Abends trank ich gegen die Schlaflosigkeit regelmäßig Bier. Auf Rahels Initiative ging ich schließlich zum Arzt und ließ mir eine ambulante Therapie verschreiben. In den kommenden Monaten verschliss ich drei unterschiedliche Therapeuten, aber keiner schien mir wirklich helfen zu können. Ein Psychiater verschrieb mir schließlich *Fluoxetin,* ein Antidepressivum, das man auch in der Drogenszene bekommt. Aber selbst das half nicht. Schließlich beschlossen wir, dass ich noch einmal eine dreimonatige stationäre Therapie machen sollte. Wir stellten einen Antrag, und nach längerem Hin und Her wurde mir die Kostenzusage von der BVA erteilt. Die folgenden drei Monate waren eine harte Zeit, weil ich von meiner Frau getrennt war und auch nicht wusste, wie es nach der Therapie weitergehen sollte. Mir fehlte nach wie vor eine wirkliche Lebensperspektive.

Trotz meiner eigenen Glaubenskrise hatte ich in dieser Einrichtung mit Klienten sehr oft Gespräche über Gott. Ich erzählte aus meinem Leben über die Dinge, die ich mit Jesus in der Vergangenheit erlebt hatte. Einmal in der Woche gab es in der Einrichtung eine große Abschiedsfeier für die Klienten, die ihre Therapie abgeschossen hatten, den sogenannten Big Step. Was ich bis heute immer noch nicht begreifen kann, ist die Tatsache, dass bei dieser Veranstaltung mehrfach Klienten vor der Gemeinschaft erzählten, sie hätten durch die Gespräche mit mir zum Glauben an Jesus gefunden. Das war unfassbar, denn damals brannte mein eigenes Glaubensfeuer eigentlich nur noch auf einer sehr kleinen Flamme.

Ein Wort von Gott

Rahel ging damals regelmäßig in einen Gottesdienst der Baptistengemeinde Köln-West. Ganz selten kam ich auch mal mit und setzte mich mit verschränkten Armen in die letzte Reihe, bewusst distanziert. Ich saß dort mehr als Beobachter; was dort geboten wurde, rauschte an mir vorbei. Der bei weitem größte Teil der Gottesdienstbesucher kam aus dem bürgerlichen Mittelstand, darunter auch einige Studenten. Ich konnte keinen Freak, Punk oder Szenetypen erkennen. Da ich mittlerweile aber auch recht normal aussah, passte das ganz gut.

Die Gemeinde traf sich in einem ehemaligen Bürogebäude, zwanzig Autominuten von uns entfernt. An die vierhundert Holzstühle wurden aufgestellt. Die eine Seite der Halle war komplett mit Fenstern verglast. Vorn stand ein großer Altar mit einem Holzkreuz.

Eines Sonntagmorgens passierte in diesem Gottesdienst etwas Unerwartetes. Mitten in der Zeit, in der gesungen und zu Gott gebetet wurde, stand auf einmal eine Dame von ihrem Platz auf und begann zu reden: »Ich habe eine Prophetie. Hier ist ein Mann im Raum, dem Gott etwas sagen will. Du hast einmal sehr viel für Gott getan. Aber jetzt lebst du in der Dunkelheit. Du kannst das Licht nicht mehr sehen. Warte ab, Gott holt dich dort raus! Es wird etwas Neues mit dir beginnen, etwas, was es vorher noch nicht gegeben hat. Alles, was du anfassen wirst, wird dir gelingen!«

Kaum hatte sie zu Ende gesprochen, spürte ich einen Ellenbogen in meinen Rippen. »Martin«, flüsterte Rahel aufgeregt in mein Ohr, »das bist du! Das kannst doch nur du sein!« Um ehrlich zu sein, fühlte ich mich tatsächlich angesprochen. Es konnten nicht so viele Leute im Raum sitzen, auf die genau diese Beschreibung zutraf. Ich hatte tatsächlich einmal sehr viel für Gott getan, konnte aber jetzt das Licht nicht mehr sehen. Dieses Wort gab mir sehr zu denken.

Ähnliche Erlebnisse wiederholten sich in den folgenden Monaten in weiteren Gottesdiensten in dieser Gemeinde und anderswo. Es schien fast so, als hätte Jesus beschlossen, wieder mit mir zu reden und mich zu rufen.

Meine Mutter, die während der ganzen schweren Zeit durchgehend für mich gebetet hatte, sagte dann an einem Sonntagabend am Telefon zu mir: »Martin, da gibt es einen Mann in Frankfurt, der heißt Rudi Pinke. Rudi hatte auch einmal eine harte und trockene Zeit, er war mit seinem Glauben auch in eine Wüste geraten, genau wie du. Aber er hat einen Weg heraus gefunden! Ruf ihn doch mal an, triff dich mit ihm! Ich glaube, er wird dir helfen können.«

Ich war mir unsicher, ob ich den Rat meiner Mutter befolgen sollte. Aber dann stellte ich mir die Frage, was ich jetzt noch zu verlieren hätte. Mehr als rausschmeißen konnte dieser Rudi mich auch nicht. Also schickte ich ihm eine E-Mail, und die Antwort ließ keinen Tag auf sich warten. Im Herbst 2003 fuhr ich das erste Mal nach Frankfurt, um mich mit Rudi zu treffen.

Die Wohnung von Rudi Pinke lag an einer vierspurigen Hauptstraße mitten in Frankfurt. Ich hatte Probleme, überhaupt einen Parkplatz zu finden, aber nach einer endlosen Sucherei stand ich doch vor seiner Wohnungstür und drückte den Klingelknopf. Rudi hatte ich schon einmal vor vielen Jahren auf einer Konferenz gesehen, aber das war schon Ewigkeiten her. Er öffnete die Tür und lächelte mich freundlich an: »Da bist du ja, mein Lieber, komm rein und mach's dir bequem!«

Ich legte meine Jacke ab und folgte ihm in sein Arbeitszimmer. Vor dem Fenster stand ein riesiger und völlig überladener Schreibtisch, auf dem sich Hunderte Zettel, Zeitschriften und Bücher stapelten. Rechts und links waren die Wände bis oben hin mit Bücherregalen zugestellt. Auf der rechten Seite stand ein kleines, gemütliches, weinrotes Kunstledersofa, auf dem ich Platz nehmen sollte. Rudi bot mir einen Tee an, den ich dankend ablehnte. »Wollen wir anfangs kurz zusammen beten?«, fragte er mich.

»Ja, gute Idee!«

Ich schloss die Augen, und Rudi betete: »Danke, Jesus, dass der Martin jetzt hier ist. Du hattest mir ja schon vor einiger Zeit ein Zeichen gegeben, dass wir uns einmal treffen werden. Also bitte ich dich jetzt, nimm dieses Treffen in deine Hand! Alles soll zu deiner Ehre geschehen. Amen.«

Etwas irritiert schaute ich Rudi an. »Du wusstest, dass wir uns treffen werden?«, fragte ich ihn.

»Ja, Gott hat mir vor einiger Zeit gesagt, dass du dich bei mir melden würdest. Aber jetzt erzähl mal der Reihe nach. Was ist los? Wie geht es dir? Was ist mit dir passiert?« Ich überlegte nicht lange und fing an, vor Rudi die letzten Jahre meines bisherigen Lebens auszubreiten. Ich erzählte von dem Unfall mit Esther und dass ich mich deswegen immer noch schuldig fühlte, von dem Burn-out, den Depressionen, meinen Drogenrückfällen und vom Scheitern meiner ersten Ehe. Und ich erzählte auch die Geschichte mit Jasmin, von den Erfahrungen mit harten Drogen, vom Brief der *Jesus Freaks* und von ihrem schmerzhaften Umgang mit mir. »Ich weiß nicht mehr weiter«, sagte ich, »nichts scheint zu helfen. Ich hab mich in eine totale Sackgasse reinmanövriert. Mein Studium schaffe ich nie, meine Berufung ist vergeudet, alles ist kaputt. Aber das Schlimmste ist eigentlich, dass ich nicht mehr beten kann!« Rudi schaute mich die ganze Zeit über schweigend an und hörte mir zu. Erst als ich fertig war, sagte er: »Martin, wenn Gott mir schon vorher gesagt hat, dass du dich bei mir melden wirst, dann war das kein Zufall. Ich glaube ganz sicher, dass seine Berufung für dich immer noch gilt, dass er sie nicht von dir genommen hat. Jesus hat immer noch etwas mit dir vor, er will dich gebrauchen! Hör zu, ich verspreche dir eins: Ich werde mich so lange mit dir treffen, bis ich sehe, dass du wieder das tust, wozu Gott dich berufen hat!«

Besonders dieser letzte Satz brannte sich mir ein. Das war doch eigentlich undenkbar. Ich sollte wieder das tun, wozu Gott mich einst berufen hatte? Worüber sollte ich denn dann predigen? Etwa: »Wie wird man drogenrückfällig, ein Seminar in drei Teilen«? Auf der anderen Seite spürte ich aber, dass Rudi wirklich an mich glaubte, dass er es ernst meinte. Er bot mir die einmalige Chance, mein ganzes Leben noch einmal vor Gott aufzurollen, säubern und heilen zu lassen, und ich war fest entschlossen, diese Gelegenheit beim Schopf zu packen.

Bei unserem nächsten Treffen holte Rudi ein kleines rotes Notizbuch aus seinem Schreibtisch hervor. In diesem Buch hatte er notiert, was heute in der Seelsorge dran war. An diesem Nachmittag sollte es um alle Drogen gehen, die ich jemals in meinem Leben genommen hatte. Rudi ging mit mir in so einer Art Ritual einzelne Schritte im Gebet durch. Der erste Schritt war, Jesus darum zu bitten, mich an alles zu erinnern, was ich jetzt bekennen sollte. Ich schwieg eine Weile, und dann fing ich an: »Jesus, ich erinnere mich an den ersten Joint, den ich geraucht habe. Das war ein Fehler, dadurch hab ich eine Tür aufgemacht, die besser verschlossen geblieben wäre. Bitte vergib mir diese Sünde!« Dann sagte Rudi: »Nach dem ersten Johannesbrief, erstes Kapitel, Vers 9, kann ich dir zusprechen: Deine Sünde ist dir vergeben, sie ist weggewaschen, ihre Macht ist gebrochen!« Jetzt ging es weiter, und ich bekannte weitere Drogen, die ich in meinem Leben genommen hatte. Teilweise tat ich das ganz konkret, dann aber auch wieder nur ganz pauschal. Rudi antwortete jedes

Mal: »Deine Sünde ist dir vergeben, sie ist weggewaschen, ihre Macht ist gebrochen!« Da Drogen tatsächlich immer wieder mein Leben wie eine dunkle Macht beherrscht hatten, ging Rudi dagegen noch einmal ganz konkret im Gebet vor. Er sagte: »Ich breche im Namen von Jesus die Macht der Drogen in deinem Leben!« Das Ganze ging bestimmt über zwei Stunden. Als wir fertig waren, spürte ich eine deutliche Veränderung in meiner Psyche. Es war plötzlich eine Leichtigkeit da, die ich früher einmal gehabt hatte, die mir in den letzten Jahren aber abhandengekommen war. Ich fühlte mich buchstäblich befreit.
Im Auto dachte ich auf dem Weg nach Hause noch einmal über dieses Treffen bei Rudi nach. Mir fiel auf, dass Drogen tatsächlich immer wieder ihre zerstörerische Kraft in meinem Leben entfaltet hatten. Man kann sagen, dass ich immer, wenn es mir schlechtging, anfing, Drogen zu konsumieren, und wenn ich Drogen konsumierte, ging es mir dadurch immer noch schlechter.
Beim dritten Treffen ging es dann um die *Jesus Freaks* und den Brief, es ging um Verletzungen, die mir zugefügt wurden, aber auch um meine Fehler und Sünden.
Das vierte Treffen war das heftigste. Dort beteten wir über alle meine Frauenbeziehungen, die ich jemals gehabt hatte. Rudi sagte mir, dass ich vermutlich zu diesen Frauen eine innere Bindung aufgebaut hatte, besonders aber zu denjenigen, mit denen ich auch geschlafen hatte. Von Mandy bis Jasmin sprach ich alles vor Jesus aus, bat um Vergebung, wo ich Mist gebaut hatte, und löste mich innerlich von diesen Beziehungen. Rudi wirkte auch in diese Richtung, er sprach mir Vergebung zu und betete für die Lösung von den Bindungen an diese Frauen.
Immer wenn ich nach einem dieser Treffen wieder nach Hause kam, traute Rahel ihren Augen kaum. Sie konnte einen sehr deutlichen Vorher-nachher-Effekt bei mir feststellen. War ich »vorher« noch gebeugt und depressiv

durch die Wohnung gelaufen, so war meine Körperhaltung »nachher« viel offener, gestreckter und auch fröhlicher. War ich »vorher« noch traurig gewesen, konnte ich »nachher« wieder lachen und strahlen.

Diese Veränderung vollzog sich schrittweise, aber nach unserem vierten Treffen fühlte ich mich wie ausgewechselt. Plötzlich war ich super drauf, konnte mich wieder freuen, hatte Hoffnung und spürte Frieden in mir. Durch diese Form der geistlichen Seelsorge ist etwas bei mir passiert, was ich am allermeisten gebraucht hatte: Jesus war wieder in mein Leben zurückgekommen.

Die Folgen dieser Treffen bei Rudi waren gigantisch. Mit neuem Lebensmut beschloss ich ab sofort, auf Alkohol zu verzichten. Mir wurde klar, dass alle meine Drogenrückfälle immer mit »einem« Bier angefangen hatten. Der Alkohol vom ersten Bier bewirkte, dass ich noch ein zweites trinken wollte. Dann kam ein drittes hinzu und am Ende des Abends war ich sehr oft betrunken. Also musste ich das erste Bier stehen lassen, und die Gefahr wäre gebannt. Um meine Sucht weiter in den Griff zu kriegen, besuchte ich ab sofort regelmäßig die Treffen der Anonymen Alkoholiker und der Anonymen Narkotiker in Köln. Diese Selbsthilfegruppen bauten auf dem gleichen Zwölf-Schritte-Modell auf, das mir von der Therapie her noch bekannt war.

Das Wichtigste war aber, dass mit jeder Session bei Rudi auch mein Vertrauen in Jesus wieder neu gestärkt wurde. Die Pflanze des Glaubens, die über die letzten Jahre vertrocknet in meinem Leben stand, hatte wieder frisches Wasser bekommen und blühte erneut auf. Durch die Krise war aber alles noch sehr viel tiefer geworden, mein Vertrauen zu Gott war inniger, existenzieller als jemals zuvor. Ich fühlte mich mit Jesus auf das Intimste verbunden, er war mir ein verlässlicher, treuer Freund geworden. Wenn sich mein Glaube vorher noch sehr viel mehr in meinem

Kopf abgespielt hatte, so war er jetzt in mein Herz gerutscht.

Aussöhnung mit den *Jesus Freaks*

Ehe ich michs versah, hatten sich die Ereignisse auch bei den *Jesus Freaks* herumgesprochen. Eines Tages bekam ich einen Anruf von Paddy aus dem Leitungskreis von *Jesus Freaks International*. Paddy ist einer der Punks bei den *Freaks*, die schon von Anfang an dabei waren. Er gehörte zu der ersten Generation in der Bewegung und leitete die Gemeinde in Bielefeld. »Martin, kann ich heute bei dir vorbeikommen? Ich habe gehört, dass du wieder mit Jesus am Start bist und würde mich gern mit dir treffen.« Paddy kam mit seinem Motorrad nach Köln, und wir verbrachten einen ganzen Tag zusammen. Das Treffen war super. Zuerst hatte ich das Gefühl, er wollte eigentlich nur testen, ob ich wirklich keine Drogen mehr nehme. Aber dann entwickelte sich ein sehr gutes und freundschaftliches Gespräch, und in kurzer Zeit wuchs wieder so etwas wie Vertrauen zwischen uns. Auch andere Männer aus der Leitungsebene meldeten sich bei mir. Schließlich war es der treue Mirko, der ein Treffen mit Rudi und dem damaligen Leitungskreis von *Jesus Freaks International* in Frankfurt organisierte. Dieses Treffen war ein weiterer Meilenstein auf dem Weg zur Heilung. Wir saßen alle an einem runden Tisch, und Rudi übernahm die Moderation. Jeder sollte in einer ersten Runde sagen, wie er die Sache mit meinem Rückfall damals erlebt hatte. Die Erzählungen der einzelnen Leiter setzten mir zu; ich hatte völlig ausgeblendet, in was für eine miese

Situation ich meine damaligen Mitstreiter eigentlich gebracht hatte. Sie erzählten von den vielen Anrufen, die bei ihnen im Büro eingegangen waren, und auch von den Problemen bei der Übernahme meiner unterschiedlichen Aufgaben in der Bewegung während meiner Auszeiten. Ich hatte ein großes Loch bei den *Jesus Freaks* hinterlassen, das keiner füllen konnte. Das tat mir im Rückblick noch einmal unendlich leid. Ich bat die Anwesenden um Verzeihung und erklärte ihnen meine damalige Situation. Anschließend erzählte ich, wie sie aus meiner Sicht mit mir und dem Problem umgegangen waren. Ich sagte, dass der Umgang mit mir damals bei mir den Eindruck hinterließ, als würden sie mich fallenlassen. Auch dass keiner für mich da gewesen war und mich der Brief sehr verletzt hatte, konnte ich erzählen. Zuerst bewegte sich auf der anderen Seite niemand, aber dann sagte Paddy: »Wenn ich es noch einmal machen müsste, würde ich es anders machen. Ich würde auf alle Fälle vorher mit dir persönlich noch einmal sprechen. Das nicht zu tun war ein großer Fehler, der mir leidtut!« Schließlich gaben nicht alle, aber doch einige zu, dass der Umgang mit mir nach meinem Rückfall nicht in Ordnung gewesen war. Am Ende stellten wir uns in einen Kreis und beteten zusammen. Wir sagten Jesus, dass wir uns versöhnen wollen und alles, was damals gewesen war, jetzt vorbei sei. Einzelne baten Jesus in dem Gebet auch noch um Vergebung für die Fehler, die gemacht wurden, und ich tat das auch. Am Ende lagen wir uns alle in den Armen, weinten und lachten gleichzeitig.

Dieses Treffen war ein weiterer, großer Schritt, der Heilung in mein Leben gebracht hat.

Solch einen Abend gab es dann auch noch einige Zeit später mit dem Leitungskreis der *Jesus Freaks Hamburg*. Auch hier umarmten wir uns am Ende sehr herzlich und beteten füreinander. Damit war ich auch auf dieser Ebene mit allen Menschen wieder versöhnt.

Mit Gott durch die Wüste

Mittlerweile kamen wieder Anfragen bei mir rein, ob ich mir vorstellen könnte, eine Predigt im Gottesdienst zu halten. »Guten Tag, Herr Dreyer, ich habe von Ihrer Krise gehört und wie Sie da rausgekommen sind«, rief mich ein Pastor aus Norddeutschland an. »Könnten Sie sich vorstellen, darüber in unserem Gottesdienst zu predigen?« Nach einigen Überlegungen und Gesprächen mit meiner Frau sagte ich zu. Bei dieser Veranstaltung handelte es sich um einen Abendgottesdienst einer evangelisch-lutherischen Gemeinde. Ich habe mich damals sehr über diese Anfrage gefreut. Als Bibeltext nahm ich Psalm 136, in dem David einen Wechselgesang aufschrieben hat. Im ersten Teil erzählt er von den Dingen, die Gott getan hat, und im zweiten Teil antwortet die Gemeinde: »Denn seine Güte hört niemals auf.« Ab Vers 10 beschreibt David den Weg, den Gott mit dem Volk Israel gegangen ist. Er berichtet von der Zeit in Ägypten, als alle in der Versklavung und unfrei waren. Dann beschreibt er, wie Gott sie aus dieser Situation zu einem neuen Ziel herausgerufen hat. Aber der Weg zu diesem Ziel, dem Gelobten Land, führt anfangs durch eine Wüste. In meiner Predigt sagte ich den Gottesdienstbesuchern, dass ich viele Ähnlichkeiten zwischen dem Leben eines Christen, meinem Leben und dem Leben des Volkes Israel sehen könne. Gott ginge mit jedem Menschen einen Weg. Jeder von uns habe ein Ägypten, eine Vergangenheit, in der wir versklavt waren, abhängig, unfrei. Aber Jesus hat uns dort herausgerufen. Er sagte damals zu seinen Jüngern: »Kommt, folgt mir nach.« Damit gab er jedem Gläubigen ein neues Ziel, und dieses Ziel heißt letztendlich »Paradies«. Am Anfang dieses Weges tue Gott oft die großen Wunder. Feuersäulen hier, Teilung des Meeres da, ich nannte das »Schilfmeererlebnisse«.

Aber dann müssten wir auch durch die Wüste. Das seien Zeiten, in denen nichts Spektakuläres passiert, wo wir nicht spüren könnten, dass Gott da ist, wo wir von der dunklen Seite versucht würden. Selbst Jesus sei in der Wüste gewesen, bevor sein Dienst begonnen habe. In der Wüste würde unser Glaube auf die Probe gestellt. Dort zeige sich, worauf wir unseren Glauben gebaut haben, auf eine Religion, ein Buch, eine Beziehung oder auf einen Fels, nämlich auf Jesus. Abschließend erzählte ich dann aus meinem Leben. Ich fing mit meinen eigenen Schilfmeererlebnissen an, mit den Wundern am Anfang meines Glaubens. Es ging um mein Abitur, die Gründung der *Jesus Freaks* und was ich dort alles erlebt hatte. Aber dann sprach ich auch von meiner Wüste, von der Depression, den Versuchungen, denen ich erlegen war, von den Drogenrückfällen, den Sünden und der Einsamkeit. Zum Schluss berichtete ich dann, wie Gott mich aus meiner Wüste herausgeführt hatte. Ich erzählte von den Treffen mit Rudi, meinem Mose, der mich durch die Wüste geführt hatte. Erzählte von der Versöhnung mit den *Jesus Freaks* und dass mein Glaube jetzt in eine tiefere Dimension vorgedrungen war, die zu erträumen ich nie gewagt hatte. Die Predigt kam sehr gut an, viele Leute waren sehr betroffen. Ich habe dann ab 2003 über mehrere Jahre lang nur über dieses Thema gepredigt: »Mit Gott durch die Wüste!«

Die Volxbibel

Mitten in diesem Versöhnungsprozess bekam ich einen Anruf von Andreas Ebert, der Rahel und mich getraut hatte. Er leitete eine evangelische Gemeinde in München, hatte aber bis dahin auch an diversen Buchveröffentlichungen mitgewirkt.

»Hallo, Martin! Ich habe eine Frage an dich: Gestern traf ich auf einer Feier einen Verleger vom Pattloch Verlag, und wir sprachen über die Bibelübersetzungen, die es zurzeit auf dem Markt gibt. Wir kamen zu dem Schluss, dass eigentlich keine Bibel für Jugendliche ohne christliche Vorprägung existiert. Jetzt fiel mir ein, dass wir beide doch schon mal vor vielen Jahren über so ein ähnliches Projekt gesprochen haben. Erinnerst du dich?«

Und ob ich mich erinnerte. Ich hatte für eine Predigt bei den *Jesus Freaks* einen Text aus dem Römerbrief so umgeschrieben, dass ihn ein Mensch von der Straße verstehen konnte, und Andreas diese Fassung gezeigt. »Pass auf, ich werde mich mit dem Verleger in zwei Wochen in München treffen, bist du dabei?«

Die Idee, eine Bibelübersetzung für Menschen ohne christliche Prägung zu schreiben, war mir nicht neu. Ich musste auch bei meiner Arbeit in dem Kölner Jugendzentrum immer wieder feststellen, dass selbst die modernsten Bibelübersetzungen wie *Die Gute Nachricht* oder *Hoffnung für alle* immer noch weitgehend unverständlich für Jugendliche sind, die keine religiöse Erziehung mitbringen. Ich bekam in Gesprächen immer wieder mit, dass sogar die biblischen Grundbegriffe für diese Kids oftmals eine ganz andere Bedeutung hatten.

Zum Beispiel hörte ich einmal, wie ein Junge zu seinem Freund sagte: »Hey, ich hab die Tage ein echt sündiges Wochenende gehabt!« Mit dem Wort »sündig« wollte er nicht sagen, dass diese Zeit besonders unchristlich gewesen war, sondern sie war sehr gut gewesen, er hatte richtig gut gefeiert und sehr viel Spaß gehabt. Das Wort »sündig« hatte für ihn also eine völlig neue, positive Bedeutung bekommen. Wenn ich diesem Jungen jetzt sagen würde: »Jesus ist für deine Sünden gestorben«, dann würde er die

Welt nicht mehr verstehen. Warum ist Jesus für etwas so Gutes gestorben? Ein anderer Jugendlicher fragte mich einmal, als ich vom Heiligen Geist erzählte, ob das ein Schnaps sei. Unter »Geist« konnte er sich nur so etwas wie »Weingeist«, also Schnaps, vorstellen. Und wenn ich von dem Gesetz Gottes redete, dachten viele, ich meinte so etwas wie die Straßenverkehrsordnung. Man brauchte also eine neue Bibelübersetzung, die eine einfache, unreligiöse und junge Sprache spricht. Eine Sprache, die jeder verstehen könnte, auch wenn er nicht christlich aufgewachsen und nicht konfirmiert worden war und keinen Kommunionsunterricht gehabt hatte und die ganzen christlichen Grundbegriffe nicht kannte.

Vierzehn Tage nach dem Telefonat mit Andreas trafen wir uns bei jenem Verleger in seinem Münchner Büro. Außer mir waren noch drei andere Autoren eingeladen, die ebenfalls mitarbeiten sollten. Wir saßen an einem großen runden Tisch und hörten ihm lange zu. Er skizzierte noch einmal das ganze Projekt und sagte dann: »Gut, dann möchte ich vorschlagen, dass wir uns bis zum nächsten Mal an ein paar Texten zu schaffen machen. Ich würde sagen, wir starten mit Matthäus!« Als er das Wort »Matthäus« aussprach, machte es bei mir »klick«. War das nicht genau das, was der Prophet mir damals in Amsterdam gesagt hatte? »Du bist ein Matthäus, du sollst deinen Leuten das Evangelium in ihrer Sprache bringen!« Aufgeregt fuhr ich nach Hause und erzählte Rahel, was ich in München erlebt hatte.

Am nächsten Tag setzte ich mich an den Computer. Links von der Tastatur plazierte ich eine Luther-Bibel und auf der rechten Seite die Gute-Nachricht-Übersetzung. Dann betete ich kurz: »Jesus, wenn das hier deine Idee ist, dann segne mich bei der Arbeit!« Ich schlug das Matthäusevangelium auf, las jeweils den Text aus beiden Bibeln und überlegte: »Wie würde das jetzt jemand in meinem Jugendzentrum seinen Freunden erzählen, wenn sie hinten in der Sofaecke sitzen? Was für Worte würden Mehmet, Allessandro oder Daniel benutzen?« Ich fing an zu schreiben, und von Anfang an kam es mir vor, als hätte mein Gehirn plötzlich eine Standleitung in den Himmel. Die Worte flogen mir nur so zu. Ohne nachzudenken, bewegten sich meine Finger wie von allein über die Tastatur. Mir kamen richtig gute Einfälle, Bilder und sogar neue Beispiele für Gleichnisse, die Jesus heute vielleicht in meinem Jugendzentrum benutzen würde. Innerhalb kürzester Zeit war ich mit der Arbeit fertig.

Bei unserem nächsten Treffen in München saß ich aufgeregt im Büro des Verlegers und konnte es gar nicht abwarten, bis ich meinen Text vorlesen durfte. Die drei anderen Mitautoren waren vor mir dran, und erst zum Schluss kam ich an die Reihe. Gut betont und mit viel Leichtigkeit in der Stimme las ich meinen Text aus Matthäus vor. Als ich fertiggelesen hatte, herrschte eine nicht enden wollende Stille im Raum. Ich dachte schon, meine Übersetzung wäre wohl doch nicht so gut angekommen, da sprang der Verleger plötzlich von seinem Stuhl auf.

»Martin! Das ist es! Dein Text ist phantastisch! Er ist besser, als ich es erwartet habe! Jetzt bin ich mir sicher, dass die Idee funktionieren wird!«

Damit war das Eis gebrochen. Aufgeregt träumten wir vor uns hin, sprachen von einer ersten Auflage von 50 000 Stück, von den Bestsellerlisten und davon, was Gott mit diesem Buch alles bewegen könnte. Auf dem Weg nach Hause war ich so begeistert, dass ich jedem in der Bahn und sogar dem Taxifahrer davon erzählen musste. Ich wusste ganz sicher, dass Gott mir genau diese Aufgabe zugedacht hatte. Ich bin ein Matthäus, und ich soll meinen Leuten das Evangelium in ihrer Sprache bringen!

Drei Wochen später klingelte das Telefon in unserer Wohnung. »Hallo, Martin, ich habe eine schlechte Nachricht

für dich«, sagte der Verleger. »Die Verlagsleitung glaubt nicht an den Erfolg von unserem Projekt, ich muss dir und den anderen leider absagen. Aber wenn du mich fragst, dann solltest du die Idee auf jeden Fall weiterverfolgen! Deine Texte waren sehr gut, biete sie doch einem anderen Verlag an. Mal sehen, was passiert!«
Nach dem Telefonat war ich erst einmal niedergeschlagen und enttäuscht. Warum sollte Gott mich erst heiß machen und am Ende würde doch nichts draus?
Glücklicherweise standen damals meine Vordiplomprüfungen an, und ich hatte genug andere Sachen im Kopf. Für mich mit meiner immer noch spürbaren Gehirnschädigung, waren diese Prüfungen eigentlich nicht zu schaffen. Es ging nur um zwei Termine, aber die hatten es in sich. Für die eine Prüfung musste man ein pädagogisches Standardwerk von Rousseau parat haben, bei der anderen ging es um etwas Allgemeines aus dem Bereich der Psychologie. Beim ersten Versuch scheiterte ich in beiden Fächern. In Pädagogik entließ mich der Professor freundlich aus der Prüfung und meinte: »Normalerweise fällt bei mir niemand durch, aber so geht das nicht, Herr Dreyer.«
In den folgenden Wochen lernte ich noch mal sehr intensiv, schrieb mir kleine Karteikarten und versuchte mir die Inhalte mit Hilfe eine besonderen Lerntechnik einzuprägen. Und es klappte, ich bestand im zweiten Anlauf mit Ach und Krach meine Vordiplomprüfung in Pädagogik.
Nach diesem Erfolg versuchte ich noch ein weiteres Mal, mit meinen übersetzten Bibeltexten bei einem Verlag zu landen. Ich war mir auf Grund der Matthäusprophetie ganz sicher, dass dieser Auftrag wirklich von Gott gekommen war. So verschickte ich mehrere Exposés, unter anderem an den Eichborn und an den S. Fischer Verlag. Besonders bei Eichborn hatte ich auf eine positive Reaktion gehofft, da dort in den Achtzigerjahren sehr erfolgreich

Der große Boss verlegt worden war, ebenfalls ein Bibelprojekt. Aber ich bekam nur Absagen, einige Verlage hielten es sogar noch nicht mal für nötig, überhaupt zu antworten. Schließlich wollte ich schon fast aufgeben, als mein alter Freund Martin, den ich noch aus der Anskar-Kirche kannte, zufällig anrief. Er arbeitete mittlerweile für ein Jugendmagazin, das in einer christlichen Verlagsgruppe erscheint, zu der auch der R. Brockhaus Verlag gehört. In dem Telefonat erzählte ich ihm von meinem Projekt, und er sagte sofort: »Schick mal her, das muss ich mir anschauen!« Einige Tage später klingelte bereits wieder das Telefon. »Hey, Martin, ich hab hier im Verlag deine Texte rumgezeigt, und alle sind total begeistert! Komm doch bald mal vorbei, damit wir über Details reden können!«
Eine Woche später saß ich in Witten in einem kleinen Besprechungsraum. Neben Martin waren noch der Programmchef und der Vertriebsleiter dabei. Ich zeigte noch einmal die Matthäustexte rum, wir redeten über die Idee, und plötzlich fingen wir alle an zu träumen, es war eine visionäre Atmosphäre im Raum, so wie ich es liebe. Eine Idee jagte die nächste. Von »Dann machen wir die Verpackung so, als wäre es ein Zigarettencover mit Warnhinweisen« bis »Und diese Bibel muss sich mit der Sprache weiterentwickeln können, wir brauchen jedes Jahr eine neue Version!«. Schließlich stellte der Vertriebsleiter eine wichtige Frage: »Wie soll diese Bibel denn heißen?« Darauf hatte ich sofort eine Antwort parat: »*Volxbibel!* Mit einem x! Es gibt in Hamburg eine *Volxküche,* und die haben ein ähnliches Konzept. Es ist ein Projekt von der Straße für die Straße, genau wie die *Volxbibel!*«
Kurze Zeit später hatte ich einen Vertrag in der Tasche und begann mit der Arbeit am Neuen Testament.
In den folgenden Monaten arbeitete ich jeden Tag an meinem Text. Die Zeit verging wie im Fluge, und dieses Gefühl, als würden mir die Worte buchstäblich zufliegen,

blieb die ganze Zeit über bestehen. Als ich mit dem Neuen Testament fertig war, zeigte ich das Ergebnis einigen Menschen zur Begutachtung und Bearbeitung. Dazu gehörten unter anderem eine Jugendliche aus Düsseldorf, ein Theologe aus Berlin und eine Schriftstellerin aus Remscheid. Nach der letzten Kontrolle durch den Verlag erschien im eigens dafür gegründeten Volxbibel-Verlag Anfang Dezember 2005 der erste Band der *Volxbibel: Das Neue Testament*. Leider druckte der Verlag zuerst nur fünftausend Stück, obwohl ich immer wieder gesagt hatte, dass wir bestimmt viel mehr verkaufen würden. Diese erste Auflage war dann nach vierzehn Tagen vergriffen, und zwei Wochen vor Weihnachten gab es keine Exemplare mehr in den Buchhandlungen. Solch eine Nachfrage nach einem Buch hatte der Verlag schon lange nicht mehr erlebt.

Aber so richtig ging es erst los, als eine große Welle der Kritik gegen die *Volxbibel*, gegen den Verlag und gegen mich durch das Land fegte.

Von einem Tag auf den anderen verstopfte eine Flut von E-Mails meinen Posteingang – und alle diese E-Mails waren ausnahmslos negativ. Zu Spitzenzeiten bekam allein ich täglich bis zu sechshundert solche Mails. In der Folgezeit wurden mehrere Seiten gegen das Projekt ins Internet gestellt, zum Beispiel www.volxbibel-nein-danke.de, www.nein-zur-volxbibel.de, www.volxbibel.erweckungs.net, und www.volxbibel.de.vdu. Auf der Webseite ekklesia-nachrichten.com gab es eine Rubrik, in der online Unterschriften gegen das Projekt gesammelt wurden. Es kam zu offenen Boykottaufrufen gegen sämtliche Bücher aus der SCM-Verlagsgruppe, um den Verlauf der *Volxbibel* zu stoppen. In zahlreichen Foren im Netz polemisierten die Kritiker gegen die *Volxbibel*, und es wurden auch Beschimpfungen gegen mich als Person vorgebracht. In einigen Gemeinden und christlichen Buchhandlungen lagen Unterschriftenlisten gegen die *Volxbibel* aus, die forder-

ten, dass der Verlag das Buch vom Markt nehme und öffentlich Buße tue. Ich wurde als »Kind des Satans« bezeichnet, man schrieb, ich sei eine »Verführung zur Hölle«. In einem Internetforum wurde sogar dazu aufgerufen, alle *Volxbibeln* zu verbrennen. Bücherverbrennung? Das hatten wir doch schon mal ...
Eines Abends entdeckte ich sogar einen Kommentar in einem christlichen Forum, aus dem ich schloss, dass eine Gemeinde mich in einem Ritual dem Satan übergeben hatte. Das war hart! Der Proteststurm gegen die *Volxbibel* ging so weit, dass der Verlag für eine kurze Zeit sogar überlegte, das ganze Projekt auf Eis zu legen. Glücklicherweise haben die Verantwortlichen dann doch entschieden, der Kritik standzuhalten und das Buch nicht vom Markt zu nehmen.
Über die religiösen Kreise hinaus reagierten auch die säkularen Medien sehr massiv. Angestoßen von einem Bericht in einem kleinen Vorstadtblatt, überschwemmte uns plötzlich eine große Medienwelle, mit der ich in dieser Form nicht gerechnet hatte. Mehr als drei Wochen lang musste ich fast täglich ein Interview geben, es erschienen unzählige Artikel in den Zeitungen und Zeitschriften sowie im Radio und im Fernsehen. Sogar die angesehene *Süddeutsche Zeitung* brachte einen großen Bericht mit Fotos über die *Volxbibel*. Der Journalist kam extra nach Köln in unsere Wohnung und unterhielt sich lange mit mir. Sein Artikel hat die Auseinandersetzungen um die *Volxbibel* weiter angeheizt. Als Nächstes kamen *Die Welt*, die *Frankfurter Rundschau* und die *taz*. Es folgten *ARTE*, der *MDR* und der *WDR* ... Kurzum: Die *Volxbibel* war in aller Munde, sie wurde zwar auch kritisiert, aber überwiegend gelobt.
Das taten viele, viele Jugendliche, und die waren mir sehr viel wichtiger als das, was in den Medien stand, denn für die Jugendlichen hatte ich die *Volxbibel* ja geschrieben.
Ich hörte von einem jungen Mädchen, das stark selbst-

mordgefährdet war. Sie fand die *Volxbibel* in der Psychiatrie im Aufenthaltsraum und las sie von vorn bis hinten. In einer E-Mail schrieb sie mir, beim Lesen hätte sie neuen Lebensmut bekommen, sie würde jetzt in eine Gemeinde gehen und mit Gott leben. Ein anderer Jugendlicher schrieb mir, er hätte die *Volxbibel* gelesen, und nun wolle er auch ein Christ werden. »Ich gehe jetzt auf Gott zu«, schrieb er mir am Ende der Mail. Und bei den Kids in meinem Jugendzentrum war die *Volxbibel* der absolute Renner. Dort gab es ein türkisches Pärchen, das sich jeden Abend gegenseitig ein Kapitel vorgelesen hat.

Es war kaum zu glauben: Gott konnte durch das Buch sogar Wunder wirken. Ein Jugendlicher erzählte mir, dass er nachts Probleme mit dem Einschlafen hatte, weil sein Vater früher immer in der Nacht betrunken nach Hause gekommen sei und ihn, noch schlafend, grundlos verprügelt habe. Seit dieser Zeit fürchtet er sich vor der Dunkelheit. Mittlerweile lebte er in einer Pflegefamilie. »Martin, ich muss dir was sagen«, kam er an einem Nachmittag aufgeregt zu mir. »Ich lese jetzt jeden Abend vor dem Schlafengehen ein Kapitel aus der *Volxbibel*. Seitdem ich das tue, ist die Angst verschwunden, und ich kann gut einschlafen!« Angesichts solcher Rückmeldungen konnte ich mit der Kritik der Medien gut leben.

Mit der Zeit erhielt ich auch positive Reaktionen von Menschen, die ich beim Schreiben eigentlich gar nicht im Blick gehabt hatte. So bekam ich einen Brief von einer achtzigjährigen Oma, die mir für die *Volxbibel* dankte. Sie schrieb, dass sie die Bibel schon mehrfach gelesen habe, aber durch die *Volxbibel* sei sie zu ganz neuen Erkenntnissen gekommen. Eine Krankenschwester schrieb mir, dass die *Volxbibel* auf ihrer Station von Zimmer zu Zimmer gereicht würde, weil jeder in ihr lesen wollte. Und dann bekam ich sogar eine E-Mail von jemandem, der in einem deutschsprachigen Aussiedlerdorf in Paraguay lebte. »Ihre

Bibel ist zurzeit das begehrteste Buch in unserem Dorf!«, schrieb er mir. »Jeder will sie einmal für ein paar Tage in seiner Hütte haben. Wir haben Wartelisten deswegen aushängen!« Und schließlich hörte ich von immer mehr Pfarrern, die mit der *Volxbibel* gute Erfahrungen im Konfirmandenunterricht machten.

Das Neue an der *Volxbibel* ist aber nicht nur die junge Sprache, in der sie geschrieben wurde, sondern vor allem das *Open-Source-Konzept*. Ich war davon überzeugt, dass sich die *Volxbibel* immer weiter verändern muss, weil sich die deutsche Sprache und besonders die Jugendsprache auch immer weiter verändern. Jede Generation hat neue Wörter, und alte Wörter sterben aus. Wenn mein Vater von etwas begeistert war, dann hat er immer »klasse!« gesagt. In der Generation meiner großen Schwester hieß es dann »toffte« oder »super«, wenn man etwas gut fand. Aus »super« wurde »genial«, und aus »genial« wurde »geil«. Und seit ein großer Elektronikkonzern dieses Wort in seiner Werbung verwendet, wurde alles »krass«, was vorher noch »geil« war.

Damit die *Volxbibel* sich mit der Sprache würde verändern können, mussten alle Menschen in Deutschland die Möglichkeit haben, daran mitzuarbeiten. Dafür gab es nur ein Medium: das Internet. So kam die Idee auf, den ganzen Text auf eine Wikiplattform ins Internet zu stellen und alle Menschen aufzufordern, an der Weiterentwicklung des Bibeltextes mitzuarbeiten. Mein Vorbild war *Wikipedia.* Der Schreib- und Übersetzungsprozess sollte von ein paar Theologen und vor allem von mir beobachtet werden. Wir würden eingreifen, falls der Textvorschlag zu weit von der Originalbedeutung entfernt liegt. Durch dieses Internetkonzept, so mein Plan, wäre es möglich, theoretisch jedes Jahr eine neue Version präsentieren zu können.

Ich bin froh, dass ich meinen Verlag von diesem Konzept überzeugen konnte. Schon ein Jahr nach der Ur-*Volxbibel* kam die *Volxbibel 2.0* auf den Markt. Hierzu wurden etwa fünfhundert Änderungsvorschläge aus dem Wiki übernommen. Dann kam die 3.0, die sprachlich noch einmal an vielen Stellen sehr stark verbessert wurde, und die aktuelle Ausgabe ist die *Volxbibel 3.0 Reloaded,* in der vor allem eine Angleichung an das inzwischen ebenfalls erschienene Alte Testament vorgenommen wurde. Ich träume davon, dass es immer so weitergeht und irgendwann die *Volxbibel 100.0* auf dem Markt ist. Denn die *Volxbibel* ist ein einzigartiges Konzept, das es in der Form nirgendwo anders auf der Welt gibt. Es gibt kein gedrucktes Buch, an dem über das Internet wirklich jeder mitarbeiten kann und das sich sprachlich immer weiterentwickelt, außer der *Volxbibel.* Für diese Idee erhielten wir im Jahr 2010 von der Evangelischen Kirche in Deutschland den *Webfish* in Silber. Mittlerweile gibt es sogar zwei Schulbücher für Religion, die meine Bibel auf mehreren Seiten erwähnen. Viele Pädagogen arbeiten mit den Texten in ihrem Unterricht, anschließend gehen sie mit den Schülern in den Internetraum und bringen die erarbeiteten Übersetzungsvorschläge ins *Volxbibel Wiki* ein.

Und auf Radio FFN liefen über ein Jahr lang in hundertfünfzig Folgen Radiospots unter dem Titel *Konfirmanden lesen ihren Lieblingsspruch aus der Volxbibel.* Das klang dann ungefähr so: »Mein Name ist Julian, und ich bin fünfzehn Jahre alt. Mein Lieblingsspruch aus der *Volxbibel* ist: Ihr seid wie ein Kühlschrank für diese Welt – ohne euch würde alles vergammeln. Mit gefällt dieser Spruch, weil ich auch dafür sorgen will, dass die Welt erhalten bleibt!« Wenn ich so etwas höre, geht mir das Herz auf.

Im Juni 2006 erhielt ich eine freudige Nachricht vom Verlag: »Wir haben es geschafft! Die *Volxbibel* ist in der säkularen Taschenbuchbestsellerliste auf Platz 39 eingestiegen!« Insgesamt haben wir uns fünf Wochen in dieser wichtigen Bestsellerliste halten können, das ist für so einen kleinen Verlag ein wirklich großer Erfolg. Neben dieser Bestsellerliste gibt es auch noch eine Liste für christliche Bücher, die in dem evangelischen Nachrichtenmagazin *IdeaSpektrum* veröffentlich wird. Hier waren wir viele Wochen auf Platz 1.

Schon 2007 durchbrachen wir die 100 000er-Schallgrenze. Jetzt war die Frage, wie man dieses Ereignis gebührlich feiern sollte. Ein Veranstalter in Wittenberg hörte davon und lud mich zu einer Lesung in die berühmte Lutherstadt ein. Dort übergaben wir in einem feierlichen Akt an der Schlosskirche, wo Luther seine fünfundneunzig Thesen an das Kirchentor geschlagen hatte, symbolisch das hunderttausendste Exemplar einem Lutherdarsteller – und viel Presse war auch dabei.

Mit der Zeit wurde ich auf Lesungen immer wieder gefragt, ob ich nicht auch das Alte Testament veröffentlichen würde. Ich überlegte hin und her, aber dann wollte ich es doch auf einen Versuch ankommen lassen. Das Alte Testament besteht aus dreimal so viel Material wie das Neue. Für die Suche nach einem größeren Verlag organisierte ich mir eine Agentin, die mit einem Exposé in verschiedenen Häusern vorsprach. Es gab mehrere Interessenten. Am Ende hat dann der Pattloch Verlag den Zuschlag erhalten, und damit war die *Volxbibel* wieder an den Ort der ursprünglichen Idee zurückgekehrt. Mit der Verlagsgruppe Droemer Knaur, der der Pattloch Verlag angehört, konnten wir den Erfolg der *Volxbibel* noch einmal erheblich steigern.

Bis heute bekomme ich regelmäßig Briefe von begeisterten *Volxbibel*-Fans. Aber vor einigen Jahren fand ich zu meiner großen Überraschung einen Brief von Papst Benedikt XVI. im Briefkasten. Er schrieb mir, dass er den Einsatz der *Volxbibel* für missionarische Zwecke unter Jugendlichen befürworte, sie aber nicht im »katechetischen Gebrauch« der katholischen Kirche sehen würde.

Dafür ist sie aber auch nie gedacht gewesen. Der berühmteste *Volxbibel*-Fan in Deutschland ist mit Sicherheit Nina Hagen. Sie hat die *Volxbibel* in mehrere Talkshows mitgenommen und sie dort in die Kameras gehalten.

Mit der *Volxbibel* hatte Gott mir nicht nur eine neue Aufgabe gegeben. Ich habe durch diese Arbeit die Möglichkeit bekommen, sehr viel mehr Menschen zu erreichen, als ich es durch die *Jesus Freaks* jemals vermocht hätte. Das zeigen nicht nur die hohen Auflagen der drei Bände. Geht man davon aus, dass in jedem Buch mehr als nur ein Mensch gelesen hat, denkt man an die vielen Schulklassen und Gemeinden, in denen die Worte der *Volxbibel* verwendet werden, wird diese Tatsache noch deutlicher. Ich habe tatsächlich »meinen Leuten das Evangelium in ihrer Sprache gebracht«, genauso, wie es der Prophet in Amsterdam mir damals vorhergesagt hat.

15 WEICHENSTELLUNGEN

Wo ein Wille ist ...

Die einzige große Baustelle in meinem Leben war nun noch der Studienabschluss in Erziehungswissenschaften. Um das Diplom zu bekommen, musste ich durch sechs Prüfungen, zwei schriftliche und vier mündliche. Besondere Angst hatte ich vor der mündlichen Soziologieprüfung, weil ich mir dort einen Professor ausgesucht hatte, der sehr viel von den Studenten verlangte. Ich musste drei Themen vorbereiten, die jeweils drei wissenschaftliche Bücher als Grundlage hatten. Es ging also um neun Bücher in soziologischer Fachsprache, die für mich teilweise kaum zu verstehen waren. Beim ersten Thema handelte es sich um die *Theorie des kommunikativen Handelns* von Jürgen Habermas. Allein dieses Buch umfasst 1216 Seiten; weil es so dick ist, besteht es aus zwei Bänden. Aber ich wollte diese Prüfung unbedingt schaffen und machte mich daran, den Stoff, so gut es ging, zu beherrschen. Dabei unterstützte und ermutigte mich Rahel sehr. Den Großteil der Vorbereitungszeit büffelte ich im nahe gelegenen Park. Wochenlang ging ich dort auf der Wiese auf und ab und lernte, was ich mir auf unzähligen Karteikarten notiert hatte. Wegen meines Gedächtnisproblems brauchte ich fünf- bis sechsmal so lang wie andere Menschen, um alles in meinem Kopf abzuspeichern. Eigens hierfür habe ich mir eine Lernform angeeignet, die sogenannte Mnemotechnik, die ich während eines Seminars im zweiten Semester kennengelernt hatte. Diese Technik versucht, abstrakte Dinge wie Zahlen oder Begriffe mit konkreten Inhalten zu verbinden. Es war ein hartes Stück Arbeit, aber schließlich schaffte ich diese schwerste aller Prüfungen mit der Note 1,3.

Am Ende stand auf meinem Diplomzeugnis die Gesamtnote 1,7. Damit war ich sogar noch etwas besser als bei meinem Abitur. Zur Diplomübergabe waren meine Schwiegereltern und meine Schwester Corinna mit ihrer Familie extra nach Köln angereist. Als der Rektor mich nach vorn rief und mir das Diplom überreichte, war ich sehr stolz.

Einige Bekannte sahen diese sehr gute Note als verdientes Ergebnis meines Fleißes an, und damit hatten sie auch recht. Aber für mich war es auch der Beweis, dass Jesus ein Wunder an mir getan hatte. Vor einigen Jahren hatten die Ärzte noch prophezeit, dass ich auf Lebzeiten ein Pflegefall sein würde, denn mein Gedächtnis war dauerhaft geschädigt. Aber jetzt war ich plötzlich in der Lage, einen Hochschulabschluss mit 1,7 zu bestehen. Wenn das kein Wunder war, dann frage ich mich, wie ein Wunder denn aussehen soll …

Im Februar 2010 zogen Rahel und ich nach Berlin, weil Rahel dort eine Stelle als Professorin für Pädagogik und Entwicklungspsychologie der ersten Lebensjahre erhalten hatte.

Die Predigt- und Lesungsanfragen hatten nach meinem Diplom weiter zugenommen. Ich musste nun entscheiden, ob ich weiter auf diesem Gebiet unterwegs sein wollte oder doch versuchen sollte, mir einen festen Job zu suchen. Außerdem wollte ich nach dem großen Erfolg mit den drei Bänden der *Volxbibel* gern noch ein weiteres Buch schreiben. Es sollte ein einfaches Sachbuch sein, wo ich auf zweihundertfünfzig Seiten ganz einfach schildere, wer Jesus ist und was er bedeutet (dieses Buch ist unter dem Titel *Jesus rockt* 2011 im Pattloch Verlag erschienen).

Heute und morgen

Und dann kam Zoé Marie.
Ende September 2010 waren Rahel und ich zu einem Wochenendbesuch bei meinen Schwiegereltern eingeladen. Ich wunderte mich schon, warum Rahel so lange im Badezimmer blieb, denn eigentlich wollten wir aufbrechen und auswärts einen Kaffee trinken. Schließlich kam sie aus dem Bad und hielt einen größeren, bunten Stift in der Hand.
»Martin, ich muss dir was erzählen!«, sagte sie überrascht und freudestrahlend zugleich. Ich hatte ehrlich keine Ahnung, was jetzt kommen würde. Aufgeregt zeigte sie mir den Stift. In der Mitte war ein kleines Fenster abgebildet. Und in diesem Fenster stand das Wort »schwanger«!
»Was? Du bist schwanger? Das gibt es ja gar nicht!«, rief ich laut. »Wie geil! Halleluja!!!!«
Ich sprang auf, umarmte Rahel und tanzte mir ihr durchs Zimmer. Wir hatten uns schon länger ein Kind gewünscht, aber es war nicht sicher, ob das bei mir medizinisch noch möglich sein würde. Aber nun war es tatsächlich passiert, und ich würde Vater werden!
Die Vorfreude auf unser gemeinsames Baby war sehr groß. Neun Monate Schwangerschaft vergingen wie im Fluge, wir konnten die Zeit gut nutzen, um ein Kinderbettchen aufzustellen, das Zimmer einzurichten und die nötige Babykleidung einzukaufen.
Ohne dass es an meiner Freude irgendetwas verändert hätte, fragte ich mich in dieser Zeit doch manchmal, ob es diesen Zustand wirklich gibt, dass man sich hundertprozentig bereit und fähig fühlt, ein Vater zu sein. Selbst einen Tag vor der Geburt war ich mir noch unsicher, ob ich damit nicht überfordert wäre. Jemand sagte einmal zu mir: »Ein Vater ist man nicht, sondern man wird es!« Mit diesem Satz konnte ich etwas anfangen. Ich muss mich nicht

am Tag der Geburt in allen Aufgaben topfit fühlen, die ein Vater zu bewältigen hat. Aber mit der Zeit, in der das Baby auf der Welt ist, lernt man ständig dazu, wie man ein guter Vater sein kann.

Der Geburtstermin rückte immer näher. Ich kam gerade von einem Kinofilm nach Hause, als Rahel mich an der Tür mit den Worten begrüßte: »Martin, ich glaube, es geht los!« Ich hab es nicht wirklich geglaubt und dachte, es würde bestimmt noch ewig dauern. Aber dann rief sie bei der Hebamme an, und die war auch, trotz der späten Uhrzeit, sehr schnell da. Nachdem sie Rahel untersucht hatte, sagte sie nur etwas bleich: »Martin, du solltest schnell die Sachen packen. Ihr müsst ins Krankenhaus fahren, der Muttermund ist bereits weit geöffnet. Euer Baby kommt auf die Welt!«

Wir fuhren, so schnell es ging, zur Geburtsstation im *Vivantes Klinikum im Friedrichshain*. Da alle Kreißsäle schon besetzt waren, mussten wir in einem Nebenzimmer warten. Auch wenn die Klinikleitung vor ein paar Jahren versucht hatte, die Inneneinrichtung der Geburtsstation etwas aufzupeppen, wirkte alles doch etwas steril und kalt. Der gelbe Linoleumfußboden war blank geputzt, in allen Räumen roch es nach Desinfektionsmittel, eben typisch Krankenhaus. Es dauerte eine Weile, bis endlich ein Kreißsaal frei wurde. Der Muttermund öffnete sich immer weiter, und ich befürchtete schon, dass unser Baby nicht länger warten wollte. Aber dann ließ sich die Kleine doch noch einmal mächtig Zeit. Nach einigen Stunden sagte die Hebamme zu mir: »Herr Dreyer, legen Sie sich doch noch etwas hin, Sie sehen sehr müde aus!« Ich wollte dieses Ereignis auf keinen Fall verpassen, aber nachdem man mir versichert hatte, ich würde ganz sicher geweckt werden, legte ich mich für eine Stunde aufs Ohr. Als ich gerade eingeschlafen war, klopfte es plötzlich an der Tür. »Kommen Sie schnell, sonst verpassen Sie noch die Geburt Ihres Kindes!« Sofort rannte ich in den Kreißsaal. Rahel arbeitete jetzt seit sechzehn Stunden jede einzelne Wehe durch. Ich war unheimlich stolz auf meine Frau. Niemand, den ich kenne, hätte so tapfer diese Schmerzen ausgehalten. Sie schimpfte nicht, ertrug alles und kämpfte sich langsam bis zur Geburt durch. Dann, nach ein paar heftigen Wehen, konnte man auf einmal das kleine Köpfchen sehen. Und jetzt ging alles ganz schnell. Rahel drückte noch einmal, und auf einmal rutschte der winzige kleine Körper ganz heraus. Wenige Sekunden später hörte man einen neuen Schrei auf dieser Welt, eine Stimme, die es vorher noch nicht gegeben hatte. Am 10. Mai 2011 um vierzehn Uhr dreißig ist unsere Tochter Zoé Marie geboren.

SCHLUSS

Dieses Buch beginnt in einer Klinik, und es endet in einer Klinik. Ich bin Vater geworden, und damit hat das vielleicht letzte und bestimmt größte Abenteuer meines Lebens angefangen. Wenn ich in die Augen meiner kleinen Tochter schaue, dann kann ich darin ein Stück von mir selbst erkennen. Sie trägt meine Gene in sich, hat meine Augenfarbe, meine Gesichtszüge, wir beide sind uns ähnlich. Ich bin fest entschlossen, all das, was ich im Leben gelernt habe, an dieses neue, wunderbare Geschöpf weiterzugeben. Es ist mein Wunsch, sie vor falschen Einflüssen zu beschützen und alles dafür zu tun, dass sie ihren eigenen Weg findet. Ich frage mich manchmal, wie mein Leben verlaufen wäre, hätte ich den Joint von Helmut auf dieser Party einfach weitergereicht oder mir den ersten Kuss mit Jasmin erspart. Vermutlich bekomme ich nie eine Antwort auf diese Fragen. Aber ich will, dass mein Kind nicht die gleichen Fehler machen muss wie ich, dass sie von meinen Niederlagen lernt und sich von meinen Siegen motivieren lässt. Sicher werde ich sie nicht vor allem Übel dieser Welt beschützen können, aber meine unterschiedlichen Erfahrungen werden mir in der Erziehung von großem Nutzen sein.

Ich bin jetzt über zehn Jahre von harten und weichen Drogen, aber auch von Zigaretten und Tabak clean. Alkohol trinke ich nur noch selten, zum Beispiel ein Glas Sekt bei ganz besonderen Angelegenheiten oder zu einer bestandenen Prüfung. Viel wichtiger ist aber, dass es mir so gut geht wie noch nie zuvor.

Ich habe bis heute ein Leben mit großen Tiefen und großen Höhen gelebt. Die Folgen der letzten Krise waren hart. Die Wunden, die ich mir selbst und die mir andere Menschen geschlagen haben, tun manchmal immer noch weh und natürlich auch die Wunden, die ich anderen Menschen zugefügt habe). Und doch habe ich durch jede Wunde auch sehr viel lernen können. Mein Charakter, Christen würden sagen: »mein Herz«, hat sich in der »Wüstenzeit« sehr verändert. Ich bin nicht mehr so hart mit mir selbst und meiner Umwelt. Wenn ich mir heute im Internet meine Predigten aus den ersten Jahren der *Jesus Freaks* anhöre, kommt mir manches sehr oberflächlich vor. Oftmals hatte ich nur die ganz einfachen, flachen Antworten auf Probleme parat. »Du musst mehr beten!« oder »Du musst alles radikal an Gott übergeben«. Diese Antworten sind mir in der Wüste alle ausgegangen, sie haben mir nicht geholfen. Wenn Leute mich fragen, was sie machen können, falls es ihnen einmal richtig schlechtgeht, dann kann ich immer wieder nur eines sagen: Gib dich nicht auf! Hör nicht auf, um deine Heilung zu kämpfen. Jede Verletzung, jedes Versagen, jeder Fehler, jeder Schmerz kann zu etwas sehr Wertvollem werden, wenn wir nicht andauernd davor weglaufen, wenn wir uns dem stellen.

Drogen oder die Flucht in eine noch so leidenschaftliche Liebesbeziehung sind nicht der richtige Weg, dass müsste jedem klargeworden sein, der dieses Buch gelesen hat. Es gibt viele Möglichkeiten, an sich zu arbeiten. Therapie, Selbsthilfegruppen, Gespräche mit Freunden oder gute Bücher sind nur einige davon.

Mir hat in meiner Krise am meisten ein geistlicher Umgang mit meinen Problemen geholfen. Ich hatte psychische Probleme, für deren Lösung ich es mit Psychotherapie probiert habe. Ich hatte Suchtprobleme, für die ich die Selbsthilfegruppe besucht habe. Aber ich hatte vor allem ein geistliches Problem, bei dem mir geistliche Seelsorge und mein Glaube an Jesus geholfen haben. Und Letzteres brachte den Durchbruch, der letztendlich auch in allen anderen Bereichen deutlich zu spüren war. Es ermöglichte mir den Weg zu einem neuen, wunderschönen Leben.

Im Rückblick glaube ich in meinem Leben einen ständigen Kampf zwischen Gut und Böse zu erkennen. Dieser Kampf fand nicht nur um mich herum, sondern auch in mir statt. Der letzte zuverlässige Faktor, der mir am Ende immer geholfen hat, war auch hier mein Glaube an Jesus. Jesus hat mich nicht nur einmal, sondern eigentlich zwei- oder dreimal vor dem Tod gerettet.
Eines weiß ich ganz sicher: Ich kann und will nie mehr ohne Jesus sein. Es ist nicht nur ein diffuser Glaube an eine höhere Macht, der mir geholfen hat, ich habe Jesus als einen persönlichen Freund erlebt, der mich am Ende nicht im Stich lässt. Der Glaube an ihn ist mir der wichtigste Halt geworden, wichtiger als meine Freunde und auch mein Beruf, wichtiger auch als meine Frau – selbst wenn das jetzt merkwürdig klingt. Die Meinung von Menschen verändert sich. Mal wird man geliebt, und mal wird man gehasst, mal bist du der »Christ des Jahres« und das große Vorbild, dann wieder der »Verlierer des Jahres«, vor dem gewarnt werden muss. Allein Gott ist unveränderbar, und seine Liebe zu den Menschen ist immer gleich.

Heute reise ich viel in Deutschland herum und halte Lesungen aus der *Volxbibel* und aus *Jesus rockt*. Oft predige ich auch in Jugendgottesdiensten und anderen Veranstaltungen. Allein im letzten Jahr hatte ich über fünfzig Veranstaltungen in Deutschland, Österreich und der Schweiz. Vor einiger Zeit kam eine überraschende Anfrage von einer Mitarbeitertagung des *CVJM*. Dort wollte man mich nicht für eine Predigt buchen und auch nicht für eine Lesung. »Wir wollen dich bitten, uns deine Lebensgeschichte zu erzählen«, schrieb der *CVJM*-Sekretär in einer E-Mail. Einige Wochen später stand ich dann auf der Bühne und erzählte den gut zweihundert Mitarbeitern des *CVJM* aus meinem Leben. Als ich mit meinem Vortrag fertig war, konnte man beinahe die berühmte Stecknadel im Raum fallen hören. Ich habe keine Ahnung, was ich genau gesagt habe, aber mir wurde schlagartig klar, dass Gott aus meinem verrückten Leben etwas gemacht hat, mit dem andere Menschen tatsächlich etwas anfangen können. Ich stelle auf Veranstaltungen immer wieder fest, dass es viele Menschen gibt, die gern an Gott glauben würden, aber mit Zweifeln kämpfen. Sie möchten einen Glauben haben, sie wollen Christen sein, sie sehen, dass es attraktiv ist, in einer Beziehung mit Gott zu leben. Mich würde freuen, wenn meine Geschichte dazu beitragen könnte, dass die Zweifel geringer werden und der Glaube wächst. Meine Geschichte steht dafür, dass Gott auf krummen Linien gerade schreiben kann. Es gibt keine hoffnungslose Situation für ihn, er macht aus den tiefsten Abgründen etwas Gutes.

Mein Leben bestand, wie gesagt, aus großen Höhen und Tiefen. Die Höhen haben mir oft erst die Energie gegeben, weiterzugehen, an Dingen zu arbeiten und Träume zu verwirklichen. Aber erst durch die Tiefen, die harten Krisen und dunklen Zeiten ist mein Charakter geschliffen worden. In diesen Zeiten habe ich mich verändert, und dort ist letztendlich mein Glaube immer stärker geworden, immer fester, inniger und auch existenzieller.

Trotzdem werde ich wohl nie ein »normaler« Christ sein, der sonntagmorgens in die Kirche geht. Selbst mit achtzig Jahren werde ich noch ein *Freak* sein, jemand, der Dinge anders denkt und anders macht, der auch gern einmal gegen den Strom schwimmt.

Ich bin mir aber in einer Sache sicher: Ich werde immer mit Jesus leben, egal was noch kommt, ich werde an meinem Glauben festhalten.

Denn ich bin eben nicht nur ein *Freak*, sondern ein *Jesus Freak*.

DANKE

Ich bedanke mich bei:
Rahel. Danke für deine Hartnäckigkeit in vielen Dingen. Du hast dieses Buch und auch mich zu etwas Besserem gemacht. Deine Liebe ist mit Gold nicht aufzuwiegen. Ich liebe dich über alles.
Meinen Eltern Rosemarie und Ullrich Dreyer. Danke für eure Elternschaft, den Liebesgrund, den ihr in mein Leben gelegt habt. Ihr habt mir alles gegeben, was ihr geben konntet.
Franziska, Corinna, Angela. Jede von euch ist so anders, und doch sind wir uns ähnlich. Ich freue mich, dass wir zu einer Familie gehören. Franzi, dir noch mal ein extragroßes Dankeschön für die Begleitung damals im Krankenhaus.
Familie Wunderlich. Harald, Inge, Rebekka, Tobi. Eine wunderschöne Familie seid ihr, danke, dass ihr mich so lieb bei euch aufgenommen habt.
Wolfram Kopfermann. Danke für die Schilder, die du in meinem Leben aufgestellt hast. Ich konnte mich oft danach richten, sie haben mir geholfen, den Weg weiterzugehen.
David Pierce. You influenced my life big time, you are my friend and my hero.
Andreas Ebert. Es gibt wenige Menschen, die ich als weise bezeichnen würde. Du bist einer davon.
Rudi Pinke. Mein Mose, der mich aus der Wüste geführt hat. Ich bin dir so dankbar dafür, dass du an mich geglaubt hast.
Martin Reininghaus. Vieles, was du mir damals gesagt hast, war wertvoll und hilft mir bis heute. Ich bin traurig, dass die Verbindung zwischen uns beiden nicht mehr besteht, und ich vermisse dich sehr.
André und Melanie Wedemann. Wir haben uns in einer feurigen Zeit kennengelernt und haben viel zusammen er-

lebt. Danke, für eure Freundschaft, danke, dass ihr in der Krise zu denjenigen gehört habt, die bedingungslos zu mir gestanden haben.
Jan Winkelmann. Die Millionen Telefonate, die wir miteinander führten, haben mir immer viel bedeutet. Du bist ein treuer Freund! Danke fürs Manuskriptlesen. Nö Kelösse!
Matthias Beck. Es ist immer schön, wenn wir uns sehen. Danke für deine Begeisterungsfähigkeit, danke für den Heimkinovirus.
Mirko Sander. Es gibt wenig Menschen, die so unbeirrt ihren Weg gegangen sind und sich von nichts von diesem Weg haben abbringen lassen. Du bist in vielem für mich ein Vorbild. Die *Jesus Freaks* hätten nicht wachsen können ohne dich. Und du hast sie in Zeiten verteidigt, wo ich es schon lange nicht mehr konnte.
Kristian Reschke. Wenn ich das Streichholz war, dann warst du der Benzinkanister. Du hast mich immer angetrieben, Jesus noch mehr zu vertrauen. Dein nicht zu stillender Hunger nach Gott war mir immer ein Vorbild.
Tobias Görtz. Dein dienendes Herz, deine Kreativität und dein Durchhaltevermögen haben die *Freaks* erst richtig gedeihen lassen. Danke für alles, was du in die Bewegung so treu investiert hast.
Taade Voss. Danke, dass du für eine ganze Zeit das Schiff maßgeblich gesteuert hast. Ich war ich sehr stolz auf dich. Du hast versucht, mir ein Freund zu sein. Es ist schade, dass wir uns kaum noch sehen. Trotzdem liebe ich dich sehr.
Heiko Lang. Du warst immer im Hintergrund, hast ohne Ende für die *Freaks* gearbeitet, und Gott hat dich die ganze Zeit gesehen. Und ich auch irgendwie.
Heinrich Tipp. Ich freue mich über deinen Weg.
Eddie Verdieck. So cool, dass du mir Jesus durchziehst.
Alle Leute von den *Jesus Freaks Hamburg*. Ihr seid die beste Gemeinde gewesen, in der ich jemals sein durfte.

Dominik Narinder. Du bist ein neuer Freund, aber ein besonders guter. Ich bete, dass du dein Feuer zurückbekommst und die letzten Monate bald vergessen sind.
Storch Schmelzer. Danke für die vielen Spaziergänge in Remscheid. Du bist ein echter Held in der Bewegung, viele haben großen Respekt vor dir, ich auch.
Attila. Ein neuer Freund, den ich sehr mag. Ich wünsche mir, dass unsere Freundschaft hält und wächst.
Bettina Querfurth. Für mich war es eine Fügung, mit dir die beste Agentin zu bekommen. Danke für deine Freundlichkeit, deine Kompetenz und dass du wirklich jede (noch so dumme) Mail von mir beantwortest.
Dem Pattloch Verlag und der Verlagsgruppe Droemer Knaur. Vielen Dank an Jürgen Bolz, meinen Lektor, für seine Begleitung; an Dr. Hans-Peter Übleis, den Verleger, für seine bedingungslose Unterstützung; und an Carsten Sommerfeldt und Beate Schley für ihre tolle Pressearbeit. Es wäre genial, wenn meine Bücher weiterhin in diesem Verlag erscheinen könnten!
Ulla Dehning. Du warst mir sofort super sympathisch; ich bin gespannt, was aus unserem gemeinsamen Projekt wird.
Dem Team von SCM und dem Volxbibel Verlag. Jordan Asshoff, der perfekte Pressemann. Die *Volxbibel* war bei dir immer in besten Händen. Winfried Kuhn, ein Vorbild in so vielen Dingen. Du hast dir in dem harten Geschäft ein barmherziges Herz erhalten. Aber deine liebenswerte Begeisterungsfähigkeit ist für mich deine größte Gabe. Hans-Werner Durau – Ihr Mut wurde, so glaube ich, belohnt.
Bernhard Meuser. Du hast schon an so vielen Stellen in meinem Leben wichtige Weichen gestellt und eine tiefe Segensspur hinterlassen.
Markus Spieker. Ich bin von deiner Leidenschaft so oft bewegt worden. Du bist viele Stunden gefahren, nur um

mich bei einer Lesung zu erleben. Ich glaube, dass unsere Freundschaft Tiefe bekommt und lange halten wird.

Nils Christians, Sören Beckmann, Mehmet, die Jungs von SCP, TSV Uetersen, TuRa Harksheide, Racing Amsterdam und den Berlin Tigers: Es war und ist ein Genuss, mit euch Basketball zu spielen.

Henry Peschel und den Reportern der *BILD Zeitung, Süddeutschen Zeitung, FAZ, Welt, Hamburger Morgenpost, Frankfurter Rundschau, taz, The European, ARD, ZDF, N3, Pro Sieben, Sat. 1, RTL, Deutschlandfunk* und vieler anderer Radio- und TV-Sender in Europa. Ihr habt über die *Jesus Freaks* und die *Volxbibel* auf allen Kanälen umfassend berichtet und damit den Weg für ihren Erfolg geebnet. Ich glaube, die Medien haben die lauteste Stimme in der westlichen Welt, und Jesus würde heute über sie zu den Menschen sprechen wollen.

Besonders bedanken möchte ich mich bei Katrin Panten, die das ganze Manuskript zweimal durchgearbeitet hat. Deine Berichtigungen, Änderungsvorschläge und Korrekturen waren unendlich wertvoll.

Und dann noch ein fettes Danke an Juppi – für dein genaues Lesen und das gute Feedback.

Im Himmel freue ich mich auf Esther, Hadi, Ruben, Jens, Arno und Werner. Macht schon mal eine *Jesus Freak*-Ecke auf mit Tresen, Sofas, Bühne und himmlischen Marshall-Verstärkern.

Zum Schluss danke ich Jesus Christus, meinem besten Freund. Du warst mir immer treu, hast immer an mich geglaubt, hast mich nie aufgegeben. Ich möchte weiter mit dir und für dich leben. Es gibt niemanden, der wirklich anbetungswürdig ist, außer dir!